AMÉRICA DEL SUR

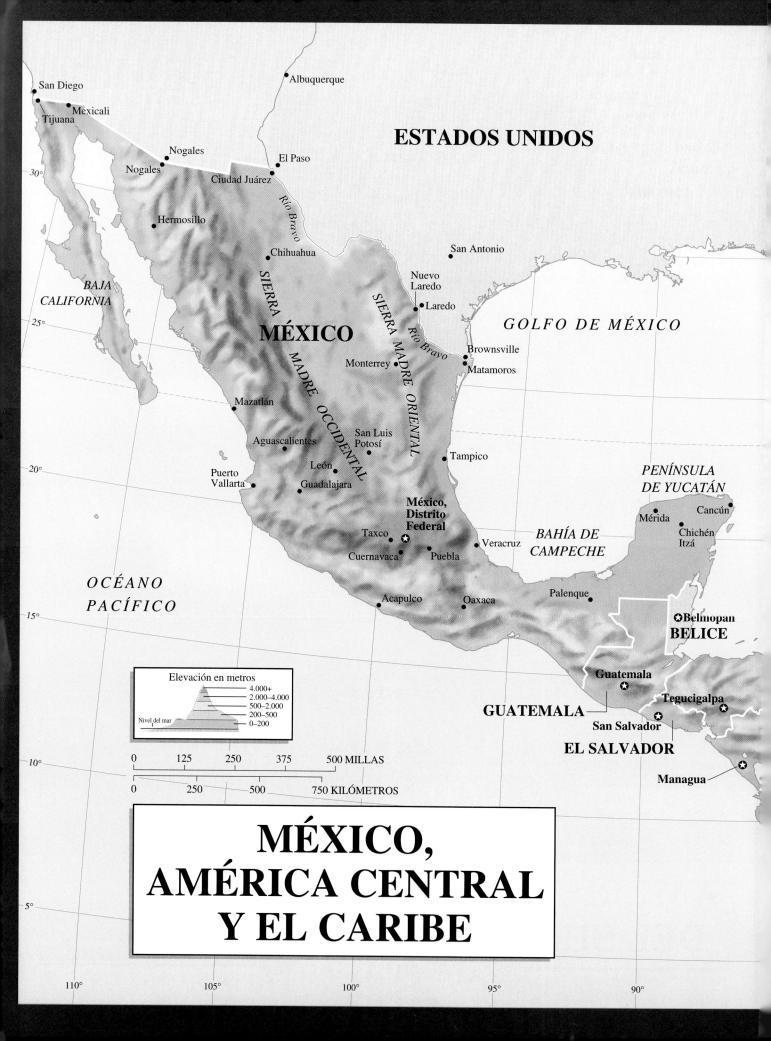

MÉXICO, AMÉRICA CENTRAL Y EL CARIBE

ESTADOS UNIDOS

San Diego
Mexicali
Tijuana
Albuquerque
Nogales
Nogales
El Paso
Ciudad Juárez
Río Bravo
Hermosillo
Chihuahua
San Antonio
Nuevo Laredo
Laredo
GOLFO DE MÉXICO
BAJA CALIFORNIA
SIERRA MADRE OCCIDENTAL
SIERRA MADRE ORIENTAL
MÉXICO
Río Bravo
Monterrey
Brownsville
Matamoros
Mazatlán
Aguascalientes
San Luis Potosí
Tampico
PENÍNSULA DE YUCATÁN
León
Puerto Vallarta
Guadalajara
México, Distrito Federal
Taxco
Cuernavaca
Puebla
Veracruz
BAHÍA DE CAMPECHE
Mérida
Cancún
Chichén Itzá
OCÉANO PACÍFICO
Acapulco
Oaxaca
Palenque
Belmopan
BELICE
Guatemala
Tegucigalpa
GUATEMALA
San Salvador
EL SALVADOR
Managua

Elevación en metros
4.000+
2.000–4.000
500–2.000
200–500
0–200
Nivel del mar

0   125   250   375   500 MILLAS

0   250   500   750 KILÓMETROS

110°   105°   100°   95°   90°

30°
25°
20°
15°
10°
5°

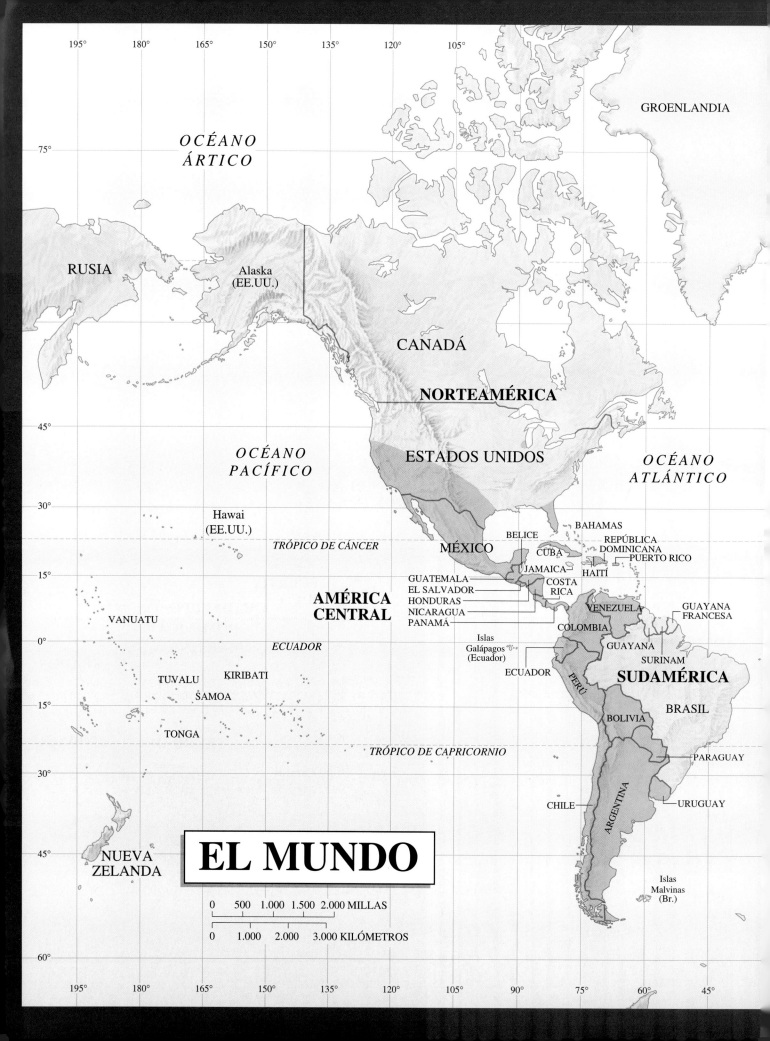

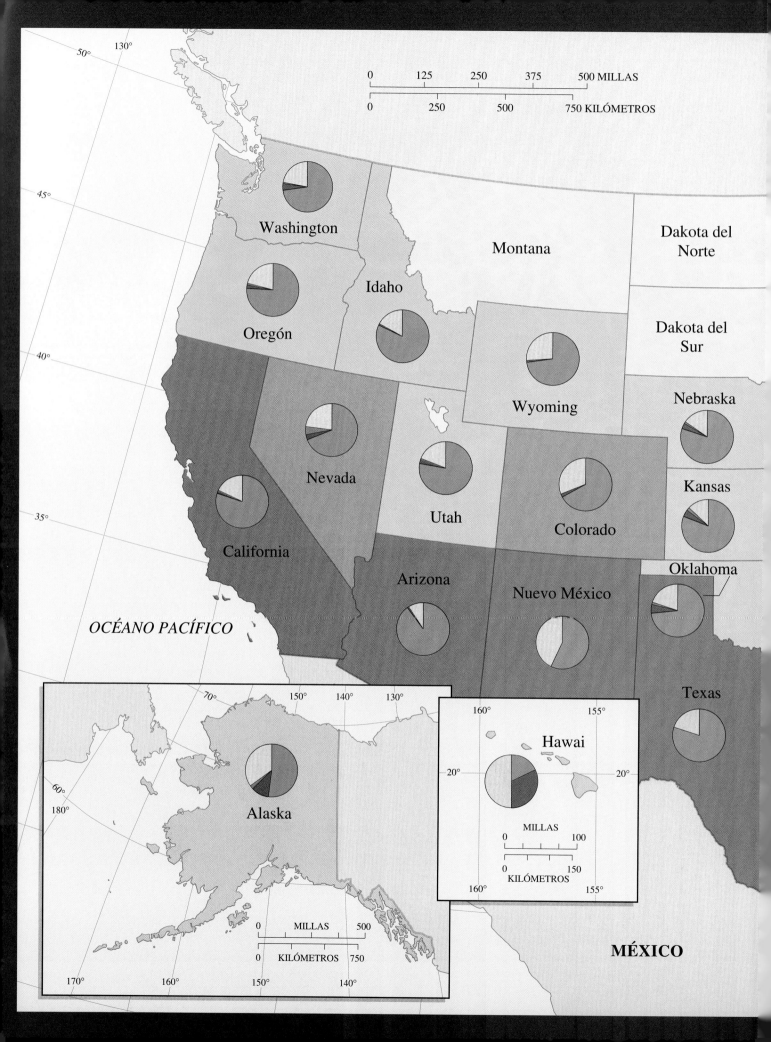

130°
50°
45°
40°
35°

Washington

Montana

Dakota del
Norte

Oregón

Idaho

Dakota del
Sur

Wyoming

Nebraska

Nevada

Utah

Kansas

California

Colorado

Arizona

Nuevo México

Oklahoma

OCÉANO PACÍFICO

Texas

70°   150°   140°   130°

160°   155°

Hawai

20°   20°

Alaska

MILLAS
0   100

60°
180°

KILÓMETROS
0   150

160°   155°

0   MILLAS   500

0   KILÓMETROS   750

MÉXICO

170°   160°   150°   140°

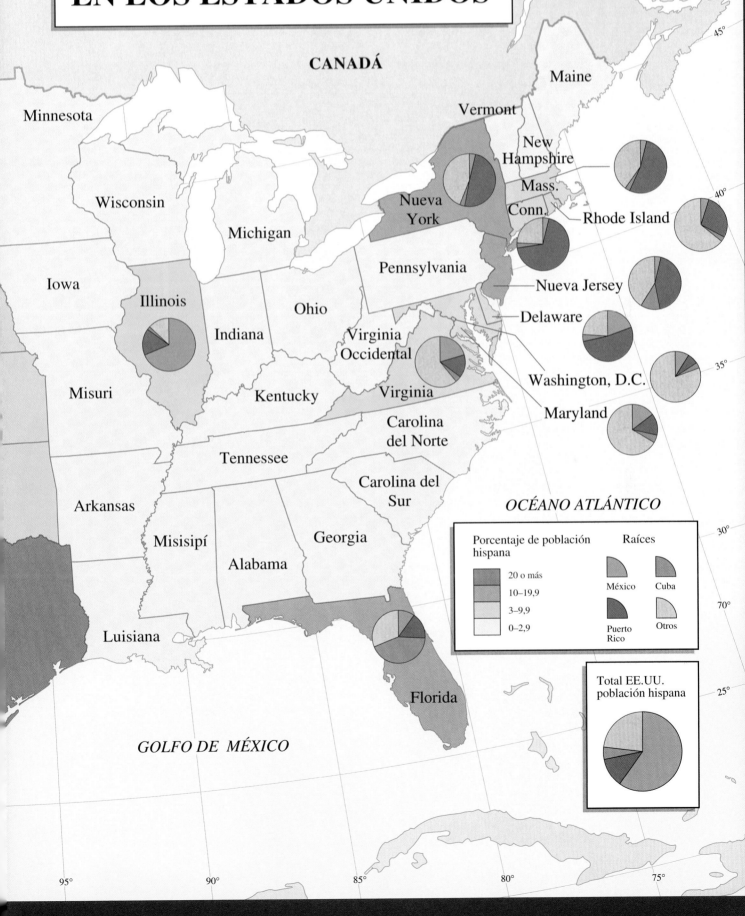

LOS HISPANOHABLANTES EN LOS ESTADOS UNIDOS

CANADÁ

Minnesota

Wisconsin

Michigan

Iowa

Illinois

Misuri

Indiana

Ohio

Kentucky

Arkansas

Tennessee

Misisipí

Alabama

Georgia

Luisiana

Maine

Vermont

New Hampshire

Mass.

Conn.

Nueva York

Pennsylvania

Rhode Island

Nueva Jersey

Delaware

Washington, D.C.

Maryland

Virginia Occidental

Virginia

Carolina del Norte

Carolina del Sur

OCÉANO ATLÁNTICO

Florida

GOLFO DE MÉXICO

Porcentaje de población hispana

Raíces

20 o más

10–19,9

3–9,9

0–2,9

México

Cuba

Puerto Rico

Otros

Total EE.UU. población hispana

45°

40°

35°

30°

70°

25°

95°   90°   85°   80°   75°

ESPAÑA

Elevación en metros

2.000+
500-2.000
200-500
0-200

Nivel del mar

ISLAS CANARIAS

LANZAROTE

ÁFRICA

FUERTEVENTURA

LA PALMA

TENERIFE

Las Palmas

GRAN CANARIA

GOMERA

HIERRO

MILLAS 100

KILÓMETROS 150

OCÉANO ATLÁNTICO

MAR CANTÁBRICO

200 MILLAS

300 KILÓMETROS

FRANCIA

ANDORRA

PIRINEOS

Gerona

Barcelona

CATALUÑA

Costa Brava

MENORCA

MALLORCA

Palma

ISLAS BALEARES

IBIZA

MAR MEDITERRÁNEO

Santander

Bilbao

PAÍS VASCO

CANTABRIA

CORDILLERA CANTÁBRICA

PRINCIPADO DE ASTURIAS

GALICIA

Santiago de Compostela

NAVARRA

Pamplona

Río Ebro

Zaragoza

LA RIOJA

ARAGÓN

CASTILLA-LEÓN

Valladolid

Salamanca

Segovia

SIERRA DE GUADARRAMA

Madrid

MADRID

Toledo

Río Tajo

COMUNIDAD VALENCIANA

Valencia

Alicante

Cartagena

MURCIA

Murcia

SIERRA NEVADA

CASTILLA-LA MANCHA

Ciudad Real

ANDALUCÍA

Granada

Córdoba

Río Guadalquivir

Sevilla

Málaga

Costa del Sol

GIBRALTAR (Br.)

CEUTA (Sp.)

MELILLA (Sp.)

Cádiz

Tánger

Estrecho de Gibraltar

MARRUECOS

EXTREMADURA

PORTUGAL

Lisboa

¡Recuerdos! Intermediate Spanish

¡Recuerdos! Intermediate Spanish

Oscar Ozete

University of Southern Indiana

Harcourt College Publishers

New York   Orlando   Austin   San Antonio
Toronto   Montreal   London   Sydney   Tokyo

Fort Worth   Philadelphia   San Diego

Publisher	Phyllis Dobbins
Acquisitions Editor	Kenneth S. Kasee
Marketing Strategist	Jill Yuen
Developmental Editor	Jeff Gilbreath
Project Manager	Angela Williams Urquhart
Cover Design	Garry Harman

ISBN: 0-03-026032-9
Library of Congress Catalog Card Number: 00-107018

Address for Domestic Orders
Harcourt College Publishers, 6277 Sea Harbor Drive, Orlando, FL 32887-6777
800-782-4479

Address for International Orders
International Customer Service
Harcourt College Publishers, 6277 Sea Harbor Drive, Orlando, FL 32887-6777
407-345-3800
(fax) 407-345-4060
(e-mail) hbintl@harcourtbrace.com

Address for Editorial Correspondence
Harcourt College Publishers, 301 Commerce Street, Suite 3700, Fort Worth, TX 76102

Web Site Address
http://www.harcourtcollege.com

Harcourt College Publishers will provide complimentary supplements or supplement packages to those adopters qualified under our adoption policy. Please contact your sales representative to learn how you qualify. If as an adopter or potential user you receive supplements you do not need, please return them to your sales representative or send them to: Attn: Returns Department, Troy Warehouse, 465 South Lincoln Drive, Troy, MO 63379.

Printed in the United States of America

0 1 2 3 4 5 6 7 8 9   048   9 8 7 6 5 4 3 2 1

Harcourt College Publishers

A mi querida familia

OSCAR OZETE

¡Saludos!
Contents in Brief

¡Recuerdos!
Contents in Brief

To the Student

WHY STUDY SPANISH?

This is an exciting time to learn Spanish. More than 300 million people throughout the world speak Spanish, making it the fifth most spoken language in the world. It is spoken in Spain, Latin America, and in parts of Africa and the Pacific. In the United States one out of ten residents is a Spanish speaker, making it the third largest Spanish-speaking country in the world.

Learning Spanish will help you become aware of how a variety of people think and act in different cultural and social situations. You will gain insights into your *own* language and society as you compare how another culture views, organizes, and puts into words the world we share. Acquiring this important world language gives you an additional tool to help you in your present or future career.

WHO ARE THE SPANISH SPEAKERS?

By the sixteenth century, Spain had established colonies in all of the continents except Australia. Spanish speakers of today reflect the richness of this vast and diverse historical legacy through their different ethnic groups and dialects.

In the United States, the Spanish influence predates Plymouth Rock (1620). In the Southwest and Florida, Spaniards created the first permanent European settlements. Today a more broad-based Spanish culture—referred to as Hispanic or Latin—continues to share its legacy with the ever-evolving American mosaic.

Now turn to your book map **Los hispanohablantes en los Estados Unidos** and notice where Spanish speakers reside and what ethnic groups make up the population there. What geographical names in Spanish in the United States can you list?

Later, study the other maps in your book, focusing on locations, cities, mountains, and waterways. What could you guess about the climate, food, transportation, and clothing of these locations?

What Does *¡Saludos!* Mean?
What Does *¡Recuerdos!* Mean?

¡Saludos! means "Greetings" in Spanish. **¡Recuerdos!** means "Memories" or "Regards." This introductory and intermediate Spanish program, called *¡Saludos!* and *¡Recuerdos!*, will help you learn Spanish and familiarize you with many people in the United States and abroad who speak this vibrant language. The emphasis will be on standard Latin American Spanish; therefore, the verb forms for **vosotros(as)** [*you,* familiar, plural (used in Spain)] will be introduced, but not practiced. However, your instructor may wish to place added emphasis on this form.

How Do You Learn Spanish?

Learning another language, especially in the beginning, is like learning to play a musical instrument or sport—it takes daily, organized practice. Here are a few tips.

1. Practice in shorter, more frequent sessions rather than in longer, less frequent ones.
2. Make intelligent guesses by relying on similar words in the two languages and by tuning into the context. For example, at the airport you will probably hear: **su pasaporte, por favor; la visa; las reservaciones; el avión; ¡atención!,** and so on.
3. Repeat key expressions aloud to yourself, even if you're alone. Visualize how and where they would apply. Make vocabulary flashcards that you periodically review aloud, expand, and rotate.
4. Preview each lesson or tape to get a sense of its organization and content. Concentrate on the first sentence of each paragraph. Then go back to scan for supporting details that answer the *who, what, where,* and *when* questions. Later reread or replay the material until you can grasp and sketch out the main ideas.
5. Use Spanish at every possible opportunity before, during, and after class. Listen to CDs and tapes in Spanish. Go to or rent movies in Spanish. Go online to World Wide Web sites in Spanish (you may wish to start at **http://espanol.yahoo.com/**). If possible, listen to radio or TV programs in the language. Greet and engage in small talk with other students and Spanish speakers in your area. Don't be afraid to make mistakes or mispronounce a word. Most of all, have FUN with Spanish. TRY, try, and you will *succeed.*

The *¡Saludos!* and *¡Recuerdos!* Program Components

The ¡Saludos! and ¡Recuerdos! program has many components that will help you in your study of Spanish. To obtain your own copy of any of these components, contact your favorite bookstore, either in person or on the Internet.

To the Student

FOR ¡SALUDOS!

- *¡Saludos!* Text with Audio CD   0-03-029261-1
  The textbook has a preliminary chapter, ten regular chapters, and appendices. The text comes packaged with an audio CD that contains the recorded passages for the **Vamos a hablar** in-text listening comprehension exercises.

- Student Activities Manual (Workbook & Lab Manual)   0-03-026739-0
  The combined workbook and laboratory manual contains written and oral activities for each chapter. Answer keys for the workbook and listening comprehension exercises are included in the Student Activities Manual.

- Lab Cassettes   0-03-026746-3
  These are available for students who do not have access to language laboratory facilities or who prefer to have their own copies of the audio program in cassette format, which they can listen to as their schedule permits. They correlate to the listening comprehension exercises in the Lab Manual section of the Student Activities Manual.

- Lab CDs   0-03-026747-1
  These are available for students who do not have access to language laboratory facilities or who prefer to have their own CD copies of the audio program, which they can listen to as their schedule permits. They correlate to the listening comprehension exercises in the Lab Manual section of the Student Activities Manual.

- Interactive Multimedia CD-ROM   0-03-026748-X
  This text-specific, dual-platform interactive multimedia CD-ROM follows a five-skill approach (reading, writing, speaking, listening, and culture) for each chapter. Each chapter also contains highly interactive games used to reinforce vocabulary and grammar.

- World Wide Web Site
  www.harcourtcollege.com/spanish/saludosrecuerdos A text-specific Web site accompanies each volume. All activities are consistent with the main textbooks both thematically and linguistically. Students may print out their work to hand in or send in directly to their instructor by e-mail.

This site includes three main sections:

A. Online quizzing activities that offer the student practice with the grammar and culture of each chapter.
B. Online audio activities that test oral comprehension.
C. Task-based cultural Internet activities that invite students to visit Web sites in the Spanish-speaking world and then return to the *¡Saludos!* site to complete activities based on their online journeys.

FOR ¡RECUERDOS!

- *¡Recuerdos!* Text with Audio CD   0-03-029276-X
  The textbook has ten regular chapters, plus appendices. The text comes packaged with an audio CD that contains the recorded passages for the **Vamos a hablar** in-text listening comprehension exercises.

- Student Activities Manual (Workbook & Lab Manual)   0-03-026798-6
  The combined workbook and laboratory manual contains written and oral activities for each chapter. Answer keys for the workbook and listening comprehension exercises are included in the Student Activities Manual.

- Lab Cassettes   0-03-026806-0
  These are available for students who do not have access to language laboratory facilities or who prefer to have their own copies of the audio program in cassette format, which they can listen to as their schedule permits. They correlate to the listening comprehension exercises in the Student Activities Manual.

- Lab CDs   0-03-026807-9
  These are available for students who do not have access to language laboratory facilities or who prefer to have their own CD copies of the audio program, which they can listen to as their schedule permits. They correlate to the listening comprehension exercises in the Lab Manual section of the Student Activities Manual.

- Interactive Multimedia CD-ROM   0-03-026801-X
  This text-specific, dual-platform interactive multimedia CD-ROM follows a five-skill approach (reading, writing, speaking, listening, and culture) for each chapter. Each chapter also contains highly interactive games used to reinforce vocabulary and grammar.

- World Wide Web Site
  www.harcourtcollege.com/spanish/saludosrecuerdos A text-specific Web site accompanies each volume. All activities are consistent with the main textbooks both thematically and linguistically. Students may print out their work to hand in or send in directly to their instructor by e-mail.

This site includes three main sections:

A. Online quizzing activities that offer the student practice with the grammar and culture of each chapter.
B. Online audio activities that test oral comprehension.
C. Task-based cultural Internet activities that invite students to visit Web sites in the Spanish-speaking world and then return to the *¡Recuerdos!* site to complete activities based on their online journeys.

VISUAL ICONS USED THROUGHOUT THE TEXT

In order for you to more easily recognize certain features of the *¡Saludos!* and *¡Recuerdos!* textbooks, we have indicated with icons, or symbols, key features of the textbooks.

The **Group Work** icon is used throughout the textbook to help students and instructors readily identify activities designed for pair and small group work.

The **¡Ojo!** icon points to common trouble spots in communicating effectively in the language. They highlight nuances in words and structures that cause difficulty in interpreting from one language to other.

The **En Vivo—Viñeta** icon indicates the textual section that correlates with the **En vivo** video sections which deal with how the Spanish language functions in real life.

The **En Vivo—Cultura** icon indicates the textual section that correlates with the **En vivo** video sections which show aspects of culture in Spanish-speaking world. These segments take you on a "field trip" to actual locations.

Vamos a leer/escuchar/hablar/escribir/ explorar el ciberespacio

These segments provide expanded open-ended activities for each of the language skills individually—listening, speaking, reading, and writing. Also included is an interactive segment on the World Wide Web. Each has its own particular icon and heading.

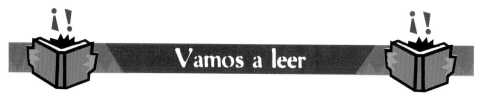

This segment engages students in thought-provoking passages from prominent authors. The readings—culled from different newspapers, magazines, and literary genres—are designed to stimulate interaction and discussion. Activities for pre-, during-, and post-reading bolster understanding and application of the content.

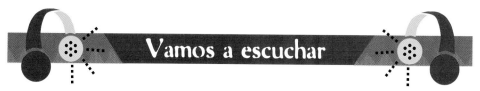

This segment provides listening practice on the audio CD that accompanies the textbook. It includes conversations, descriptions, and narratives. Follow-up questions check for specific information, main ideas, and inferences.

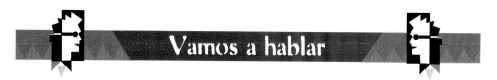

This segment prompts students to express their own thoughts and feelings on topics or situations introduced in the lesson. Strategies and suggested formats guide students in effectively organizing and presenting their talk.

This segment allows students to organize and compose narratives, letters, or compositions in answer to pertinent topics or concerns. Step-by-step suggestions guide students in the writing process.

To the Student

http://www.harcourtcollege.com/spanish/saludosrecuerdos

Vamos a explorar el ciberespacio

In conjunction with the *¡Saludos!/¡Recuerdos!* World Wide Web site, this segment offers directed Internet practice with diverse Hispanic communities around the world. Students gather and interpret entertaining and educational information.

Acknowledgments

The *¡Saludos!/¡Recuerdos!* program is a collaborative work involving the author, publishing company, and you, our colleagues. I would like to express my deep gratitude to Jeff Gilbreath, Developmental Editor at Harcourt College Publishers, for his insightful suggestions, encouragement, and careful editing of the manuscript. Commendations and appreciation are also due to these professionals at Harcourt: Phyllis Dobbins, Vice-President and Publisher; Kenneth S. Kasee, Acquisitions Editor; Louise Slominsky, Project Editor; Angela Williams Urquhart, Project Manager; and Jill Yuen, Marketing Strategist. Thanks are also due to Garry Harman, Art Director, for his creative text and cover designs.

I would also like to acknowledge David M. Stillman, Ph.D., and Ronni L. Gordon, Ph.D., of Mediatheque Publishers Services for their skillful, attentive preparation of the *Student Activities Manual* and the Internet activities. A special debt of gratitude is owed to my colleague and friend Phillip Johnson of Baylor University for his contributions. Also, much gratitude to Prof. Deana Smalley, College of Notre Dame, CA, for her valuable work on the activities for the **En Vivo** videos, as well as the Testing Program in the Instructor's Resource Manual. Many thanks go to Mary Verrill at Clarinda Publication Services for so capably managing the complex issues of production. And one final **gracias** to Keith Kennedy, University of Southern Indiana, for his timely computer assistance.

I would also like to express my gratitude to the following reviewers for their insightful and much appreciated comments:

David Alley, Georgia Southern University
Geraldine Ameriks, University of Notre Dame
Enrica Ardemagni, Indiana University/Purdue University at Indianapolis
Ruth Bell, University of Delaware
Hans-Jorg Busch, University of Delaware
Helen Brown, Community College of Philadelphia
Carmen Calica, El Camino College
Evelyn Canabal-Torres, University of Maryland
Susan de Carvalho, DePaul University
An Chung Cheng, University of Toledo
Stella Clark, California State University, San Marcos
Al Cooper, Pima Community College
Rafael Correa, California State University, San Bernadino
Frank Crothers, Delgado Community College
Joanne de la Parra, Queen's University (Ontario)
Aida Díaz, Valencia Community College
Elizabeth Fonseca, Southern Illinois University at Edwardsville
Tom Fonte, El Camino College
Kerry Gjerstad, University of Iowa
José M. González-González, New Mexico State University
John Griggs, Glendale Community College
John W. Hall, Moorhead State University

Acknowledgments

Phillip Johnson, Baylor University
Marie Lambert, Iona College
Linda Lefkowitz, Lehigh University
Martha J. Manier, Humboldt State University
Robert Mee, Delta College
Thomas D. Morin, University of Rhode Island
Kelly Mueller, St. Louis Community College—Florissant Valley
Karen-Jean Muñoz, Florida Community College at Jacksonville
Conway Olmstead, Metro State College
Jim Palmer, Tarrant County College, Northeast Campus
Betsy Partyka, Ohio University
Federico Pérez-Piñeda, University of South Alabama
Salvatore Poeta, Villanova University
Marco Romero, St. Louis Community College at Meramec
Silvia San Martín, Delgado Community College
Jenifer Schaber, St. Louis Community College at Forest Park
Richard Seyboldt, University of Minnesota at Duluth
Reyna Sirias-Ortiz, Houston Community College—Central Campus
María T. Sotolongo, St. Petersburg Junior College
James W. Talbert, University of Evansville
Lourdes Torres, University of Kentucky
Fausto Vergara, Houston Community College—Southeast
Kathleen Wheatley, University of Wisconsin at Milwaukee
Gerald P. Young, Indian River Community College

Oscar Ozete

Contents

Contents

LECCIÓN 10
Afirmar y presuponer

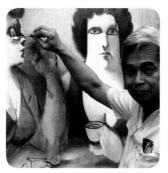

Lección 1

Presentación y conversación

Lección y conversación

Visit the ¡Saludos/Recuerdos! World Wide Web site:
http://www.harcourtcollege.com/spanish/saludosrecuerdos

The ¡Recuerdos! CD-ROM offers additional
language practice and cultural information.

CD-ROM

¡Adelante!

La estudiante ....

some data

Rosario Morales, estudiante universitaria, se presenta en una reunión de estudiantes latinos. Aquí ella se describe usando algunos datos° personales.

I've been living....

Presently
foreign

Finally/pastimes

Hola, buenas tardes. Me llamo Rosario Morales y soy de México, pero hace varios años que vivo° en los Estados Unidos. Tengo veinte años y soy soltera. Estoy en el tercer año de la universidad, donde me especializo en humanidades. Pienso ser profesora de lenguas y escritora. Actualmente° trabajo de asistente, unas horas por semana, en el periódico de la universidad. Soy socia del Club Internacional, y ayudo a los nuevos estudiantes extranjeros.° Mis deportes favoritos son el vólibol y el tenis aunque también juego un poco al sóftbol. Me gusta el cine pero además me gusta leer y escribir. Después de graduarme quiero viajar y conocer diferentes países. En fin,° estoy muy contenta con mis estudios, pasatiempos° y planes futuros.

Actividades

1.1 Ud. quiere conocer a su nuevo(a) compañero(a). Hágale estas preguntas y escriba las respuestas para luego compartirlas *(share them)* con la clase.

1. ¿Cómo te llamas?
2. ¿De dónde eres?
3. ¿Cuántos años tienes?
4. ¿Eres soltero(a) o casado(a)?
5. ¿En qué te especializas?
6. ¿En qué año de la universidad estás? (...primer(o), segundo, tercer(o), cuarto año)
7. ¿Trabajas ahora? ¿Dónde? ¿Cuántas horas por semana?
8. ¿A qué deporte juegas?
9. ¿Qué te gusta hacer?
10. ¿Qué lugares o países quieres conocer?

Ahora, presente Ud. su compañero(a) a la clase.

 • • • ► Mi compañera **se llama** Rosario Morales. **Es** de México.
Hace cuatro años que **ella...**

> **Para indicar** *freshman, sophomore....* **se dice Soy estudiante de primer (segundo, tercer, cuarto) año o curso. Los novatos son los nuevos estudiantes y los veteranos son los viejos. No hay equivalente al** *minor,* **pero se puede decir la segunda especialización.**

¡OJO!

1.2 Imagínese que Ud. va a estudiar en España. Complete la inscripción de la Universidad de Salamanca en página 4. Luego comparta *(share)* con su compañero(a) las partes que Ud. marca con una palomita ✓. En un día reciente la peseta estaba a 160 por US dólar. ¿Cuánto paga en pesetas (ptas.) y en dólares un estudiante que se matricula por dos semanas, tres horas al día? ¿Y por seis semanas, cinco horas al día?

C U L T U R A

Los hispanos

Los hispanos fueron° los primeros europeos en explorar y poblar vastas áreas que ahora son parte de los Estados Unidos. Hoy día los hispanos siguen formando una parte significativa de este país. Se estima que para el año 2010 habrá° unos 42 millones de latinos en los Estados Unidos. Formarán el grupo minoritario más grande. Los subgrupos más numerosos son primero los mexicanos y después los puertorriqueños, cubanos, centro y suramericanos. Cada subgrupo tiene su propia° cultura y características lingüísticas. Entre ellos, el subgrupo con más larga relación histórica con este país son los mexicanos que vivían en el suroeste muchos años antes de anexionarse esa región.

were

there will be

very own

Expand your cultural understanding. Visit the *¡Saludos! / ¡Recuerdos!* **World Wide Web site**
 http://www.harcourtcollege.com/spanish/saludosrecuerdos

1.3 Indique **cierto** o **falso** según el contexto. Después cambie las frases falsas para hacerlas ciertas.

1. Los romanos fueron los primeros europeos en explorar América.
2. Para el año 2010 habrá unos 12 millones de hispanos en los Estados Unidos.
3. Los mexicanos forman el grupo más grande de latinos en este país.
4. Los hispanos tienen una sola cultura.
5. Los puertorriqueños son los que tienen la relación histórica más larga con este país.

CURSOS DE LENGUA Y CULTURA ESPAÑOLAS *SPANISH COURSES, LANGUAGE & CULTURE*

JULIO Y AGOSTO *JULY & AUGUST*

RESERVADO A SECRETARÍA *ONLY FOR REGISTRAR*		
0 0	Preinscripción:	Alojamiento:

FOTOGRAFÍA

1

SMALL

PICTURE

Apellidos/*Last Name*

Nombre/*Name*

Fecha de Nacimiento/ *Date of Birth* — Día/ *Day* — Mes/ *Month* — Año/ *Year* — Sexo: Femenino *Sex: Female* — Masculino *Male*

Pasaporte/ *Passport number* — Nacionalidad/ *Nationality*

Dirección/ *Mailing Address*

Ciudad, País/ *City, Country*

Teléfono/ *Phone Number* — N.ºFax/*Fax number*

Correo electrónico/ *e-mail*

CURSO EN EL QUE SE INSCRIBE (marque con una X) *CHECK THE COURSE IN WHICH YOU ENROL (✓)*

PERIODO/ *COURSE LENGTH*	SEMANAS / *WEEKS*	HORAS DE CLASE *HOURS PER DAY*	CONVERSACIÓN FUERA DEL AULA *CONVERSATION OUTSIDE OF CLASS*
JULIO / JULY ❏ AGOSTO / AUGUST ❏	2 ❏ 4 ❏	3 ❏ 4 ❏ 5 ❏	*SI* / YES ❏
6 SEMANAS / *6 WEEKS* ❏			NO ❏

OPCIONES / *OPTIONS*

3.ª hora / *3rd hour*	4.ª hora / *4th hour*		Alojamiento
Cultura española ❏	Literatura española ❏	Familia *Family* ❏	Individual *Single* ❏
Español de los negocios ❏	Historia del arte español ❏		
Prácticas comunicativas globales ❏	Prácticas de destreza orales ❏		
Historia de la España contemporánea ❏	Economía y sociedad en la España actual ❏		
Comentario de textos literarios ❏	Prácticas comunicativas globales ❏		
Traducción: Alemán - Español ❏		Residencia *Dormitory* ❏	Doble *Double* ❏
Francés - Español ❏	5.ª hora / *5th hour*		
Inglés - Español ❏			
Italiano - Español ❏	Cultura española ❏		
Japonés - Español ❏	Prácticas de destrezas escritas ❏		
Portugués - Español ❏			

Forma de pago / *Payment*:

❏ Cheque bancario, a favor de Cursos Internacionales. Universidad de Salamanca.
Bank check made out to Cursos Internacionales. Universidad de Salamanca.

❏ Giro postal internacional dirigido a: Cursos Internacionales. Universidad de Salamanca. Patio de Escuelas Menores - 37008 Salamanca. España
Postal transfer addressed to Cursos Internacionales. Universidad de Salamanca. Patio de Escuelas Menores 37008 Salamanca (España).

❏ Transferencia SWIFT directo CSSOES2SA cta. 2104 0142 11 9106340609
SWIFT transfer to CSSOES2SA account 2104 0142 11 9106340609.

La inscripciones deben llegar acompañadas del cheque bancario o de la copia del justificante del pago de la preinscripción, indicando CLARAMENTE el nombre y apellidos del alumno. / *The application form should be sent with either a bank check or a copy of a postal transfer providing information of the preenrolment fee. In any case the WHOLE NAME must be indicated CLEARLY.*

Fecha / *Date*: día/ *day* _____ mes / *month* _____ 2000 — Firma / *Signature*: _____

De esta ficha puede hacer las fotocopias que necesite — **This form may be reproduced**

UNIVERSIDAD DE SALAMANCA

CURSOS INTERNACIONALES

Patio de Escuelas Menores, s/n. 37008 Salamanca • España
Tfno. (34) 923 294 418 • Fax (34) 923 294 504
*E-mail:*internat@cursos.usal.es   http://www.usal.es/curespus

Materias

el arte	*art*
la biología	*biology*
las ciencias	*sciences*
las ciencias políticas	*political sciences*
la contabilidad	*accounting*
la informática	*computer science*
las comunicaciones	*communications*
la geografía	*geography*
la historia	*history*
las humanidades	*humanities*
el idioma extranjero	*foreign language*
las matemáticas	*mathematics*
la música	*music*
la química	*chemistry*
la sicología	*psychology*
la sociología	*sociology*

Otras expresiones

al + infinitivo	*upon (when) <u>doing</u> something*
actualmente	*presently*
a veces	*at times*
además	*in addition, besides*
el curso	*academic term, class*
después de + infinitivo	*after + -ing verb form*
e	*and —before words starting with **hi-** or **i-**, as in **padre e hijo***
en fin	*finally*
la especialización	*major*
hace (horas, días...) que (estudio, vivo...)	*I've been (studying, living....) for (hours, days...)*
hay que + infinitivo	*one must; it's necessary to*
ir (voy) a + infinitivo	*to be going to*
los pasatiempos	*pastimes*
los recuerdos	*remembrance; memories*
el socio, la socia	*member*
tener (tengo) ganas de + inf.	*to feel like doing something*
tener que + inf.	*to have to; must*
volver (ue) a + inf.	*to do again*

EN VIVO – VIÑETA

> Before viewing the video vignette segment for this lesson, please study the following **Vocabulario** and **Preparación** sections.

En la cafetería

Antes de ver el video, estudie el **Vocabulario para el video** y la sección de **Preparación.** Luego vea el video (más de una vez si es necesario) y haga los ejercicios de **Comprensión.**

Vocabulario para el Video

Video vocabularies are simply for recognition purposes to help you fully understand the segments. You are not expected to produce the vocabulary shown here.

aprobar	*to pass (a course)*	la facultad	*school of a university*
la arquitectura	*architecture*		
¡Chaucito!	*Bye!*	la ingeniería	*engineering*
el colegio	*elementary or high school*	¡Ni modo!	*No way!*
		No es para tanto.	*It's not that bad.*
la conferencia	*lecture*		
confundido	*confused*	perderse	*to get lost*
conseguir	*to get*	¡Pobrecito!	*Poor thing!*
el derecho	*right*	por lo menos	*at least*
dictar	*to give (a lecture)*	¡Qué gracioso!	*How funny!*
divertido	*fun*	¡Qué pena!	*What a pity!*
la entrevista	*interview*	¡Qué raro!	*How strange!*
equivocarse	*to be mistaken*	suspender	*to fail (a course)*

Preparación

Haga una lista de palabras o frases que esperaría (*would expect*) oír o decir al hablar de sus clases con sus amigos y subraye las que oye al mirar el video.

Comprensión

A. Relacione el nombre de la persona con lo que dice en el video.
a. Diego
b. Cristina
c. Roberto

___ **1.** Por lo menos el profesor es simpático e interesante.
___ **2.** Yo me matriculé en un curso de ciencias políticas.
___ **3.** Un momento. Tú te perdiste. ¡Qué raro!
___ **4.** Si ella no aprueba todo puede tomar clases en el verano.
___ **5.** Sí, quiero conseguir un buen empleo después de que me gradúe.

B. Conteste las preguntas.

1. ¿Por qué no va a graduarse este año Gloria?
2. ¿Cuándo es el examen de sociología?
3. ¿Por qué tiene Diego que ir a San José?
4. ¿Quiénes tienen ganas de ir al cine? ¿Por qué no pueden ir?
5. ¿Por qué no va a clase Cristina? ¿Adónde va ella?

Verbos

especializarse	*to major*
ganar	*to win; to earn*
graduarse en	*to graduate from*
(me gradúo,	
te gradúas,	
se gradúa	
nos graduamos,	
os graduáis	
se gradúan)	
gustarle	*to like, to be*
(me gusta)	*pleasing*
llamarse	*to be named,*
	to be called
llevar	*to wear, to take*
matricularse	*to register*
(me matriculo)	
pensar **(ie)**	*to plan*
+ infinitive	
pensar en	*to think about*
pensar de	*to think of*
	(opinion)
querer **(ie)**	*to want, to love*
recordar **(ue)**	*to remember*
tener (tengo)	*to have*
tratar**(se)** de	*to try to (to*
	deal with)
viajar	*to travel*

(Consulte Ud. los otros
verbos en esta lección:
Estructura I.)

¡OJO!

Compare estos verbos para no confundirlos y complete las frases con el verbo correcto en el presente.

- asistir a   *to attend, to assist*
- ayudar   *to help*

Yo _____ a mis compañeros con la tarea.
Ellos _____ a clases de noche.

- conocer (conozco)   *to know; to be acquainted with person, place...; to meet for the first time*
- saber (sé)   *to know because of study or memorization; to know how + infinitive*

Él no _____ hacer eso.
Yo no _____ al Sr. Morales.
Nosotros _____ el número del teléfono.

- jugar (ue) a   *to play (game, sport)*
- tocar   *to play music, to touch*

¿ _____ (tú) al ping pong?
¿ _____ (ella) la guitarra?

- ir (voy)   *to go*
- irse (me voy)   *to leave*
- salir (salgo)   *to go out*

Yo _____ con mis amigos los fines de semana.
Ellos _____ _____ de vacaciones.
Nosotros _____ al correo.

No sabe jugar.

Toca bien la guitarra.

Conoce a los vecinos nuevos.

¡Curiosidad!

En México «una porra» es *a cheer.* Porrista es *cheerleader.* Ésta es una porra típica. Las palabras no tienen significado específico:

A la bío, a la bao
A la bim, bom, bam.
Universidad, Universidad, ¡ra, ra, ra!

RECUERDOS DE...

México

Área: 1.979.706 km² (761.604 millas cuadradas); tres veces más grande que Texas

Población: 94.275.000 habitantes

Gobierno: 31 estados y el Distrito Federal (D.F.) Un nuevo presidente se elige *(elected)* cada seis años.

Ciudades principales: la ciudad de México, D.F., la capital, 20.000.000; Guadalajara, 4.000.000; Monterrey, 3.000.000; Puebla, 2.000.000

Idioma(s): (oficial) español; además se hablan 66 lenguas indígenas que incluyen: náhuatl, maya y zapoteca.

Unidad monetaria: el peso ($)

Industria: petróleo, productos agrícolas y químicos, textiles, maquinarias *(machinery)*, turismo.

Fiestas públicas: además de fiestas religiosas y tradicionales se celebran: el 5 de mayo, Batalla de Puebla; el 16 de septiembre, Día de la Independencia; el 12 de octubre, Descubrimiento de América o Día de la Raza.

El Zócalo (la plaza) de la ciudad de México.

Hágale a su compañero(a) no menos de ocho preguntas, basándose en el mapa de México y la información incluida.

MODELO ▸ ¿Cuál es la capital de...? ¿Cuáles son las ciudades principales?
¿Cómo se llama...?
¿Qué países (estados) limitan con...?
¿Cuáles son las industrias...?

For a companion reading with exercises on the country covered in this feature, go to Lección 1 in the Student Activities Manual.

Estructura   I. El presente de indicativo

To talk about customary activities in the present

A. Spanish, like English, uses the present indicative to talk about activities you usually do.

Estudio en la universidad.   *I study at the university.*
Vivimos en un apartamento.   *We live in an apartment.*

B. However, Spanish uses the present tense to refer to actions in the near future, including those that take the present progressive in English.

Me gradúo en junio.   *I'll graduate in June.*
¿Nos **ayudas?**   *Will you help us?*
Ellos **se van** mañana.   *They're leaving tomorrow.*

Repaso del presente de indicativo

1. Verbos regulares

To form the present tense, drop the **-ar -er,** or **-ir** infinitive endings and add the endings in **bold print** shown below.

	estudiar	leer	escribir
yo	estudi**o**	le**o**	escrib**o**
tú	estudi**as**	le**es**	escrib**es**
Ud./él/ella	estudi**a**	le**e**	escrib**e**
nosotros(as)	estudi**amos**	le**emos**	escrib**imos**
vosotros(a)	estudi**áis**	le**éis**	escrib**ís**
Uds./ellos/ellas	estudi**an**	le**en**	escrib**en**

Usualmente en español no usamos los pronombres como sujetos, excepto para dar énfasis o para clarificar.

¿Tomas café?   *Do you drink coffee?*
No. Tomo té.   *No. I drink tea.*
Ella estudia medicina y   *She studies medicine and*
él, ciencias políticas.   *he, political sciences.*

Los pronombres singulares **tú** y **usted (Ud.)** y los plurales **vosotros(as)** y **ustedes (Uds.)** corresponden a *you* en inglés. En la mayoría de los países hispanos, **tú** es para los amigos o familiares; **Ud.** es formal y es para las personas con quienes usamos títulos: señor, profesora, doctor y otros más. El plural de **tú** en España es **vosotros(as),** pero en América el plural de **tú** y de **Ud.** es **ustedes.**

En partes de Centroamérica y en la Argentina y Uruguay usan **vos** en vez de *(instead of)* **tú**: tú hablas / vos hablás; tú comes / vos comés; tú tienes / vos tenés. Este texto emplea las formas **tú, Ud.** y **Uds.**

2. Verbos reflexivos

llamarse   **me** llamo, **te** llamas, **se** llama,
               nos llamamos, **os** llamáis, **se** llaman

3. Verbos con cambios en la raíz (*Stem-changing verbs*)

e > ie
pensar (en)   pienso, piensas, piensa,
to think (of)   pensamos, pensáis, piensan
divertirse   me divierto, te diviertes, se divierte,
to have fun   nos divertimos, os divertís, se divierten

e > i
pedir   pido, pides, pide,
to ask for   pedimos, pedís, piden
seguir   sigo, sigues, sigue
to continue, to follow   seguimos, seguís, siguen
vestirse   me visto, te vistes, se viste
to get dressed   nos vestimos, os vestís, se visten

o / u > ue
dormir   duermo, duermes, duerme,
to sleep   dormimos, dormís, duermen
jugar(a)   juego, juegas, juega,
to play a sport, game   jugamos, jugáis, juegan
volver(a)   vuelvo, vuelves, vuelve
to return, to come back volvemos, volvéis, vuelven

4. Verbos con la terminación **-go** en la forma **yo**

tener   tengo, tienes, tiene,
to have   tenemos, tenéis, tienen
venir   vengo, vienes, viene,
to come   venimos, venís, vienen
decir   digo, dices, dice
to say, to tell decimos, decís, dicen
hacer   hago, haces, hace...
to do, to make
salir   salgo, sales, sale...
to go out
oír   oigo, oyes, oye,
to hear   oímos, oís, oyen

5. Verbos irregulares

conocer   conozco, conoces, conoce,   **ir**   voy, vas, va,
to know, to be acquainted   conocemos, conocéis, conocen   *to go*   vamos, vais, van
estar   estoy, estás, está,   **ser**   soy, eres, es,
to be   estamos, estáis, están   *to be*   somos, sois, son
dar   doy, das, da,   **ver**   veo, ves, ve,
to give   damos dais, dan   *to see*   vemos, veis, ven

1.4 Indique Ud. qué pronombre (**tú, Ud., vosotros/as** o **Uds.**) debe usar en las siguientes *(following)* situaciones.

1. Una estudiante habla con su buena amiga.
2. Un muchacho conversa con sus familiares hispanoamericanos.
3. Un joven español llama a sus compañeros de la universidad.
4. Una joven le contesta a su profesor.
5. Un paciente se refiere a su médico.

1.5 Marque Ud. con una palomita ✓ las actividades que hace a menudo (frecuentemente).

___ leer	___ oír las noticias *(news)*
___ escribir	___ tocar música
___ usar la computadora	___ venir a las clases
___ ver la televisión	___ comer en un buen restaurante
___ correr *(to run)*	___ ir al cine
___ nadar *(to swim)*	___ ir de compras *(to go shopping)*
___ levantar pesas *(to lift weights)*	___ asistir a un concierto
___ hacer ejercicios	___ estar en casa
___ jugar un deporte	___ estudiar y ser un estudiante modelo
___ hablar por teléfono	___ manejar un auto rápido *(to drive...)*
___ cocinar	___ dormir la siesta
___ pensar en la familia	___ visitar a la familia
___ salir con los amigos	___ levantarse temprano *(to get up...)*
___ dar un paseo *(to take a walk)*	___ acostarse (ue) tarde *(to go to bed late)*

1.6 Ahora escoja Ud. *(pick)* las diez actividades que hace más a menudo y pregúntele a su compañero(a) si él (ella) las hace también.

MODELO • • • ▶ Ud.: Yo leo a menudo. Y tú, ¿lees a menudo también?
su compañero(a): Sí, leo a menudo también. (No, no leo a menudo.)

1.7 Pregúntele a su compañero(a) qué hace después *(after)* de las siguientes actividades. Luego indique qué actividades similares hacen Uds.

MODELO • • • ▶ —¿Qué haces después de levantar**te**?
—Después de levantar**me** hago ejercicios, me baño *(bathe)*, desayuno *(have breakfast)* y voy a la universidad.

1. ¿Qué haces después de llegar *(to arrive)* a la universidad?
2. ¿Qué haces después de asistir a las clases?
3. ¿Qué haces después de comer?
4. ¿Qué haces después de ir de compras?
5. ¿Qué haces después de ver la televisón?
6. ¿Qué haces después de hacer ejercicios?
7. ¿Qué haces después de leer el *e-mail* o el correo?
8. ¿Qué haces después de regresar a casa?

events

1.8 Menciónele a su compañero(a) no menos de cinco sucesos° que ocurren en un día malo para Ud. Después menciónele otros cinco en un día bueno. ¿Cuál de Uds. dos va a tener el mejor *(best)* día y el peor *(worse, worst)*?

MODELO • • • ▶ un día malo: Me levanto tarde. Pierdo... *(I lose....)* El carro no funciona...
un día bueno: Veo a mi mejor amigo(a)...

Estructura   II. Hace... que...

To say how long you've been doing something

Hace dos horas que espero.

Spanish uses the expression **hace** + *length of time* + **que** + *verb in the present tense* to indicate how long something has been going on. Note that **hace** does not change here.

¿Cuánto tiempo **hace** que **vive Ud.** aquí?	*How long have you been living here?*
Hace tres años que **vivo** aquí.	*I've been living here for three years.*

¿Cuánto tiempo **hace** que **esperan Uds**.?	*How long have you been waiting?*
Hace media hora que esperamos.	*We've been waiting for half an hour.*

1.9 Pregúntele a su compañero(a) cuánto tiempo hace que (no) hace las actividades indicadas. Él / Ella puede contestar con estas expresiones de tiempo:

minuto(s), hora(s), día(s), mes(es), año(s)... mucho (poco) tiempo... varios días (meses)...

 • • • • ▶ (no) ver a tus amigos
Ud.: ¿Cuánto tiempo hace que (no) ves a tus amigos?
Su compañero(a): Hace varios días que (no) veo a mis amigos.

1. trabaja
2. vivir en...
3. asistir a la universidad
4. jugar a...
5. conocer a...

6. tener un carro
7. no ir al cine
8. no ver a tu familia
9. no hacer ejercicios
10. no divertirse mucho

1.10 Según su opinión (de Ud.), escoja *(pick)* cinco de las respuestas más interesantes de la actividad anterior y compártalas con otro compañero(a).

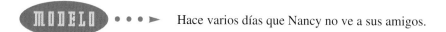

MODELO • • • • ► Hace varios días que Nancy no ve a sus amigos.

Estructura   III. Los verbos con infinitivos

To indicate preferences with verb plus infinitive

A. Spanish uses several verbal expressions followed by an infinitive to express needs or preferences when the *same person performs the action.*

Necesito trabajar.	*I need to work.*
Debemos descansar.	*We should rest.*
¿Te gusta leer?	*Do you like to read?*
Me hacen Uds. el favor de sentarse.	*Will you please sit down.*
Tenemos que irnos.	*We have to leave.*

These impersonal expressions, referring to people in general, also take infinitives.

Es importante (necesario, preferible, preciso...)
Es importante llamar.   *It's important to call.*

Hay que...
Hay que pagar.   *It's necessary to pay.*

These verbs may be directly followed by infinitives. Note the added meaning the boldfaced verbs acquire with infinitives.

deber   *should*
decidir   *to decide*
desear   *to wish*
esperar   *to wait for; to hope, to expect*
           —**Esperamos verte.**
           —*We hope (expect) to see you.*
pensar   *to think; to plan*
           —**Pienso quedarme.**
           —*I plan to stay.*
But: pensar **en** *to think about:* Pienso en ti. *I'm thinking of you.*
pensar **de** *to think of (opinion)* ¿Qué piensas del programa?
poder (ue) *to be able, can*
preferir (ie)
querer (ie)
recomendar (ie)
saber   *to know; to know how*
           —¿Sabes bailar? *Do you know <u>how</u> to dance?*
           —Sí, sé un poco. *Yes, I know a little.*

B. Some verbs follow the pattern: **indirect object + third person singular of the verb + infinitive.**

Me (Te, Le...) gusta usar la computadora.	*I (You, She, He...) like(s) to use the computer.*
Me encanta leer y escribir.	*I really love to read and write.*
Nos fascina viajar.	*Traveling fascinates us.*
Les interesa comprar y vender.	*It interests them to buy and sell.*

C. Some verbs require a preposition before the infinitive.

verbo + a + infinitive

To talk about the future, use **ir a + infinitive.**

¿Vas a estudiar este fin de semana?	*Are you <u>going to</u> study this weekend?*
Sí, voy a estudiar.	*Yes, I <u>am going to</u> study.*

To talk about learning and teaching you could use these verbs:

aprender a	Aprendo **a** cocinar. *I learn to cook.*
ayudar a	¿Me ayudas **a** escribir el informe? *Will you help me write the report?*
empezar (ie) a *(to begin)*	Empiezo **a** usar este programa. *I'm beginning to use this program.*
enseñar a *(to teach)*	Me enseñan **a** corregir los errores. *They teach me (how) to correct the errors.*

To say you are doing something **again,** use **volver a + infinitive**

¿Vuelves a preguntar?	*Are you asking again?*
No, no vuelvo a preguntar.	*No, I am not asking again.*

verbo + de + infinitive

depender de	*to depend on*	Todo depende **de** ti.	*It all depends on you.*
tener ganas de	*to feel like*	No tengo ganas **de** hacer nada.	*I don't feel like doing anything.*
tratar de	*to try to*	Tratamos **de** cenar juntos.	*We try to dine together.*

Spanish always uses an infinitive after prepositional phrases— and <u>not</u> the -ndo forms (hablando, escribiendo...).

Antes de *llegar* a casa....	*Before <u>arriving</u> home....*
Al *irse*...	*Upon (When) <u>leaving</u>... (Used to express simultaneous actions.)*
Gracias por *ayudarme*.	*Thanks for <u>helping</u> me.*

Note that English often uses the *-ing* form or a command where Spanish relies on the infinitive.

No fumar.	*No smoking.*
Se prohibe entrar.	*No trespassing.*
Ver es creer.	*Seeing is believing.*

1.11 Complete las líneas de las conversaciones —si es necesario— con unas de estas palabras: **a, de, que.** Uno de Uds. puede hacer las preguntas y el (la) otro (a), contestarlas.

1. —No sé _____ hacer la tarea. ¿Me puedes _____ ayudar _____ contestar las preguntas?
   —Sí, pero primero debes tratar _____ leer bien la lección. Hay _____ seguir las instrucciones.
   —Ay, tú siempre vuelves _____ decirme lo mismo *(the same thing)*.

2. —¿Tienes ganas _____ dar un paseo?
   —Sí, pero voy _____ darlo luego. Tengo _____ terminar el trabajo antes _____ salir.

3. —¿Te gusta _____ jugar a las cartas?
   —No mucho. Depende _____ el juego. Pienso _____ aprender _____ jugar mejor un día de estos.
   —Vamos, vamos. No te preoccupes. Yo te enseño _____ jugar bien.

1.12 Indique *qué va a hacer Ud.* simultáneamente según las indicaciones.

 • • • ▶ despertarse *(to wake up)*
Al despertarme, **voy a** bañarme y vestirme.

1. levantarse
2. llegar a la universidad
3. ver a (personas)
4. salir de clases
5. terminar el trabajo
6. leer el correo
7. navegar la Red (Internet)
8. regresar a casa
9. cenar (comer)
10. acostarse

1.13 Ahora pregúntele a su compañero(a) si él (ella) va a hacer lo mismo.

MODELO • • • ▶ despertarse
Al despertarte, ¿**vas a** bañarte y vestirte?

 **IV. El presente progresivo**

To emphasize things you are doing now

A. The present progressive emphasizes an action occurring at the present moment. It takes the present of **estar** plus the present participle—formed by adding **-ando** to the stem of **-ar** verbs and **-iendo** to the stem of **-er / - ir** verbs.

¿Qué estás hac**iendo** ahora?   *What are you doing now?*
Estoy descans**ando** un poco.   *I'm resting a little.*

The verbs **andar** *(to go, to walk)*, **continuar, ir** and **seguir** can replace **estar** to stress the ongoing nature of the action.

¿Todavía sigues viviendo en el mismo lugar? *Are you still living in the same place?*
Sí, continúo viviendo allí. *Yes, I continue to live there.*
Uds. siempre andan leyendo algo. *You're always going around reading something.*

Así vamos aprendiendo más y más. *That way we're learning more and more.*

The following verbs have irregular present participles:

1. **-er / -ir** verbs whose stem end in a vowel add **-yendo** instead:

leer	l<u>e</u>-er	le<u>yendo</u>
oír	<u>o</u>-ír	o<u>yendo</u>
construir	constr<u>u</u>-ir	constru<u>yendo</u>

2. stem-changing **-ir** verbs switch the **-e-** to **-i-** and the **-o-** to **-u-.**

decir	d<u>i</u>ciendo
divertirse	div<u>i</u>rtiéndose
dormir	d<u>u</u>rmiendo
vestirse	v<u>i</u>stiéndose

Object pronouns can either go before the conjugated verb or be attached to the present participle. The latter option requires a written accent on **-ándo** and **iéndo.**

¿Qué **me** estás diciendo? *What are you telling me?*
No estoy diciéndo**te** nada.

¿**Se** siguen despertándo Uds. temprano? *Do you keep (continue) waking up early?*
Sí, seguimos despertándo**nos** temprano.

¡OJO!

Spanish uses the simple present or *ir a + infinitive*—not the progressive—for future actions. This applies generally to a state or condition, too.

Me mudo este verano.	*I'm moving this summer.*
Ellos van a casarse en junio.	*They're getting married in June.*
Ella está sentada.	*She's sitting down. (She's <u>seated</u>,)*
¿Te sientes mejor?	*Are you feeling better?*

Speakers rarely use the present participle of *ir* and *llevar,* opting instead for the simple present.

Me voy en seguida.	*I'm leaving right now.*
Laura lleva un vestido azul.	*Laura is wearing a blue dress.*

1.14 Escoja Ud. *(Pick)* la mejor respuesta entre paréntesis para completar cada frase.

1. Lorenzo _____ mañana. (trabaja, está trabajando)
2. Ellos _____ traje y corbata al banquete. (llevan, están llevando)
3. Nos _____ luego. (vamos, estamos yendo)

4. Ella _____ contento aquí. (siento, estoy sintiendo)

5. ¿Tú _____ el próximo semestre? (vas a regresar, estás regresando)

6. Los niños están _____ [*asleep*] en el sofá. (durmiendo, dormidos)

1.15 Pregúntele a su compañero(a) si las siguientes personas están haciendo las actividades indicadas.

MODELO • • • • ► Elsa dar un paseo / tomar café

Ud.:	¿Está dando un paseo Elsa?
Compañero(a):	No, no está dando un paseo.
Ud.:	¿Está tomando café Elsa?
Compañero(a):	Sí, está tomando café.

1.

el Sr. Ramírez: escuchar bien / hablar mucho

2.

los amigos: jugar a la cartas / tocar música

3.

yo: escribir la lección / hacer ejercicios

4.

nosotros: leer cuentos / decir chistes *(jokes)*

5.

Amalia: peinarse *(to comb)* / bañarse

6.

yo: dormir / vestirse

1.16 Túrnense (Ud. y su compañero/a) para preguntar quién(es) está(n) haciendo varias actividades en clase ahora.

 ● ● ● ● ▶ —¿Quiénes están hablando ahora?
—Sara y Dennis (Ellos dos) están hablando ahora.
(Nadie está hablando ahora. Todos están escuchando a la profesora.)

conversar en español
escribir en el cuaderno
leer el libro
dormirse en clase
trabajar mucho
no hacer nada
no prestar atención *(to not pay attention)*
comer algo...
ver a...
escuchar al profesor (a la profesora)...
¿...?

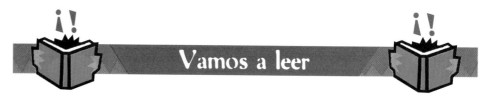

Vamos a leer

La frontera entre los Estados Unidos y México.

A. Un poema

La autora nació en Los Ángeles pero pasó mucho tiempo en México. Escribió el libro bilingüe de poesía *Eating Fire*. Sus obras se publican en varios países. Además enseña literatura y cultura chicana en UCLA.

Estrategias para la lectura. . . . .

Los poetas usan símbolos o palabras para crear un efecto o captar una emoción. En el siguiente poema la escritora expresa sus sentimientos al vivir en dos culturas. Note el símbolo "el norte" para indicar "los Estados Unidos, la cultura anglosajona...". Al leer el siguiente poema note otros símbolos y, en particular, la división de la palabra *fron - teras* "borders."

Where You From?

Gina Valdés

Soy de aquí	
y soy de allá°	*there*
from here	
and from there	
born in L.A.	
del otro lado°	*side*
y de éste	
crecí° en L.A.	*I grew up*
y en Ensenada	
my mouth	
still tastes	
of naranjas	
con chile	
soy del sur	
y del norte	
crecí zurda°	*left-handed*
y norteada°	*northern*
cruzando fron	
teras crossing	
San Andreas	
tartamuda°	*stutterer*
y mareada°	*dizzy*
where you from?	
soy de aquí	
y soy de allá	
I didn't build	
this border	
that halts me	
the word fron	
teras splits	
on my tongue.	

1.17 **Comprensión.** Conteste las siguientes preguntas.

1. La autora usa palabras para contrastar y expresar sus sentimientos duales de ser méxicano-americana. Complete Ud. los contrastes:
   - **a.** de aquí y de _____
   - **b.** del otro lado y de _____
   - **c.** en L.A. y en _____
   - **d.** del sur y del _____

2. ¿Es la frontera una ventaja *(advantage)* o desventaja para la autora?
3. ¿Es **naranja** una metáfora para California o la Florida en este poema?
4. ¿Es el *chile* una metáfora para los L.A. (Estados Unidos) o Ensenada (México)?
5. ¿Había *(Was there)* frontera entre California y México a principios *(beginning)* del siglo XIX?
6. ¿Qué palabra se parte *(splits)* en la boca de ella?
7. ¿Cree Ud. que la autora busca la unidad o la separación? Cite ejemplos en el poema.

B. Un ensayo

essay / thoughts

En el siguiente ensayo° la profesora y autora Bárbara Mujica expresa sus pensamientos° como escritora multicultural. Para leer el ensayo en su totalidad consulte *Hispania,* marzo de 1998, páginas 65–69.

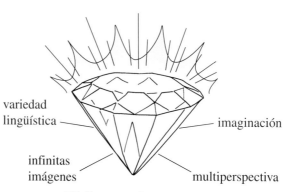

El brillante mundo de las lenguas.

Estrategias para la lectura . . . .

El ensayo es una composición breve en la que la autora generalmente presenta un punto de vista personal. Para leer de manera más eficiente trate de adivinar *(guess)* la idea principal —el punto de vista— de la escritora antes de comenzar la lectura. Por ejemplo, observe el título del ensayo y la primera frase de cada párrafo para adivinar las ideas que la ensayista va a explorar. Estudie el dibujo *(drawing)* para facilitar la interpretación. Luego, al leer el ensayo, confirme sus opiniones.

Observe Ud. el uso frecuente de la expresión **A veces** *(At times)*. ¿Es una expresión que indica algo definitivo o no? Al final del ensayo, ¿llega la autora a la conclusión de que vive en dos mundos o en uno solo?

1.18 Los sinónimos explican las palabras o las expresiones de otra manera. Lea Ud. las siguientes palabras que aparecen en el ensayo y combine los sinónimos. Observe Ud. que el idioma español se deriva de la región de Castilla y por eso se denomina castellano o español indistintamente. Mire el mapa de España en este texto y busque las comunidades autónomas de Castilla–La Mancha y Castilla y León.

1. idioma _____	**a.** castellano
2. español _____	**b.** formar
3. empleo _____	**c.** querer (*to love*)
4. personaje _____	**d.** habitar
5. amar _____	**e.** trabajo
6. crear _____	**f.** e (**"and"** *before words beginning with*
7. enriquecerse _____	*i- or hi-:* **padre e hijo**)
8. poblar (ue) _____	**g.** persona (en la literatura)
9. sorprender _____	**h.** lengua
10. y _____	**i.** admirar
	j. hacerse rico(a)

Escribir en dos idiomas
Bárbara Mujica

Escribo en dos idiomas porque vivo en dos idiomas. Pienso, leo, trabajo y hago vida social en dos idiomas. Crío° a niños en dos idiomas, rezo° en dos idiomas y cocino en dos idiomas. Cuando hago un rosbif, cocino en inglés y cuando hago empanadas, pastel de choclo o porotos granados,° cocino en castellano. Amo y respiro° en dos idiomas. Por lo menos° en dos.

    A veces los personajes que pueblan mi imaginación existen en dos —o más— idiomas. Chilenos que llegan a Estados Unidos y aprenden inglés. Judíos° que hablan alemán o yídish al desembarcarse° en puertos de Hispanoamérica y aprenden a expresarse en castellano. Indios que bajan de las montañas hablando quechua o aymará y se ven obligados a aprender a dominar el castellano para conseguir° empleo. Esto no nos debe sorprender. Según el lingüista David Crystal, editor de la *Cambridge Encyclopedia,* la gran mayoría de las personas en el mundo son bilingües. A veces, en mis cuentos y novelas, se trata de personajes que saben sólo una lengua, pero inevitablemente se encuentran° con otros que son monolingües en otra lengua, y tienen que buscar una manera de hacerse entender. Éste es el mundo que yo conozco: un mundo de gran variedad lingüística, tan multicolor, multilingüe y multi-perspectivo como un diamante de muchas caras en que se reflejan infinitas imágenes. Es un mundo fluido: a veces hay que aprender otro idioma para sobrevivir° y salir adelante.

    Al escribir una narración, oigo las voces° de los personajes en mi cabeza. A veces hablan castellano, casi siempre un castellano chileno sin las «eses». Dicen «libroh» en vez de° «libros» y «lihto» en vez de «listo». También dicen «etái» en vez de «estás», «empaná» en vez de «empanada», «mushasho» en vez de «muchacho» y «mujier» en vez de «mujer». Pero aún cuando escribo un cuento para una antología en inglés, entremezclo° palabras en castellano para crear un ambiente chileno y establecer que los personajes «realmente» están hablando otro idioma.

    Se podría° decir que para mí y para otros escritores bilingües como yo, escribir en dos idiomas es la consecuencia natural de vivir en dos mundos, de hablar castellano en casa y en el trabajo e inglés en la calle. Pero en realidad, vivo en un solo mundo, un mundo en que funcionan diversos sistemas de comunicación que se enriquecen los unos y los otros, y que combino para crear el tipo° de ficción que, para mí, es el más auténtico.

I rear (children) / I pray

turnovers, corn pie / string beans / I breathe/ At least

Jews
disembark

to get

encounter, meet

to survive
voices

instead of

I intermix

One could

type

1.19 Conteste las preguntas y después compare sus respuestas con su compañero(a). Decidan entre Uds. dos quién tiene la respuesta más correcta y completa para cada pregunta.

1. ¿En qué idiomas piensa, lee, trabaja y hace su vida social la escritora?
2. ¿Qué comida hace ella en inglés? ¿Y en castellano?
3. ¿Cría ella a sus hijos en «español», en «inglés» o en los dos idiomas?
4. ¿Qué grupos étnicos menciona la escritora en Hispanoamérica? ¿Qué idiomas hablan ellos?
5. ¿Son monolingües la mayoría de las personas?
6. ¿Qué letra se comen (no pronuncian) los chilenos? Dé ejemplos. ¿Cree Ud. que eso ocurre en otros dialectos?
7. ¿Qué entremezcla la autora para crear un ambiente chileno cuando escribe en inglés?
8. ¿Con qué fin *(end)* combina la autora los diversos sistemas de comunicación?

1.20 La autora da ejemplos de características chilenas en las comidas y en el idioma español. Haga Ud. una lista de las comidas y las expresiones en inglés que se usan en diferentes regiones de su propio *(your very own)* país y luego compárelas con su compañero(a). En este caso su compañero(a) <u>sólo</u> comprende español así que *(thus)* es necesario explicarle bien las palabras.

MODELO ••••► En Nueva York dicen *soda* y en Chicago dicen *pop,* pero las dos palabras significan "refresco."

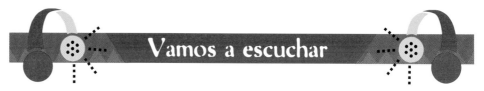

Vamos a escuchar

Estrategias para escuchar ••••••••••••••••

In a conversation you rely on the topic, situation, voice inflexion and gestures of the speakers to help you grasp the meaning. You don't necessarily have to understand every single word to get the gist of the conversation. Try to guess what you're hearing based on word groups and context.

Expresiones para repasar:

los días de la semana   el lunes, el martes, el miércoles, el jueves, el viernes, el sábado, el domingo

la hora	Son las dos (tres...).	*It's two (three...) o'clock.*
	Es <u>a</u> las dos (tres...).	*It's <u>at</u> two (three...) o'clock.*
	... cuarto	(quarter)
	... media	(half).

Antes de escuchar la conversación, lea Ud. las preguntas. Después escuche la conversación en el disco compacto que acompaña al libro de texto, y finalmente conteste las preguntas.

Ahora escuche la conversación que tiene lugar en una universidad de México, donde estudia Daniel Perry, estudiante de los Estados Unidos. Es el primer día del curso (semestre). Son más o menos las nueve de la mañana. Daniel conoce a Sonia Velázquez en la cafetería.

1.21 Después de escuchar, marque Ud. con una palomita (✓) las materias que Daniel y Sonia estudian.

	Daniel	Sonia
materias		
antropología	_____	_____
arte	_____	_____
biología	_____	_____
ciencias políticas	_____	_____
informática	_____	_____
comunicaciones	_____	_____
historia	_____	_____
literatura	_____	_____
matemáticas	_____	_____
psicología	_____	_____
química	_____	_____

1.22 Escoja Ud. *(Pick)* la mejor respuesta.

1. Daniel Perry es de _____.
   a. Nueva York
   b. La Florida
   c. California
2. Daniel se especializa en _____.
   a. matemáticas y física
   b. química y lenguas
   c. comunicaciones y psicología
3. Sonia es de _____.
   a. Ciudad Juárez
   b. Monterrey
   c. la ciudad de México
4. Sonia está en el _____.
   a. primer año
   b. segundo año
   c. tercer año
5. La clase de química es _____.
   a. los martes y los jueves
   b. los lunes, los miércoles y los viernes
   c. los sábados por la mañana.
6. La clase de química es _____.
   a. a las nueve de la mañana
   b. a la una de la tarde
   c. a las tres y media de la tarde
7. Sonia tiene que irse porque _____.
   a. tiene clases ahora
   b. cierran la cafetería
   c. sus amigas la están esperando
8. Daniel va a ver a Sonia _____.
   a. en la clase de química
   b. a las cinco y media de la tarde
   c. el martes por la mañana

Vamos a hablar

1.23 **Las charlas personales** *(Personal Talks).* Uds. están en una situación en la que van a presentarse y mencionar algunos datos de su vida *(life).* Formen grupos de tres o cuatro compañeros para compartir las charlas.

Estrategias

1. Empezar y concluir la charla con una frase interesante.
2. Preparar apuntes *(notes)* —si es necesario— en tarjetas pequeñas; <u>no</u> deben leer la charla.
3. Combinar las ideas con transiciones:
   luego, después, más tarde, entonces, por fin;
   también, además, igualmente;
   y, o, pero.
4. Practicar y practicar, usando los gestos *(gestures)* y tono de voz *(voice)* apropiados.

Formato

1. La presentación: su nombre, su ciudad natal *(native),* su familia inmediata, su especialización o las clases que estudia
   Me llamo... Soy de...
2. El día típico: su rutina por las mañanas, por las tardes o por las noches.
   Normalmente me despierto a las... de la mañana. Luego...
3. Los pasatiempos: los deportes, las diversiones.
   Me gusta jugar a... Prefiero...

Vamos a escribir

1.24 El editor del periódico universitario le pide a Ud. que escriba un breve ensayo (composición) de no menos 125 palabras, donde Ud. exprese su opinión o preferencias sobre <u>uno</u> de los temas a continuación.

Estrategias

- Presentar el tema en una o dos frases—
  Hay (Existen) varias opiniones sobre *(about)...*

- Contrastar las opiniones—
  Unas personas dicen que... Otras personas opinan que...

- Expresar una solución posible—
  La solución depende de... Por eso... *(That's why...)*
  Hay que... En conclusión...

Temas

permitir o prohibir que se beba *(drinking)* en el campus
preparar especialistas o individuos cultos *(learned)*
dar más énfasis a los deportes o a los estudios académicos

http://www.harcourtcollege.com/spanish/saludosrecuerdos

Vamos a explorar el ciberespacio

Hay muchos sitios de interés en la Red Mundial (World Wide Web) que explican mucho sobre la cultura del mundo hispano. Vaya a http://www.harcourtcollege.com/spanish/saludosrecuerdos explore la cultura de esta lección y haga las actividades correspondientes.

EN VIVO - CULTURA

Before viewing the cultura video segment for this lesson, please study the following **Vocabulario** and **Preparación** sections.

Ensenada

Antes de ver el video, estudie el **Vocabulario** para el video y la sección de **Preparación.** Luego vea el video (más de una vez si es necesario) y haga los ejercicios de **Comprensión.**

Vocabulario para el Video

Video vocabularies are simply for recognition purposes to help you fully understand the segments. You are not expected to produce the vocabulary shown here.

la artesanía	*handicrafts*	la industria	*fishing*
el atún	*tuna*	pesquera	*industry*
la bandera	*flag*	el interés	*interest*
la capilla	*chapel*	el jardín	*garden*
la cesta	*basket*	la joyería	*jewelry*
la colina	*hill*	el mariachi	*Mexican*
dedicado	*to devote*		*musicians*
la gira	*tour*		*and singers*
gozar de	*to enjoy*	la milla	*mile*
hospitalario	*hospitable*	el orgullo	*pride*

el paisaje	*landscape*		el recorrido	*trip*
la pescadería	*fish market*		reflejado	*reflected*
el pez espada	*swordfish*		rodear	*to surround*
placentero	*pleasant*		soleado	*sunny*
el platillo	*dish*		la tienda	*store*
precioso	*lovely*			

Preparación

Trate de adivinar el significado de las siguientes palabras. Al mirar el video, subraye cada una al oírla.

balcones	magnífica
clima	mérito
decoradas	presencia
gigantesca	serenatas
habitantes	situada
historia	tropical

Comprensión

A. Escoja la palabra o frase apropiada para completar cada frase, según lo que entendió.

1. La ciudad de Ensenada está situada a (sesenta y siete, ochenta y siete) millas de San Diego.
2. Ensenada tiene doscientos mil (balcones, habitantes).
3. El clima de Ensenada es casi (tropical, soleado).
4. La avenida López Mateos es de interés turístico por sus numerosas (capillas, tiendas).
5. En la avenida Costero hay una (artesanía, pescadería) fenomenal.

B. Conteste las preguntas.

1. ¿En qué está reflejado el orgullo nacional de los habitantes de Ensenada?
2. ¿Qué industria es muy importante para la economía de Ensenada?
3. ¿Qué es la Plaza Cívica?
4. ¿Quiénes van por las calles dando serenatas?
5. ¿Qué hay dentro *(inside)* de los jardines de la Riviera del Pacífico?

SELF-TEST

How well have you mastered this lesson? To find out, take the self test found on the *¡Recuerdos!* Web site at http://www.harcourtcollege.com/spanish/saludosrecuerdos.

Lección 2

Identificar, describir y localizar

Comunicación
- Identificar personas y cosas
- Comparar características con condiciones
- Localizar personas y cosas vs. eventos

Cultura
- Las negociaciones
- Recuerdos de Cuba, Puerto Rico y la República Dominicana

Estructura
- Género y número de sustantivos
- Uso del artículo definido e indefinido
- Formación y posición de adjetivos
- **lo** + adjetivo
- **ser, estar, hay**

Conexiones
- *Vamos a leer*
  Scanning newspaper promotions
  Interpreting satire and irony
  «*Apocalipsis*» de Marco Denevi
- *Vamos a escuchar*
  Focusing on the problem
- *Vamos a hablar*
  Expressing concerns
- *Vamos a escribir*
  Writing a business letter
- *Vamos a explorar el ciberespacio*
  Hispanic culture

Visit the *¡Saludos/Recuerdos!* World Wide Web site:
http://www.harcourtcollege.com/spanish/saludosrecuerdos

The *¡Recuerdos!* CD-ROM offers additional
language practice and cultural information.

Adelante

El jefe de ventas (*Head of Sales*) . . . .

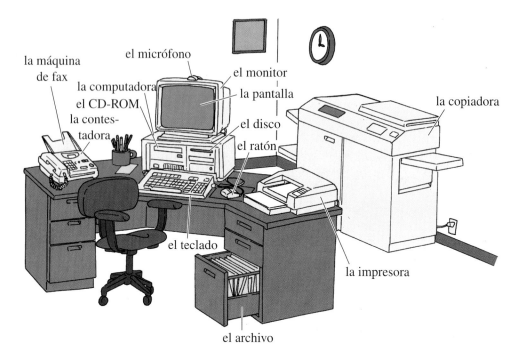

la máquina de fax
el micrófono
la computadora
el monitor
el CD-ROM
la pantalla
la contestadora
la copiadora
el disco
el ratón
el teclado
la impresora
el archivo

Martín Osorio es un jefe de ventas cubanoamericano en Miami, Florida que llama por teléfono a su cliente, Cristián Silva, director de una agencia de computadoras que está en San Juan, Puerto Rico. Los dos hablan de un problema con las computadoras.

SECRETARIA:	Buenos días. Computec de Puerto Rico
MARTÍN:	Buenos días. Con el Sr. Cristián Silva, por favor.
Who's calling? SECRETARIA:	¿De parte de quién?°
MARTÍN:	Martín Osorio con MacroMundo de Miami.
SECRETARIA:	Un momento por favor.... Sr. Silva, el señor Martín Osorio lo llama por larga distancia.
CRISTIÁN:	Ah, sí gracias. Hola, Martín. ¿Cómo estás?
over there MARTÍN:	*(con entusiamo)* Muy bien gracias. ¿Y Uds. por allá?°
CRISTIÁN:	*(cordialmente)* Todos bien, pero estamos muy ocupados.
Tell me, what can I do for you?	Dime, ¿en qué te puedo servir?°
I would like MARTÍN:	Quisiera° saber si estás interesado en nuestras incomparables computadoras nuevas con monitor multimedia. De verdad, son muy prácticas y avanzadas.
CRISTIÁN:	Bueno... Pero lo que necesitamos es un teclado
Hesitating / users *(vacilando)*°	más práctico y cómodo para los usarios.°
have corrected MARTÍN:	Sí, estoy de acuerdo. Ya hemos corregido° ese problema. Permíteme
send you	enviarte° hoy mismo un *e-mail* o, si quieres, visita nuestra página Web
show you	para mostrarte° las más recientes modificaciones. Estoy seguro de que te van a gustar.
the only thing CRISTIÁN:	Eh... eh... Está bien, envíalo. Lo único° es que por ahora no puedo
orders	hacer más pedidos.°

MARTÍN:	Entiendo, entiendo, pero quiero estar al tanto° de cualquier cosa° que necesites.	*on the look out / any thing*
CRISTIÁN:	Gracias. Te lo agradezco.° Hasta pronto.	*I'm grateful to you for it.*
MARTÍN:	De nada, de nada. Gracias a ti.	

Compare bien estos verbos para no confundirlos y complete las frases con el verbo correcto en el presente.

- **funcionar** *to function; to work (machine)*
- **trabajar** *to work (at a place or something)*

Jorge _____ en una tienda.
La máquina no _____.

- **irse** *to leave; to go away.*
- **salir** *to go out; to leave (to depart)*
- **dejar** *to leave (something) behind*

Uds. entran por aquí y _____ por allí.
Yo te _____ las llaves en la mesa.
Nos _____ a casa en seguida.
El vuelo *(flight)* _____ a la una.

Actividades

2.1 Hágale preguntas a su compañero(a) sobre *(about)* la conversación en la página 32. Él / Ella debe contestarle según el contexto. Escoja la palabra interrogativa correcta entre las que aparecen a continuación.

¿qué? ¿quién? ¿dónde? ¿cómo? ¿cuándo?

1. ¿ ____ es jefe de ventas?
2. ¿De ____ nacionalidad es Cristián?
3. ¿ ____ está Martín? ¿En Miami?
4. ¿A ____ llama él por teléfono?
5. ¿ ____ se llama la agencia de Puerto Rico?
6. ¿ ____ está Cristián? ¿Desocupado?
7. ¿ ____ quisiera saber Martín?
8. ¿ ____ va a enviar el e-mail Martín? ¿Mañana?
9. ¿De ____ es la página Web? ¿Es de Cristián?
10. ¿De ____ está al tanto Martín?

2.2 Lean Uds. este anuncio y túrnense para mencionar los accesorios y beneficios de esta computadora. Indiquen cuáles de esos accesorios tienen o no tienen Uds. en su propia computadora.

 ● ● ● ► La computadora Acer tiene (posee *possesses,* incluye, incorpora, ofrece...)

2.3 Imagínese que Ud. quiere hablar por teléfono con el Sr. Aldo Díaz. Ud. llama y el *(la)* recepcionista *(su compañero/a)* contesta. Pongan Uds. las siguientes líneas en orden para crear una conversación apropiada.

*Los saludos típicos por teléfono son: **Aló, Hola, Diga, Bueno.***

Usted	**El(La) recepcionista**
• Con el Sr. Aldo Díaz, por favor.	• Aló.* Buenos días.
• Entonces, ¿podría dejarle un recado? *(Then, could I leave him a message?)*	• Sí, claro que sí. Dígame...
• Le dije 63... 6...3. *(I said ...)*	• ¿De parte de quién?
• Gracias. Se lo agradezco.	• Un momento, por favor... ¡Sr. Díaz! ¡Sr. Díaz! Lo siento, pero no está.
• Por favor, dígale que me llame al 45 - 08 - 63, después de las tres de la tarde.	• De nada... para servirle.
• De parte de *(su nombre)*.	• Perdón, ¿me dijo Ud. 63 ó 73? *(....did you tell me....?)*
• Muy amable. Hasta luego.	

2.4 Ud. y otro(a) estudiante preparan una coversación por teléfono basada en esta situación: Ud. es vendedor(a) de *Computadoras Nuevo Mundo* y quiere venderle unas máquinas nuevas a su cliente (compañero/a), que es un poco tradicional y no le gustan los cambios. Trate de persuadir a su cliente para comprar alguna de las máquinas.

Las máquinas y sus beneficios pueden ser:

el beeper	la copiadora
el CD-ROM	la computadora
el ratón	el correo electrónico
la impresora	el fax
la página Web	la Internet
la contestadora	los archivos

CULTURA

Las negociaciones

*Al leer esta cápsula cultural obseve los contrastes que hay en-
tre los hispanos y los norteamericanos en cuanto a las negociaciones y la cortesía.*

Las negociaciones° normalmente llevan más tiempo entre his- | *business talks*
panos que en los Estados Unidos. Los hispanos prefieren es-
tablecer gradualmente la confianza° y la compatibilidad mutua. | *trust*
«Los enchufes» o conexiones personales son muy importantes
para establecer relaciones comerciales. Frecuentemente las de-
cisiones se hacen en los niveles° altos en consulta con los nive- | *levels*
les bajos y, por consecuencia, requieren tiempo para llegar a una
conclusión. El individuo es responsable por sus acciones, pero
los intereses de la familia o del grupo vienen primero. Los
miembros del grupo establecen fuertes amistades y se ayudan
unos a otros cuando hay necesidad.

Típicamente, las horas de negocio son de las nueve de la
mañana hasta las seis de la tarde. El almuerzo o la comida es
de la una a las tres de la tarde, de lunes a viernes. Es mejor
hablar de negocios sólo después de la comida, cuando se sirve
el café. Los hispanos prefieren conversar de cerca y son expre-
sivos al hablar. Por cortesía y por no ofender, los hispanos a | *avoid*
veces evitan° decir «no», y dicen «quizás» o «veremos,»
cuando en realidad sugieren «no.» Es conveniente observar o
investigar el uso de algunos gestos para así evitar problemas.
Por ejemplo, el usual gesto norteamericano AOK con el dedo
índice y el pulgar° se considera vulgar en varios lugares. | *thumb*

Los sistemas de comunicación modernos, tales como° los telé- | *like*
fonos celulares, los beepers y las computadoras tienen gran
aceptación en el comercio hispano, en particular para comunicarse con regiones menos accesibles por teléfonos conven-
cionales. En las capitales, especialmente, están al tanto° de las | *aware of*
nuevas invenciones tecnológicas.

**Expand your cultural understanding. Visit the *¡Saludos! /
¡Recuerdos!* World Wide Web site**
 http://www.harcourtcollege.com/spanish/saludosrecuerdos

2.5 Complete Ud. las frases según el contexto.

1. Las negociaciones entre hispanos llevan...
2. Los hispanos prefieren establecer la confianza y...
3. El individuo es responsable por sus acciones, pero...
4. Los enchufes son...
5. Las horas de negocio son...
6. Por no ofender, los hispanos evitan decir...
7. Los celulares y los beepers tienen...

Verbos

adaptarse	*to adapt oneself*	hay	*there is, there are*
adoptar	*to adopt*	hacerse (me hago)	*to become*
asumir	*to assume*	incluir (incluyo)	*to include*
comunicarse	*to communicate*	morir(ue)	*to die*
convertirse (ie) en	*to become, to convert*	mostrar (ue)	*to show*
corregir (corrijo)	*to correct*	ocurrir	*to occur*
descubrir	*to discover*	ofrecer (ofrezco)	*to offer*
enviar (envío)	*to send, to ship*	parecer(le)	*to seem (to someone)*
establecer (establezco)	*to establish*	promover (ue)	*to promote*
estar (estoy)	*to be (conditions)*	quedar	*to stay; to be (located)*
expandir	*to expand*	ser (soy)	*to be (typical characteristics)*
dirigir (dirijo)	*to direct*	solucionar	*to solve*
haber	*to have (auxiliar verb to form compound tenses)*		

Sustantivos (Nouns)

el anuncio	*advertisement*
el agua *(f)*	*water*
los archivos	*files*
bajar los archivos	*to download files*
la bandera	*flag*
el, la ciudadano(a)	*citizen*
la computadora	*computer*
el ordenador	*(Spain)*
la contestadora	*answering machine*
la copiadora	*copy machine*
el correo electrónico	*e-mail*
el *e-mail*	
el, la dueño(a)	*owner*
el diseño	*design*
la fecha	*date (calendar)*
el héroe, la heroina	*heroe, heroine*
la impresora (láser)	*(laser) printer*
la Internet (la Red)	*Internet, web*
la máquina	*machine*
el pedido	*(business) order*
el permiso	*permission*
el poder	*power*
la promoción	*promotion*
el ratón	*mouse*
el teclado	*keyboard*
el, la usario(a)	*user*

Adjetivos

Estos adjetivos cambian de significado *(meaning)* según se use el verbo **ser** o **estar**.

aburrido(a)	*boring, bored*
callado(a)	*reserved, silent*
cansado(a)	*boring, tired*
interesado(a)	*selfish, interested*
listo(a)	*clever, ready*
malo(a)	*bad, not well*
verde	*green, not ripe*
vivo(a)	*alert, alive*

Estos adjetivos cambian según el orden: adj + sustantivo vs. sustantivo + adj.

cierto(a)	*some, certain, certainty*
gran(de)	*great, big*
mismo(a)	*same, -self*
pobre	*unfortunate, poor*
propio(a)	*very own, proper*
viejo(a)	*former, old*

Cuando estos adjetivos se usan con **estar** representan una *condición.*

abierto(a)	*open*	ocupado(a)	*busy*
cerrado(a)	*closed*	perdido(a)	*lost*
contento(a)	*happy*	preocupado(a)	*worried*
enfermo(a)	*sick, ill*	roto(a)	*broken*
enojado(a)	*angry*	satisfecho(a)	*satisfied*
limpio(a)	*clean*	sucio(a)	*dirty*

Otras expresiones

Atentamente	*Sincerely (in letter closing)*
claro	*sure, clear*
cómo no	*of course*
¿De parte de quién?	*Who's calling?*
¿En qué te (le) puedo servir?	*What can I do for you?*
estar de acuerdo	*to agree*
al tanto	*to be on the look out*
de buen (mal) humor	*to be in a good (bad) mood*
de pie	*to be standing*
de vacaciones	*to be on vacation*
estar disponible	*to be available*
lo + adjetivo	*the ... part (thing)*
lo mismo	*the same (thing)*
Lo siento.	*I'm sorry.*
¿Podría dejarle un recado (un mensaje)?	*Could I leave him (her) a message?*
por allá	*around there*
por larga distancia	*by long distance*
Te (Se) lo agradezco.	*I'm grateful to you for it.*
sobre	*about, over*
tener lugar	*to take place*
éxito	*to succeed*

EN VIVO – VIÑETA

Before viewing the video vignette segment for this lesson, please study the following **Vocabulario** and **Preparación** sections.

La entrevista

Antes de ver el video, estudie el **Vocabulario para el video** y la sección de **Preparación.** Luego vea el video (más de una vez si es necesario) y haga los ejercicios de **Comprensión.**

Vocabulario para el video

Video vocabularies are simply for recognition purposes to help you fully understand the segments. You are not expected to produce the vocabulary shown here.

beneficios sociales	*social security benefits*	muchísimo	*a lot*
		la naturaleza	*nature*
bombero	*fireman*	ofrecer	*to offer*
contribuir	*to contribute*	pagar	*to pay*
de niño	*as a child*	parado	*stopped*
detallado	*detailed*	precioso	*beautiful*
diseñar	*to design*	primero	*first*
la empresa	*company*	proteger	*to protect*
felicitar	*to congratulate*	el puesto	*job*
la franqueza	*frankness*	la solicitud	*application*
el, la gerente	*manager*	soñar con	*to dream of*
lograr	*to gain*	tener suerte	*to be lucky*
lo que	*what, which*	la venta	*sale*
el medio ambiente	*environment*	una vez	*once*

Preparación

Haga una lista de palabras o frases que se podrían emplear en una entrevista de trabajo, y subraye las que oye mientras mira el video.

Comprensión

A. Lea las siguientes frases. Después de ver el video, indique C (Cierto) o F (Falso), según lo que comprendió. Corrija las frases falsas.

___ **1.** Es la segunda vez que Diego visita San José.
___ **2.** Diego ha tenido (*has had*) varios puestos como bombero.
___ **3.** Diego quiere proteger el medio ambiente.
___ **4.** De niño Diego soñaba con ser programador.
___ **5.** El verano pasado Diego trabajó para una empresa de arquitectos.

B. Conteste las preguntas.

1. ¿Por qué la señora Muñoz llega tarde a la entrevista?
2. ¿Cuántos años tenía Diego la primera vez que estuvo en San José?
3. ¿Qué diseñó Diego en la universidad?
4. ¿Por qué le gustó a Diego su trabajo del verano pasado?
5. ¿Cree usted que Diego consigue (*gets*) el puesto o no? ¿Por qué sí?

You made it.

RECUERDOS DE...

Cuba, Puerto Rico y la República Dominicana........

República de Cuba

Área: 110.922 km² (178.000 m²)

Población: 11.190.000 habitantes

Gobierno: República socialista

Ciudades principales: La Habana, la capital, 2.241.000; Santiago de Cuba, 440.084; Camagüey, 293.961

Unidad monetaria: el peso ($)

Industria: azúcar, ron, tabaco, minerales, turismo

Fiestas públicas: 1° de enero, Día de la Liberación; 1° de mayo, Día del Trabajo; 26 de julio, Día de la Revolución; 10 de octubre, Día de las Guerras de Independencia.

La Habana, Cuba.

Puerto Rico

Área: 9.104 km^2 (14.600 m^2)

Población: 9.104.000 habitantes

Gobierno: Estado Libre Asociado *(Commonwealth of U.S.)*

Ciudades principales: San Juan, la capital, 426.832; Bayamón, 220.262; Ponce, 187.749

Unidad monetaria: dólar de EE. UU. (US$)

Industria: productos químicos y derivados, alimentos *(foodstuffs)*, maquinaria

Fiestas públicas: 1 de enero Año Nuevo; 6 de enero, Los Reyes Magos; 4 de julio, Día de la Independencia de EU; 25 de julio, Día de la Constitución; 12 de octubre, Día de la Raza; noviembre, Día de Acción de Gracias; 25 de diciembre, Navidad.

San Juan, Puerto Rico.

Santo Domingo, La República Dominicana.

La República Dominicana

Área: 48.671 km² (77,880 m²)

Población: 7.802.000 habitantes

Gobierno: República

Ciudades principales: Santo Domingo, la capital, 2.138.262; Santiago de los Caballeros, 375.000; La Vega, 189.000

Unidad monetaria: el peso ($)

Industria: níquel, azúcar, café, cacao

Fiestas públicas: 1° de enero, Año Nuevo; 27 de febrero, Día de la Independencia; 1° de mayo, Día del Trabajo; 12 de octubre, Descubrimiento de América; 25 de diciembre, Navidad

Ud. quiere verificar la información que leyó sobre las tres islas. Hágale no menos de nueve preguntas a su compañero(a) sobre las tres.

¿Cuál es la capital de...?
¿Cuál es la población de...?
¿Cuáles son las industrias principales?
¿ Cuándo son...?

> For a companion reading with exercises on the countries or area covered in this feature, go to Lección 2 in the Student Activities Manual.

Curiosidad

Cuba

Puerto Rico

Las banderas° de Cuba y Puerto Rico tienen el mismo diseño,° pero los colores azul y rojo están invertidos. A fines del siglo XIX un grupo de puertorriqueños residentes en Nueva York adoptaron su versión de la bandera cubana como muestra° de sus sentimientos fraternales hacia° Cuba, que luchaban por su independencia de España. Los tres colores de la bandera y las tres puntas del triángulo representan los ideales de la revolución francesa: *libertad, igualdad y fraternidad.* La estrella° representa la patria.°

flags / same design

token of / towards

star / native land

41

Estructura   I. Género y número de los sustantivos

To talk about people and things

A. Spanish classifies nouns according to *gender* (masculine or feminine) and *number* (singular or plural).

- Most nouns ending in **-o** are masculine and most nouns ending in **-a** are feminine. The definite articles (**el, los / la, las**) mark the exceptions in gender.

el libro, la casa *but*: la mano los días el sofá las fotos (fotografías) el problema
[Many nouns ending in **-ma, -pa,** or **-ta** are masculine: **el programa, el poema, el mapa, el planeta.**]

- Femine nouns that begin with a stressed **a-,** or **ha-** take the article **el** in the singular: **el agua, las aguas; el hacha** *(axe),* **las hachas**

- Most nouns that end with the letters: **-e, -l, -n, -r,** or **-s** are masculine.

el parque   el pan   el interés
el papel   el amor *(love)*   el paraguas *(umbrella)*

exceptions: **la clase, la carne, la gente, la llave, la sal, la flor**

- Most nouns that end in **-ión, -d, -umbre,** and **-z** are feminine.

la canción *(song)*   la costumbre
la comunidad   la luz

exceptions: **el avión, el camión (truck), los paréntesis, el lápiz**

- Nouns that refer to males and end in **-or** add **-a** for the female counterpart.

el director   la directora
el administrador   la administradora

¡OJO!

Some nouns have the same form in the masculine and the feminine. The article indicates gender.

el / la atleta   el / la publicista
el / la estudiante   el / la habitante
el / la agente   el / la turista
el / la dentista   el / la guía
el/ la juez *(judge)*   el/ la músico *(musician)*

B. Plural of nouns

• Nouns ending in a vowel add **-s** to form the plural.

la amiga, las amigas   la clase, las clases   el carro, los carros

• Nouns ending in a consonant add **-es** to form the plural. Note that to preserve the orignal stress, words add or drop an accent mark.

| la mujer | las mujeres | el examen | los exámenes |
| la reservación | las reservaciones | el inglés | los ingleses |

But, nouns ending in an unstressed vowel with final **-s** do not change in the plural.

el lunes	los lunes
el paraguas	los paraguas
el análisis	los análisis

• Nouns ending in **-z** take the plural ending **-ces.**

el lápiz, los lápices   la luz, las luces

2.6 Su compañero(a) no recuerda qué artículo *(el* o *la)* llevan estos sustantivos. Ayude a su compañero(a), diciéndole el artículo definido que requiere cada sustantivo.

 • • • ▶   examen > el examen

cuaderno, clase, decisión, isla, ama de casa *(housewife),* semestre, día, crisis, viernes, lápiz, idioma, agua, flor, problema, amistad, interés, ala *(wing),* luz, foto, papel

Ahora, repita la actividad, pero en el plural con *los* o *las.* No olvide los acentos.

 • • • ▶   examen > los exámenes

2.7 Ud. quiere aplicar estos sustantivos a un hombre y a una mujer. Haga los cambios necesarios, usando los artículos definidos.

 • • • ▶   maestro > el maestro, la maestra
especialista > el / la especialista

agente, artista, estudiante, inspector, guía, computista, astronauta, autor, cajero *(teller, cashier)*

2.8 Ud. quiere mencionar los atributos que admira en otras personas. Escoja los ocho más importantes de la lista usando el artículo definido apropiado *(el, los; la, las).* Numere los atributos de mayor a menor según su importancia para Ud.

____ compasión	____ ideales	____ actitud positiva
____ imaginación	____ moderación	____ humor
____ humildad	____ nacionalidad	____ alma noble *(soul)*
____ chispa *(sparkle, wit)*	____ apariencias *(appearances)*	____ modales *(manners)*
____ entusiasmo	____ orgullo *(pride)*	____ ¿...?

2.9 Ahora compare su lista con su compañero(a) y trate de convencerlo(a) del orden que Ud. escogió.

 • • • • ▶ Creo que la compasión es más importante porque todos necesitamos respeto, amor y comprensión.

En mi opinión, el orgullo es menos importante porque causa muchos problemas y disputas.

Estructura — II. Los artículos definidos e indefinidos

To identify specific and non-specific items

A. Articles agree in gender and number with the nouns they modify.

Artículos definidos	*Artículos indefinidos*
el amigo, **los** amigos	**un** papel, **unos** papeles
la clase, **las** clases	**una** mesa, **unas** mesas

• The article **el** combines with **a** to form **al** and with **de** to form d**el.**

Fuimos al cine *Del Mar.*
El dinero es del señor.

• **Unos** or **unas** mean some, *a few—or approximately* before a number.

| Hay unas cartas para ti. | *There are a few letters for you.* |
| Clara tiene unos doce años. | *Clara is approximately twelve years old.* |

B. Usos del artículo definido

Spanish uses the definite article in cases where English does not, specifically:

• to referer to nouns in a general or abstract sense

| **Los** beepers son prácticos. | *Beepers are practical.* |
| Hay que mejorar **las** comunicaciones. | *One must improve communications.* |

• in place of a possessive adjective for parts of the body or clothing

| Me duele **el** cuello. | *My neck hurts.* |
| ¿Nos ponemos **el** suéter? | *Do we put on our sweaters?* |

• with titles such as **señor(a)** and **profesor(a)** when speaking **about** someone.

| **La** doctora Romero está en la clínica. | *Doctor Romero is in the clinic.* |
| ¿Conoces a **los** señores Otero? | *Do you know Mr. and Mrs. Otero?* |

But drops the article when speaking *directly* to the person.

Señora Miranda, ¡qué gusto verla!   *Mrs. Miranda, what a pleasure to see you!*

- with the days of the week to mean *on*

La reunión es **el** miércoles.   *The meeting is <u>on</u> Wednesday.*
No tenemos clases **los** domingos.   *We don't have classes <u>on</u> Sundays.*

But, omits the article when answering variations of the question

¿Qué día es hoy? Hoy es martes; ayer fue lunes.

- with the times of day and dates

Son **las** tres de la tarde.   *It's three in the afternoon.*
Ellos llegan **el** quince de marzo.   *They arrive March 15th.*

> **Observe que ciertos lugares o países requieren el artículo definido, porque es parte del nombre original.**
>
> **Los Ángeles, La Habana, El Salvador.**
>
> **Con otros países el artículo es opcional.**
>
> **(la) Argentina, (el) Canadá, (los) Estados Unidos, (el) Perú, etc.**

C. Omisión de los artículos indefinidos

Spanish omits the indefinite article where English does not:

- after **ser** when indicating occupation or affiliation.

Rodolfo es contador.   *Rodolfo is an accountant.*
Martina es republicana.   *Martina is a Republican.*

But, uses the indefinite article when the noun is modified.

Rodolfo en un buen contador.   *Rodolfo is a good accountant.*
Martina es una republicana liberal.   *Martina is a liberal Republican.*

- before these words: **cien, mil, medio, otro(a)**

Necesito cien pesos.   *I need a hundred pesos.*
Hay mil cosas que hacer.   *There're a thousand things to do.*
El paquete pesa cinco kilos y medio.   *The package weighs five and a half kilos.*
Prefiero otra cosa.   *I prefer another thing.*

2.10 Complete la siguiente conversación y mini-biografía, usando el artículo definido e indefinido si es necesario.

La conversación entre profesora y estudiante.

—Perdone Ud., ____ profesora Cabrera. ¿Cuándo es ____ examen final?

—Es ____ viernes a ____ nueve de ____ mañana.

—¿Incluye a ____ escritor Pablo Neruda?

—Sí, y a ____ escritora Gabriela Mistral.

—¿Hay ____ otros autores también?

—Claro que sí. Recomiendo repasar bien ____ apuntes *(notes)* de clase.

—¡Ay, ____ profesora! Creo que ____ examen va a ser muy largo. Me duele mucho ____ mano y no sé si podré escribir durante dos horas enteras.

La mini-biografía de un médico

Baruj Benacerraf es _____ distinguido médico patólogo. Nació _____ 29 de octubre de 1920 en Caracas, Venezuela. Hoy día vive en _____ Estados Unidos. De niño le gustaba mucho _____ medicina. Ganó _____ Premio Nobel de Fisiología en _____ año 1980 por sus estudios sobre _____ infecciones y _____ cáncer. Fue _____ profesor y _____ jefe de _____ Laboratorio de Inmunología Nacional. Además fue _____ presidente de _____ Instituto de Cáncer en Boston. Él ha recibido _____ más altos premios y reconocimientos.

2.11 Exprese Ud. una opinión negativa y otra positiva para cada uno de estos temas.

 MODELO • • • ▶ películas de hoy
Las películas de hoy tienen mucha violencia, pero hay unas que son animadas y divertidas.

música de hoy, precio de las medicinas, comida rápida, ciudades, deportes, tarjetas de crédito

Estructura   III. La formación de adjetivos

To describe people and things

A. Adjectives agree with the nouns they modify in gender and number. Plurals of adjectives are formed in the same way as plurals of nouns.

1. Adjectives ending in **-o** have four forms:

atractivo, atractiva, atractivos, atractivas

2. Adjectives of nationality and those ending in **-or** have four forms. They add **-a** to form the feminine. Note that the accent mark drops for the feminine and plural forms.

español	española	españoles	españolas
inglés	inglesa	ingleses	inglesas
alemán	alemana	alemanes	alemanas
innovador	innovadora	innovadores	innovadoras

exceptions: These antonyms ending in **-or** have only two forms.

mejor(es) / peor(es)   superior(es) / inferior(es)
mayor(es) / menor(es)   interior(es) / exterior(es)

3. Adjectives that end in a consonant or a vowel other than **-o** have two forms. In the plural, they add **-s** when ending in a vowel, and **-es** when ending in a consonant (**-z** changes to **-ces**).

elegante(s)	demócrata(s)	cortés	corteses
fácil(es)	idealista(s)	feliz	felices

4. Masculine plural adjectives modify two or more nouns if one of these is masculine.

la camisa y los pantalones **nuevos**

B. Lo + adjetivo

Lo + **adjetivo** (*masculino*) serves to describe a certain aspect or quality of something. English equivalents have the words *part, thing,* or *aspect.*

Lo mejor de ser profesor(a) es enseñar.
The best part of being a professor is teaching.

Lo peor es corregir exámenes.
The worst (thing) is correcting exams.

Lo único es que hay que trabajar mucho.
The only thing is that one has to work a lot.

2.12 Diga Ud. las nacionalidades de las siguientes personas.

1. Perú: Ramón es peruano. Alicia es _____. Ellos son _____.

2. Puerto Rico: Luis es _____. Norma es puertorriqueña. Los dos son _____.

3. Canadá: Mauricio es canadiense. Beatriz es _____. Ellos son _____.

4. Alemania: Úrsula es alemana. Conrado es _____. Los dos son _____.

5. Japón: Hiroshi es japonés. Yoko es _____. Ellos son _____.

6. Nicaragua: Silvia es nicaragüense. Esther es _____ también. Ellas son _____.

7. Panamá: Vicente es _____. Rosa es panameña. Los dos son _____.

2.13 Escoja Ud. no menos de tres adjetivos que, en su opinión, describen a las siguientes personas. Después compare su lista con su compañero(a), haciendo un círculo a rededor de los adjetivos que Uds. dos tienen en común.

adjetivos: curioso, tacaño *(stingy)*, considerado, egoísta, simpático, justo, perezoso *(lazy)*, impaciente, feliz, trabajador, desagradable, fiel *(loyal)*, responsable, hablador *(talkative)*, generoso, flexible, agresivo, atractivo, tonto, ambicioso.

1. Un buen amigo es...
2. Una buena compañera de trabajo es...
3. Unos buenos vecinos *(neighbors)* son...
4. Una profesora excelente es...
5. Un estudiante excelente es...
6. Unos vendedores excelentes son...

2.14 Mencione Ud. las ventajas o desventajas de estos oficios o actividades.

 **MODELO** • • • ► bueno / ser / médico
Lo bueno de ser médico es ayudar (curar, atender, cuidar *to take care of...*) a los enfermos.

1. importante / ser / policía
2. interesante / ser / periodista
3. fascinante / ser / artista
4. peor / ser / deportista
5. ¿...? / ser / estudiante
6. bueno / ir compras
7. divertido / viajar
8. mejor / hacer ejercicios
9. malo / comer mucho
10. práctico / usar las computadoras

C. Posición de los adjetivos

1. Most adjectives are *descriptive* (indicating type, size, color nationality, and so on) and usually *follow* the noun they modify. However, adjectives that specify quantity *precede* the noun.

Manuel es un muchacho *guapo* e *inteligente.*
Hay *mucha (poca)* gente aquí.

Note a descriptive adjective may precede the noun for emphasis or dramatic effect.

¡Qué *fantástica* idea!

2. Certain adjectives drop the **-o** when preceding a noun.

un (buen, mal, primer, tercer) ejemplo

Gran instead of **grande** is used before either a masculine or feminine *singular* noun.

    un *gran* escritor   una *gran* ciudad
But: unos grandes escritores   unas grandes ciudades

3. A few adjectives have different meanings depending on whether they precede or follow the noun.

adjetivo	antes del sustantivo	después del sustantivo
cierto	*some, certain*	*sure, definite*
gran(de)	*great*	*big, large*
mismo	*same*	*him (her, it) self, the very*
pobre	*unfortunate, pitiful*	*poor, needy*
viejo	*long-time, former*	*old, elderly*

Necesitan cierto recibo firmado. *They need some signed receipt.*
Buscamos la respuesta cierta. *We're looking for the sure answer.*

Ella es la misma persona. *She's the same person.*
Lo necesito hoy mismo. *I need it this very same day.*

2.15 La directora de la compañía Ánimo expresa su satisfacción con ciertos empleados nuevos. Lea la descripción que hace de Luis y luego cambie la descripción para aplicarla primero a Gloria y después a Rosa y Felipe juntos *(together)*.

Luis es un buen empleado porque es cortés, trabajador y aplicado. Es un joven respetuoso y muy amistoso. Además es un gran asistente muy innovador. Es el primer español que empleamos. En total, él es un fiel empleado inestimable.

2.16 Ud. trabaja para la Cámara de Comercio *(Chamber of Commerce)* y quiere que la gente visite su área. Dígale a su compañero(a) todos los extraordinarios lugares y eventos que hay cerca de su comunidad. Refiérase a las siguientes palabras para hacer no menos de diez descripciones.

MODELO • • • ➤ Tenemos *estupendas* fiestas internacionales.
Hay un *fabuloso* parque de atracciones.

magnífico	parque	jardines	cines
maravilloso	zoológico	campos de golf	estadio
increíble	museo	centro comercial	conciertos
fantástico	teatro	festivales	río (lago)
incomparable	universidad	edificios	lugares para acampar
excepcional	bailes	juegos de...	clubs
extraordinario	orquesta	fábricas de...	¿...?
tremendo	hoteles	restaurantes	
enorme	vistas		
el (la) único(a)			
superior			
viejo			
hermoso			
pintoresco			
vibrante			
¿...?			

Estructura   IV. Hay, ser y estar

To identify and describe

Ser, estar and the expression **hay** are readily rendered by forms of the verb *to be*. However, they have specific functions in Spanish.

Hay unos mariachis aquí.

México

Los mariachis son de México.

Son de México, pero están en Los Ángeles.

A. El uso de hay *(there is, there are)*

Hay indicates the *existence* of people, things or events in general. It often precedes an *indefinite* article or limiting adjectves: *varios(as), otro(a), mucho(a).*

Hay una estudiante esperando.	*There's a student waiting.*
Hay muchos carros allí.	*There are many cars over there.*
No hay clases mañana.	*There aren't classes tomorrow.*

B. El uso de ser

1. **Ser** + noun or pronoun serve to identify the subject.

¿Quién es?	*Who is it?**
Soy yo, Ricardo Fuentes.	*It's I, Ricardo Fuentes.*
Ah, ¿es Ud. el nuevo estudiante?	*Ah, are you the new student?*

2. **Ser** + adjectives describes traits or typical characteristics.

¿Cómo es Elsa?	*How's Elsa (as a person)?*
Elsa es alta, morena y muy bonita.	*Elsa is tall, dark and very pretty.*
Además, es muy amable.	*Besides, she's very kind.*

Esos discos compactos son españoles. *Those CD's are Spanish.*

3. **Ser** + **de** expresses possession.

¿De quién son las llaves?	*Whose keys are they?**
Son mías. No son de Rita.	*They are mine. They aren't Rita's.*

∙∙∙∙∙∙∙∙∙∙∙∙∙∙∙∙∙∙∙∙∙∙∙∙∙∙∙∙∙∙∙∙∙∙∙∙∙

* Note that *it* and *they,* as inanimate subject pronouns, have no equivalents in Spanish.

4. **Ser** + **de** + **lugar** (place) indicates origin.

Somos de los Estados Unidos.	*We're from the United States.*
Los productos son de Puerto Rico.	*The products are from Puerto Rico.*

5. **Ser** + **de** describes what something is made of.

La torta es de chocolate.	*It's a chocolate cake. (It's made of chocolate.)*
¿De qué son los pantalones?	*What are the pants made of?*
Son de algodón y poliéster.	*They are (made of) cotton and polyester.*

C. El uso de estar

1. *Estar* + adjective (adverb) expresses conditions or health.

¿Cómo estás hoy?	*How are you today? (How are you feeling?)*
Pues, estoy bien, pero mis amigos están enfermos.	*Well, I'm fine, but my friends are sick.*

2. Certain adjectives often appear with **estar** because they describe conditions and not typical characteristics:

abierto / cerrado	*open / closed*
limpio / sucio	*clean / dirty*

cansado	*tired*	ocupado	*occupied*
contento	*happy*	perdido	*lost*
enfermo	*sick, ill*	preocupado	*worried*
enojado	*angry*	roto	*broken*
		satisfecho	*satisfied (full)*

3. **Estar** + adjective indicates a *change* from what is normal or expected and may imply an emotional reaction. English expresses these changes, using: *become, look, appear, feel* or *taste.*

La camiseta <u>es</u> grande. *The T-shirt is big.*

La camiseta <u>está</u> pequeña. *The T-shirt has become small.*

La ensalada <u>es</u> buena aquí. *Salad is good here.*
¡Pero,bah! Hoy <u>está</u> muy mala. *But, bah! It tastes very bad today.*

ser + adjetivo = lo típico, lo normal
estar + adjetivo = cambio, condición

¡OJO!

4. **Estar de +** appears in several idiomatic expressions:

Están **de vacaciones.**	*They're on vacation.*
¿Estamos **de acuerdo?**	*Do we agree?*
Los pasajeros (no) están **de pie.**	*The passengers are (not) standing.*
¿Estás **de buen (mal) humor** hoy?	*Are you in a good (bad) mood today?*
Ellos están **al tanto de** todo.	*They're on the look out for everything.*

A number of adjectives convey different meanings depending if they are used with **ser** or **estar.**

aburrido(a)	La película es aburrida.	Ellos están aburridos.
	The film is <u>boring</u>.	*They are <u>bored</u>.*
callado(a)	Mario es callado.	Todos están callados.
	Mario is <u>reserved</u>, <u>quiet</u>.	*Everyone is <u>silent</u>.*
interesado(a)	Clara es interesada.	Estamos interesados.
	Clara is <u>selfish</u>.	*We are <u>interested</u>.*
listo(a)	Tú eres muy lista.	Estamos listos.
	You're very <u>clever</u>.	*We're <u>ready</u>.*
malo(a)	¡No seas malo!	¿Estás mala?
	Don't be <u>bad</u>!	*Are you <u>sick</u>?*

verde	La manzana es verde.	Los plátanos están verdes.
	The apple is <u>green</u>.	*The bananas are <u>not ripe</u>.*
vivo(a)	Ramón es vivo.	Los abuelos están vivos.
	Ramón is <u>alert</u>, <u>lively</u>.	*The grandparents are <u>alive</u>.*

2.17 Complete estas conversaciones con *hay* y la forma correcta de *ser* o *estar*.

1. La televisión

—Los niños no _____ contentos. Ellos _____ aburridos con la televisón.

—Sí, ese programa _____ muy aburrido.

—¿No _____ otro programa mejor?

—Sí, pero _____ más tarde, a las cinco.

2. En la tienda de ropa

—Perdón, ¿me puede decir de qué material _____ este suéter?

—Sí, como no. El suéter _____ de pura lana y _____ de Perú. Hoy tiene un precio especial: $150.

—¡Uyy, _____ muy caro! ¿ _____ otro más barato?

—No de esa calidad *(quality)*. Ese precio _____ una verdadera ganga *(bargain)*.

2.18 Ud. quiere conocer a otro(a) compañero(a). Hágale preguntas con *ser* o *estar,* usando la información a continuación.

 • • • ► triste hoy
¿Estás triste hoy?

de Latinoamérica
¿Eres de Latinoamérica?

1. contento(a)
2. una persona alegre
3. bien
4. de los Estados Unidos
5. amigo del profesor (de la profesora)
6. hijo(a) único(a) *(only child)*
7. callado(a) normalmente
8. satisfecho(a) con la clase
9. optimista por lo general
10. una persona justa

Ahora dígale a su compañero(a) sentado junto a usted lo que Ud. sabe del (de la) otro(a) compañero(a).

 • • • ► Bueno, David es alegre y amable. Está contento. ...

 Ud. va de compras, pero no sabe el nombre de varios artículos en español. Descríbale esas cosas al dependiente *(clerk)*, su compañero(a). Él /Ella trata de adivinar lo que es. Puede referirse a las siguientes expresiones:

Es para proteger, poner(se), sujetar *(to fasten)...*
Es cuadrado, rectangular, redondo...
Es de metal (de algodón...)
Es azul, verde...
Se parece a... *(It looks like....)*

MODELO • • • ▶   *(watch band)* Ud.: Es para el reloj.
             Es para ponerme (usar, llevar) el reloj.
             Es de plástico (de cuero...)
             Dependiente: Ah, Ud. quiere decir *una correa.*
             Pues, mire. Las correas de reloj están allí.

Artículos posibles: *envelope, Band-Aid, safety pin, razor, film, deodorant, rubber band*

D. To express location

Spanish uses **ser** to locate *specific events* in *time* and *space*. In this case **tener lugar** (to take place) can substitute for **ser.**

La comida *es* en el club. *Dinner is in the club.*

Los juegos *son (tienen lugar)* en el estadio.

—¿Cuándo *es* la reunión?
—*Es* el miércoles a las diez de la mañana.

The games are (take place) in the stadium.

—*When is the meeting?*
—*It's on Wednesday at ten in the morning.*

By contrast, Spanish uses **estar** to locate *specific persons, places or things.* Here **quedar** (to be located) can be substituted when referring to permanent locations.

La comida *está* en el refrigerador. *The food is in the refrigerator.*

Los juegos (las cartas, el dominó, etc.) *están* en la mesa.

The games are on the table.

¿Dónde *está* *(queda)* el teatro nuevo?

Where is the new theater?

La familia no *está* en Madrid; *está* en Sevilla.

The family isn't in Madrid; it's in Seville.

Repaso:
HAY locates non-specific persons, things or events.
Hay un baile. *Hay* varias personas bailando.

SER locates specific events in place and time.
La fiesta *es* en el salón A. *Es* a las nueve de la noche.

ESTAR locates specific persons or things.
El salón A *está* en el tercer piso. La gente *está* allá.

2.20 Localice estos eventos y cosas, usando *ser, estar* o *hay.*

1. La conferencia _____ en el primer piso.
2. Los teléfonos _____ cerca de la puerta.
3. La cena _____ a las nueve.
4. _____ varios invitados.
5. Los invitados _____ en el comedor.
6. La comedia _____ en el auditorio.
7. Los conciertos _____ los domingos.
8. ¿ _____ un banquete en el hotel?

2.21 Dígale a su compañero(a) dónde son sus clases y dónde están las aulas *(classroom).*

MODELO ● ● ● ▶ La clase de inglés *es* en el aula... El aula *está*...en el primer (segundo, tercer...) piso.

2.22 Descríbale su casa a un compañero(a). Incluya color, material, tamaño *(size).* Mencione dónde están los diferentes muebles y accesorios. Luego descríbale su casa a otro(a) compañero(a) pero cambie de vez en cuando *(now and then)* la información. Después sus dos compañeros deben decidir cuáles son las discrepancias.

MODELO • • • ► Mi casa _____ de ladrillo (madera).

_____ grande (pequeña) y cómoda.

_____ en la calle... En la casa

_____ tres (cuatro, cinco...) cuartos. Al entrar,

la sala _____ a la izquierda (derecha)...

los materiales: ladrillo *(brick)*, bloque, madera *(wood)*, aluminio, piedra *(stone)*
los cuartos: el comedor, la cocina, el dormitorio, el porche...
los muebles y accesorios: el sofá, los sillones, la cama, los estantes, las lámparas...

Vamos a leer

A. Una promoción de periódico

Estrategias para la lectura . . . .

Primero, dé un vistazo *(scan)* a la promoción notando el título, el diseño y los cognados en el texto; por ejemplo: último, sofisticado... También dé un vistazo a las preguntas correspondientes para guiar su comprensión. La promoción —en forma de una conversación entre Juan y Ana— apareció en un periódico venezolano y tiene algunas expresiones coloquiales como *chévere* que significa «cool» o «great» y *sacar rosca,* que quiere decir «*to wear out.*»

CONOCE LO NUEVO, LO ÚLTIMO, LO MEJOR Y MÁS sofisticado ÚNICO EN EL MACROMUNDO DE LA COMPUTACIÓN

PC XPRESS

El MacroMundo de la Computación

Crónicas Digitales 113

- Hola Juan, ¿Cómo te ha ido?
- Chévere Ana, ¿y a ti?
- Bueno, como siempre...
- Sabes que me compré un VHS... El Beta que teníamos en la casa ya no servía para nada.
- Sí, ahora todas las películas están en "veache". ¿Pero por qué no te esperaste un pelo para comprar un DVD?
- ¿¿¿DVD??? ¿Qué es eso?
- Es el último invento... Digital Video Disc. Es como un CD de música, pero con video. El otro día vi uno cuando hacía la cola para alquilar un video. La imagen era más nítida que la del cable, y el sonido era delca. Además, en el mismo disco viene la película con el sonido y los subtítulos en un montón de idiomas, para que escojas el que más te gusta.
- ¿O sea que no tengo que ver la Guerra de las Galaxias en español?
- Sólo si te da la gana. Si quieres la pones en Swahili con subtítulos en alemán.
- ¿Y cómo hacen eso? ¿Es cómo un "cidirum"?
- Bueno, primero, se dice "cidirom", con "o", y es más o menos algo así, sólo

que ahora lograron meter diez veces más información en el mismo espacio, y entonces pueden poner una película completa a full calidad.
- ¿Y tú me recomiendas que compre uno?
- Todavía no. Por ahora es muy caro, y hay muy pocas películas. Pero dentro de uno o dos años va a valer la pena.
- ¿Y qué hago con mi VHS?
- Lo botas... je, je... No, mentira. Por ahora sácale rosca.
- ¿Y el DVD también te sirve para grabar programas de televisión?
- Ahhh... tú ves Juan, en eso no había pensado. Ahí tienes una buena razón para quedarte con el VHS. Lo más probable es que la gente tendrá un DVD para ver películas alquiladas, y un VHS para grabar de la TV y para ver los videos caseros.
- Bueno, voy a estar pendiente a ver si me compro uno.
- Me avisas, para ir a verlo a tu casa...
- Tampoco tan rápido. Voy a estar pendiente dentro de un año.
- De todas formas, me avisas.

sdelmont@odd.com.ve

2.23 Indique *cierto o falso* según la promoción y luego cambie las frases falsas para hacerlas ciertas.

1. Muy pocas películas *(films)* están en «veache» (VHS).
2. *DVD* significa «*Digital Video Distribution*».
3. El *DVD* es como un casete de música.
4. La imagen en *DVD* es más nítida o precisa.
5. Las películas vienen en montón de (muchísimos) idiomas.
6. Juan y Ana deben botar *(get rid of)* su VHS.
7. El *DVD* sirve para grabar *(record)* películas.
8. Ana y Juan van a estar pendientes *(al tanto)* para comprar un CVD.

2.24 Ud. y su compañero(a) deben comparar y contrastar las ventajas y desventajas del VHS con el DVD. Luego deben compartir sus opiniones con otros dos compañeros y combinar los cinco *pros y contras* más significativos para presentarlos a la clase.

libro de la Biblia; describe el fin del mundo

B. Un cuento *Apocalipsis*°

Marco Denevi (1922-1999) era un famoso escritor argentino que frecuentemente usaba la sátira para expresar su punto de vista. Él adaptaba la mitología y la literatura universal para comentar sobre la sociedad de hoy día. Denevi se preocupaba por el efecto que tiene la tecnología moderna sobre *(over)* el hombre moderno.

2.25 Hay varias referencias culturales y universales en el siguiente cuento. ¿Puede Ud. relacionar cada una con su descripción a continuación?

1. Beethoven ____
2. Verdi ____
3. el Partenón ____
4. el Foro *(Forum)* Trajano
5. Miguel Ángel *(Michelangelo)*

a. Templo construido en Atenas, Grecia, 447-432 a.C. *(B.C.)*
b. Artista y arquitecto italiano (1475-1564); esculpió *(sculputured)* la Pietà, que representa a la Virgen María con el cuerpo de Jesús en su regazo *(her lap)*.
c. Compositor alemán (1770-1827) famoso por sus sinfonías.
d. Compositor italiano (1813-1901) conocido por sus óperas *Rigoletto y Aida*.
e. Plaza pública construida por el emperador romano Trajano, 53-17 a.C.

Estrategias para la lectura.................

El siguiente cuento es una sátira en la que el autor critica ingeniosamente una de las flaquezas *(foibles)* humanas. Generalmente, la sátira emplea el humor y la ironía para poner de relieve *(highlight)* la crítica o censura. Al leer el cuento, pregúntese Ud.: ¿qué va a criticar el autor? ¿Qué tipo de humor va a usar: exageración, personificación o contraste? ¿Cuál va a ser el giro *(twist)* irónico al final del cuento?

Al leer el cuento observe que ciertos verbos están en pretérito (acción completa) y otros están en imperfecto (acción incompleta).

Compare: no necesit<u>aban</u> *they weren't needing (imp.)*

no se pod<u>ía</u> *one could not (imp.)*

bast<u>ó</u> poco tiempo *it took little time (pret.)*

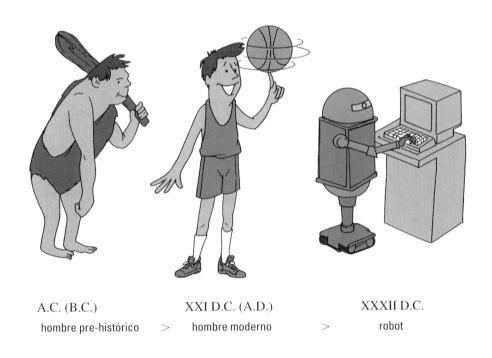

A.C. (B.C.)		XXI D.C. (A.D.)		XXXII D.C.
hombre pre-histórico	>	hombre moderno	>	robot

Apocalipsis

Marco Denevi

La extinción de la raza° de los hombres se sitúa aproximadamente a fines del siglo XXXII. La cosa ocurrió así: las máquinas habían alcanzado tal° perfección que los hombres ya no° necesitaban comer, ni dormir, ni hablar, ni leer, ni escribir, ni pensar, ni hacer nada. Les bastaba apretar° un botón y las máquinas lo hacían todo por ellos. Gradualmente fueron perdiendo las mesas, las sillas, las rosas, los discos con las nueve sinfonías de Beethoven, las tiendas de antigüedad,° los vinos de Burdeos,° las golondrinas,° los tapices flamencos,° todo Verdi, el ajedrez,° los telescopios, las catedrales góticas, los estadios de fútbol, la Piedad de Miguel Ángel, los mapas, las ruinas del Foro Trajano, los automóviles, el arroz, las sequoias gigantes, el Partenón. Sólo había máquinas. Después los hombres empezaron a notar que ellos mismos iban° desapareciendo paulatinamente° y que en cambio las máquinas se multiplicaban. Bastó poco tiempo para que el número de los hombres quedase° reducido a la mitad y el de las máquinas se duplicase. Las máquinas terminaron por ocupar todos los sitios disponibles.° No se podía dar un paso ni hacer un ademán° sin tropezarse con una de ellas. Finalmente los hombres fueron eliminados. Como° el último se olvidó de desconectar las máquinas, desde entonces seguimos funcionando.

(human) race
had reached such / no longer

It was enough for them to press

antiques / Bordeaux / swallows
Flemish tapestries / chess

van (presente) / poco a poco

remained
gesto / available
Since

2.26 Conteste las preguntas y después comparta sus respuestas con dos compañeros. Decidan Uds. quién tiene la mejor respuesta para cada pregunta.

1. ¿En qué siglo se sitúa la extinción de la raza humana?
2. ¿Qué no necesitaba hacer la gente?
3. ¿Que cosas desaparecían *(were disappearing)* poco a poco?
4. ¿Qué era lo único que había *(was there)?*
5. ¿Quiénes iban *(were)* desapareciendo también?
6. En cambio, ¿qué se multiplicaba?
7. ¿Cómo terminaron las máquinas?
8. ¿Qué se le olvidó hacer el último hombre?
9. ¿Quiénes están hablando al final del cuento?
10. Entonces, ¿quiénes están en control? ¿Quiénes narran el cuento?

2.27 En grupos de tres expresen sus opiniones en cuanto a *(regarding)* estas preguntas.

1. En el cuento las máquinas lo hacían todo. En la realidad, ¿qué actividades no pueden hacer las máquinas?
2. ¿De qué máquinas se pueden deshacer (tirar) Uds.? ¿Qué función tienen esas máquinas?
3. Ordenen Uds. las cosas en el cuento según estas categorías: *bellas artes, comidas, arquitectura y naturaleza.* ¿Cuáles son más importantes para Uds.? Expliquen su selección.

2.28 Vuelva a escribir Ud. el cuento anterior, pero cambie *las máquinas* por una de estas cosas: *las plantas, los animales* o *los extraterrestres.* También modifique las referencias culturales y los detalles *(details).*

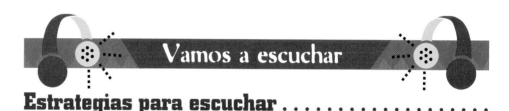

Estrategias para escuchar . . . .

When you listen to a conversation you concentrate on the topic or problem at hand. In other words, you focus on the who? what? how? when? and where? Try to answer those questions as you listen to the speakers.

Antes de escuchar la conversación, lea Ud. las siguientes preguntas. Después escuche la conversación en el disco compacto que acompaña al libro de texto, y finalmente conteste las preguntas.

Ahora escuche la conversación por teléfono entre Victoria Padilla y el Sr. Muñoz para saber *cómo* se resuelve un posible problema cultural.

2.29 Escoja Ud. la mejor respuesta.

1. La primera pregunta de la secretaria es _____.
   a. ¿Cómo está Ud.?
   b. ¿A qué hora era la reunión?
   c. ¿De parte de quién?
2. Victoria Padilla llama desde _____.
   a. Perú
   b. los Estados Unidos
   c. México

3. El Sr. Muñoz le explica a Victoria que ellos _____ .
   a. tienen poco trabajo
   b. están ocupados
   c. van a instalar una nueva máquina

4. Victoria Padilla le informa al Sr. Muñoz que la directora _____ .
   a. quiere una reunión ejecutiva para principios (los primeros días) de abril
   b. piensa visitar Farmacéuticos Las Américas la próxima semana
   c. tiene muchas ganas de conocerlo personalmente

5. El conflicto es que la directora no se da cuenta *(no comprende)* que _____ .
   a. las instrucciones en las medicinas tienen que escribirse en inglés y español
   b. el nombre del producto nuevo es difícil de pronunciar en español y causa confusión
   c. la fecha (el día) que ella quiere para la reunión es inconveniente para los empleados

6. Para explicar su punto de vista, el Sr. Muñoz le recuerda a Victoria que _____ .
   a. la directora no quiso *(refused)* una reunión a fines de noviembre
   b. no hay mucho trabajo los meses de verano
   c. las oficinas están cerradas en diciembre

7. Los empleados de Farmacéuticos Las Américas pasan la Semana Santa _____ .
   a. trabajando hasta la medianoche.
   b. visitando diferentes fábricas
   c. acompañando a su familia

8. El Sr. Muñoz prefiere _____ .
   a. reunirse otro día
   b. cambiar el nombre del nuevo producto
   c. hacer él mismo la promoción

Vamos a hablar

2.30 Hablar con convicción. En una charla de tres a cuatro minutos Ud. quiere expresar una protesta o llamada a la acción. Formen grupos de cuatro o cinco compañeros para compartir su charla.

Estrategias

1. Escoja Ud. uno de los siguientes temas de discusión por el cual *(for which)* siente una fuerte convicción o preferencia.
   a. las dificultades con las computadoras
   b. los vendedores que llaman a casa
   c. las personas superagresivas
2. Organice su charla en cuatro partes. (Vea el formato a continuación.)
3. Practique y grabe *(record)* la charla para escucharse y hacer los cambios necesarios en: contexto, gramática, vocabulario y pronunciación.

Formato

1. Mencione el problema y explíquelo.
2. Indique quién es responsable o quién tiene la culpa *(blame)*. Diga qué inconveniencias ocurren como resultado de ese problema. Dé dos o tres ejemplos específicos.
3. Ofrezca soluciones para corregir el problema y mejorar la situación.
4. Haga una llamada a la acción. Dígales a sus compañeros lo que ellos tienen que (deben, necesitan) hacer. Trate de ser razonable y realista.

Vamos a escribir

2.31 Su jefe *(boss)* le pide a Ud. que escriba una carta a sus clientes donde describa las magníficas máquinas nuevas en venta con sus opciones y ventajas *(advantages)*. Refiérase al anuncio al principio de esta lección **[2.2]** para sacar ideas y escribir una carta de no menos 75 palabras con un texto de tres párrafos concisos.

Estrategias

* Incluir la fecha y la dirección
* Escoger el saludo apropiado—
  Estimado(a) cliente:
  Estimado cliente y amigo(a):
  Muy estimados señores:
  Señores:

* Escribir el texto (la promoción)—
  1° párrafo: *Tenemos el gusto de anunciar...*
  ⁣   *Tenemos a la venta las nuevas máquinas...*
  2° párrafo: *Con las fabulosas máquinas... Ud. puede mejorar (ahorrar = to save,*
  ⁣   *ampliar, modificar...)*
  3° párrafo: *Ud. debe visitar (comunicarse con)... Hay que ver (probar, usar...)*

* Terminar con la despedida apropiada—
  (Muy) Atentamente,
  (Muy) Cordialmente,
  De usted(es) atentamente,

http://www.harcourtcollege.com/spanish/saludosrecuerdos

Vamos a explorar el ciberespacio

Hay muchos sitios de interés en la Red Mundial (World Wide Web) que explican mucho sobre la cultura del mundo hispano. Vaya a http://www.harcourtcollege.com/spanish/ saludosrecuerdos explore la cultura de esta lección y haga las actividades correspondientes.

EN VIVO – CULTURA

Before viewing the cultura video segment for this lesson, please study the following **Vocabulario** and **Preparación** sections.

Antes de ver el video, estudie el **Vocabulario para el video** y la sección de **Preparación.** Luego vea el video (más de una vez si es necesario) y haga los ejercicios de **Comprensión.**

Vocabulario para el video

Video vocabularies are simply for recognition purposes to help you fully understand the segments. You are not expected to produce the vocabulary shown here.

antiguo	*old, antique*	hacer juego con	*to match*
la belleza	*beauty*	orgulloso	*proud*
el bosque	*forest*	la perla	*pearl*
el castillo	*castle*	la playa	*beach*
construir	*to build*	el ponceño	*inhabitant of Ponce*
el destino	*destination*	raros	*rare*
encantador	*enchanting*	el refugio	*refuge*
el encanto	*enchantment*	el siglo	*century*
la fortaleza	*fortress*	el sur	*south*

Preparación

Subraye las cosas que oiga y vea en el video.

agua	especies
animales	flores
anuncios	héroe
bandera	montañas
capital	monumentos
ciudadano	playas
ciudades	tiendas
edificios	

Comprensión

A. Lea las siguientes frases. Después de ver el video, indique C (Cierto) o F (Falso), según lo que comprendió. Corrija las oraciones falsas.

____ **1.** San Juan es la capital de Puerto Rico.

____ **2.** San Felipe del Morro es una fortaleza.

____ **3.** San Felipe del Morro fue construida en el siglo XV (quince).

____ **4.** El Yunque es una playa espectacular.

____ **5.** Hoy San Juan es un importante destino turístico.

B. Conteste las preguntas.

1. ¿Quiénes construyeron San Felipe del Morro?
2. ¿Dónde se encuentra La Fortaleza?
3. ¿Dónde viven muchas especies de animales raros?
4. ¿Cuál es la segunda ciudad más grande de Puerto Rico?
5. ¿Cómo llaman los ponceños a su ciudad?

SELF-TEST

How well have you mastered this lesson? To find out, take the self test found on the *¡Recuerdos!* Web site at http://www.harcourtcollege.com/spanish/saludosrecuerdos.

Lección 3

Hablar del pasado

Comunicación
- Hablar de acciones usuales en el pasado
- Hablar de acciones completas, instantáneas
- Distinguir entre estados y acciones
- Notar cuánto tiempo hace que algo ocurrió

Estructuras
- Los dos aspectos del pasado
- El imperfecto
- El pretérito
- Contrastes entre imperfecto y pretérito
- Hace... que... (*pretérito*)

Cultura
- El paisaje español
- *Recuerdos de España*

Conexiones
- Vamos a leer
  Interpreting a short story
  «Al correr los años» de Miguel de Unamuno
- Vamos a escuchar
  Locating the main ideas and supporting details
- Vamos a hablar
  Connecting and sequencing events
- Vamos a escribir
  Recreating vivid memories
- Vamos a explorar el ciberespacio
  Hispanic culture

Visit the *¡Saludos/Recuerdos!* World Wide Web site:
http://www.harcourtcollege.com/spanish/saludosrecuerdos

CD-ROM

The *¡Recuerdos!* CD-ROM offers additional language practice and cultural information.

Adelante

El agente de turismo . . . .

La agencia de turismo.

La Puerta del Sol, Madrid.

La Plaza Mayor, Madrid.

Juanita y César Ayala, un matrimonio hispanoamericano de los Estados Unidos, hicieron un viaje° a España en sus vacaciones. Los dos tienen unos sesenta años. En este momento están en una agencia de turismo en Madrid.

took a trip

AGENTE:	Buenos días. Bienvenidos.° ¿En qué les puedo ayudar?	*Welcome*
CÉSAR:	Buenos días. Nos dijeron que aquí había° información turística sobre Madrid. ¿Puede indicarnos cuáles son los puntos más interesantes de la ciudad?	*They told us there was*
AGENTE:	Claro, con mucho gusto. Aquí tienen Uds. unos folletos° y un plano de la ciudad. ... A ver... a ver.° Primero les recomiendo visitar el Museo del Prado. Se construyó en el siglo XVIII y contiene la mejor colección de arte español.	*brochures* *Let's see . . . .*
JUANITA:	Ah... recuerdo cuando vivía en Nueva York, tuve° la oportunidad de ver los cuadros de Picasso, especialmente *Guernica*.	*I got*
AGENTE:	¡Qué bueno! Pero, hace varios años que ese cuadro se trajo° a Madrid y ahora está en el Centro de Arte Reina Sofía.	*was brought*
JUANITA:	Quisiera° verlo otra vez, pero además estamos interesados en los bailes y restaurantes típicos.	*I'd like*
AGENTE:	Entonces les sugiero la zona Puerta del Sol - Plaza Mayor, donde están las primeras tascas y tablaos° flamencos en Madrid. Allí pueden comer las especialidades españolas como los calamares*, las gambas al ajillo y las patatas a la brava.* En cuanto a° los tablaos hay varios para escoger y están abiertos hasta muy tarde.	*taverns and stages* *As for . . . .*
CÉSAR:	Bueno, creo que tenemos bastantes lugares para empezar.	

* calamares are *squid;* gambas al ajillo, *garlic shrimp cooked in oil with garlic;* patatas a la brava, *fried potatoes with spicy tomato sauce*

rent

AGENTE: De acuerdo. Si quieren les puedo preparar unos itinerarios para otras partes: Andalucía, Cataluña, Galicia... Incluimos todos los transportes, los hoteles, las cenas y los espéctaculos.

CÉSAR: Muy bien, pero preferimos pensarlo un poco. A propósito, ¿alquilan° Uds. coches?

AGENTE: Sí, como no. Les ponemos a la disposición un coche con kilometraje ilimitado por una o más semanas.

JUANITA: ¿Por qué no regresamos en un par de días para completar nuestros planes?
(A César)

CÉSAR: De acuerdo. *(A la agente)* Y muchas gracias por su atención.

OK (Spain)

AGENTE: Vale.° De nada. Aquí, para servirles.

Compare bien estos verbos para no confundirlos y complete las frases con el verbo correcto en el presente o el pretérito según indicado.

- **caminar**   *to walk, to pace*
- **andar**   *to walk, to function*

Yo _____ a las clases.
El reloj no _____ bien.
Ellos _____ de un lugar a otro.

hacerse   *to become (through one's own efforts)*
llegar a ser   *to become (get to be as a result of a series of circumstances)*

Julia trabajó mucho y _____ rica. (llegó a ser/se hizo)
Después de muchos años y sacrificios Cristina (llegó a ser/se hizo) _____ médico.

- **pedir**   *to ask for, to request*
- **preguntar**   *to ask (a question)*
- **preguntar por**   *to inquire about*

Si tú no sabes, ¿por qué no _____?
Ellos nos _____ un favor.
Yo _____ el Sr. Belasco. ¿Está en casa?

¡OJO!

Actividades

3.1 Hágale preguntas a su compañero(a) sobre la conversación anterior, escogiendo la palabra interrogativa correcta. Él / Ella debe contestarle.

¿qué?   ¿dónde?   ¿de dónde?   ¿cuándo?   ¿cuántos?   ¿cuáles?   *which?*

1. ¿ ___ están Juanita y César? ¿En una tienda o en una agencia?
2. ¿ ___ son ellos? ¿De Canadá o de Estados Unidos?
3. ¿ ___ les dio *(gave)* el agente a ellos?
4. ¿ ___ se construyó el Museo del Prado? ¿En el siglo XVIII o XIX?
5. ¿ ___ cuadro de Picasso vio *(saw)* Juanita?
6. ¿ ___ años hace que se trajo a Madrid?
   (How many years ago was it brought. . .?)
7. ¿ ___ son algunas *(some)* de las comidas españolas típicas?

8. ¿ —— incluye el agente en los itinerarios?

9. ¿ —— kilómetros le señala el agente al coche?

EUROPA ESPECIAL

15 DIAS VISITANDO

- Francia
- Inglaterra
- Bélgica
- Suiza
- Italia

PRECIO POR PERSONA
EN HABITACION DOBLE

$ 2,999.00 USD

¡¡¡ INCLUYENDO TARIFA AEREA !!!

SALIDA GARANTIZADA OCTUBRE 07

19 DIAS VISITANDO

- España
- Francia
- Inglaterra
- Bélgica
- Suiza
- Italia

PRECIO POR PERSONA
EN HABITACION DOBLE

$ 3,499.00 USD

¡¡¡ INCLUYENDO TARIFA AEREA !!!

SALIDA GARANTIZADA
OCTUBRE 03

INCLUYE:
- AVION VIAJE REDONDO
- TRANSPORTACION TERRESTRE
- HOTELES DE PRIMERA Y TURISTA
- DESAYUNOS BUFFET COMIDAS O CENAS
- VISITAS Y EXCURSIONES COMPLETAS
- TRASLADOS

CONSULTANOS ...
POLVANI TOURS

Niza No. 13 Zona Rosa 06600 México, .D.F
Tels.: 525-7865 al 70 y 207-1371 Télex.: 1773926 Fax: 511-7953

Un anuncio de viajes.

3.2 Conteste las preguntas.

1. ¿Cuánto cuesta en dólares (USD) un viaje de México D.F. a Europa por 15 días?
¿Y por 19 días?

2. ¿Qué tipo de hoteles se incluyen?

3. ¿Qué clase de comida se sirve?

4. ¿Se incluye el traslado *(transfer of bags)* del equipaje?

5. ¿Qué más extras se incluyen?

6. Y a Ud., ¿qué partes del mundo le interesa conocer? ¿Tiene familia o amigos allí?

3.3 Dramaticen Uds. la siguiente situación. Uds. están en una agencia de turismo, y piden información al agente sobre excursiones. Uno prefiere la playa: nadar, hacer buceo *(diving)*, pescar... Otro quiere visitar los museos y sitios históricos... Y al otro le gustan las comidas y bailes típicos. El agente trata de organizar un itinerario con varias opciones para Uds.

Curiosidad

En España se hablan castellano (español), catalán, gallego, vascuence y otras lenguas de las comunidades. Muchos españoles son bilingües. El castellano, el catalán y el gallego se derivan del latín; en cambio, el vascuense (País Vasco) es totalmente distinto. Se cree que es uno de los idiomas más antiguos de Europa y probablemente se deriva del que usaban los habitantes primitivos de la península.

CULTURA

El paisaje°
español

landscape

Antes de leer esta cápsula cultural, familiarícese con el mapa de España en este libro. Hoy día las diferentes regiones de España se llaman comunidades autónomas. ¿Puede Ud. localizar las diecisiete comunidades en el mapa? Al leer la cápsula trate de adivinar los cognados relacionados con la geografía, las comidas y la arquitectura; por ejemplo, «el acueducto.»

Hoy día España consiste en diecisiete comunidades autónomas que reflejan la gran diversidad geográfica, lingüística y cultural del país. Su rica historia en combinación con el sol y las playas hace de España un lugar ideal para las vacaciones. A continuación hay un breve paisaje de las comunidades.

En el norte están Aragón, Navarra, Euskadi, Cantabria, Asturias y Galicia. En particular, Euskadi (País Vasco) tiene varios enigmas en cuanto al origen de su lengua y su gente. Aquí se encuentra la ciudad de Guernica, inmortalizada en el cuadro de Picasso. Cantabria tiene las cuevas° de Altamira, con sus pinturas° prehistóricas de hombres y animales. Asturias es muy conocida por sus minas de carbón además de su efervescente sidra° y su deliciosa fabada.° Galicia es una región de deliciosos mariscos° y empanadas°, y Santiago de Compostela es su ciudad principal que desde la Edad Media es la meta° de numerosas peregrinaciones cristianas.

caves
paintings

cider / pork-bean stew
shellfish / turnovers

goal

La meseta° central de España se divide en Castilla-León y Castilla-La Mancha, Madrid y sus alredededores° y La Rioja, famosa por sus vinos. En estas regiones se encuentran: Segovia con su impresionante alcázar y acueducto romano; Salamanca con su antigua universidad; Toledo con sus históricos edificios que combinan las herencias árabe, judía y cristiana; y Madrid con su incomparable Museo del Prado y el Palacio de Oriente.

plateau
surroundings

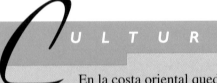

CULTURA

En la costa oriental quedan Valencia y Cataluña con sus magníficas playas. La capital catalana, Barcelona, contiene la todavía incompleta catedral neogótica, La Sagrada Familia, del arquitecto Gaudí. Valencia es famosa por sus naranjas y su sabrosa paella.°

chicken-seafood stew

Cerca de Portugal está Extremadura y al sur quedan Murcia y Andalucía, que muestra su fuerte influencia árabe en su arquitectura, música y en el carácter de la gente. Esto se ve en las ciudades andaluzas: Córdoba con su Mezquita°, Sevilla con su catedral y torre° de la Giralda y Granada con su Alhamabra (palacio rojo). Los andaluces son famosos por sus bailes flamencos, por el jerez° y gazpacho.°

Mosque

tower

sherry / cold vegetable soup

Finalmente, están las Islas Baleares y las Islas Canarias, bien conocidas por sus playas y centros turísticos.

Expand your cultural understanding. Visit the *¡Saludos/ Recuerdos!* World Wide Web site
http://www.harcourtcollege.com/spanish/saludosrecuerdos

3.4 Indique *cierto* (C) o *falso* (F) según el contexto. Después cambie las frases falsas para convertirlas en ciertas.

1. España consiste en quince comunidades autonómas. _____
2. Guernica está en Euskadi (País Vasco). _____
3. Las cuevas de Altamira contienen pinturas de Picasso. _____
4. Asturias es conocida por sus minas de carbón. _____
5. Santiago de Compostela es meta de peregrinaciones desde (since) la Edad Media. _____
6. La Alhambra está en Toledo. _____
7. Gaudí era una mezquita. _____
8. Valencia es famosa por sus naranjas y su paella. _____
9. La Giralda está en Granada. _____
10. Las Baleares y Canarias son islas conocidas respectivamente por su Palacio de Oriente y el Museo del Prado. _____

RECUERDOS DE...

España

Área: 504.750 km^2 (807.600 m^2)

Población: 40.000.000 de habitantes

Gobierno: monarquía constitucional

Ciudades principales:
Madrid, la capital, 3.029.734;
Barcelona, 1.614.571;
Valencia, 763.299;
Sevilla, 719.588;
Zaragoza, 607,899

Unidad monetaria: la peseta

Industria: equipos de transporte: barcos, coches; productos agrícolas: vino, frutas, verduras; turismo

Fiestas públicas: 1° de enero, Año Nuevo; 6 de enero, Epifanía; Jueves Santo, Viernes Santo; 1° de mayo, Día del Trabajo; 25 de julio, Santiago Apóstol; 12 de octubre, Día de la Hispanidad/Día de la Raza; 6 de diciembre, Día de la Constitución; 25 de diciembre, Navidad

El acueducto romano de Segovia.

El Monasterio de El Escorial.

El Alcázar de Segovia.

La Alhambra, Granada.

Verbos

abrazar	*to hug*	influir en	*to influence*
alquilar	*to rent*	(influyo)	
besar	*to kiss*	lograr	*to achieve*
contar (ue)	*to tell (story);*	montar en	*to ride on*
	to count	morir (ue)	*to die*
contribuir	*to contribute*	perder (ie)	*to lose*
(contribuyo)		pescar	*to fish*
caerse (me caigo)	*to fall down*	tropezar (ie) con	*to stumble on*
casarse	*to get married*	reírse (i) (me río)	*to laugh*
echar	*to pour*	sonreírse (i)	*to smile*
elegir (i) elijo	*to elect*	soñar (ue) con	*to dream about*
encontrarse (ue)	*to find,*	traducir (traduzco)	*to translate*
	to encounter		

Sustantivos

el amor	*love*	el itinerario	*itinerary*
el cariño	*affection*	el paisaje	*landscape*
la casualidad	*coincidence*	el plano	*plan (city map)*
el folleto	*brochure*		

Adjetivos

cuadrado(a)	*square*	liviano(a)	*light (weight)*
corto(a)	*short (length)*	pesado	*heavy (weight)*
duro(a)	*hard*	redondo(a)	*round*
largo(a)	*long (length)*	suave	*soft*

Otras expresiones

allí (allá)	*over there*	hay > hubo	*there was,*
a menudo	*frequently*	(pretérito)	*there were*
como de	*as usual,*	había	
costumbre	*customary*	(imperfecto)	
de niño(a)	*as a child*	mientras	*while*
de pronto	*suddenly*	todavía	*still*
de repente		u	*or (before o-:*
hace... que...	*...ago*		**uno u otro**)
(pretérito)		ya no	*no longer*
hacer un viaje	*to take a trip*	¡Vale!	*OK! (Spain)*

EN VIVO – VIÑETA

Before viewing the video vignette segment for this lesson, please study the following **Vocabulario** and **Preparación** sections.

La agencia de viajes

Antes de ver el video, estudie el **Vocabulario para el video** y la sección de **Preparación.** Luego vea el video (más de una vez si es necesario) y haga los ejercicios de **Comprensión.**

Vocabulario para el video

amplio	*roomy*	igual	*the same*
la azafata	*flight attendant*	pagar	*to pay*
completo	*full*	pasaje de	*round-trip ticket*
costar (ue)	*to cost*	ida y vuelta	
el crucero	*cruise*	por suerte	*luckily*
dentro de	*inside*	primero	*first*
durante	*during*	quisiera	*I'd like to*
la entrevista	*interview*	registrar	*to search*
estar de	*to be on*	la reina	*queen*
vacaciones	*vacation*	sonar	*to sound*
la guía	*guidebook*	la tarifa	*fare*
hace tres años	*three years ago*	tratar	*to treat*

Preparación

Trate de adivinar el significado de las siguientes palabras. Al mirar el video, subraye cada una al oírla.

aniversario	empleo	exóticas	servicio
directo	espectacular	fantástico	turística
económico	excursiones	reservar	

Comprensión

A. Relacione el nombre de la persona con lo que dice en el video.

a. Agente **b.** Cristina **c.** Diego

___ **1.** ¡Qué divertido estar de vacaciones en vez de estar siempre estudiando!

___ **2.** Bueno, ¿querían dos pasajes con destino a San José?

___ **3.** A mí me encantaría ir en crucero al Caribe, visitar algunas islas exóticas.

___ **4.** No te preocupes, la llegada es igual para las dos clases.

___ **5.** Por ahora me quedo dentro de la maleta.

B. Conteste las preguntas.

1. ¿Cómo le gusta viajar a Cristina?

2. ¿Por qué viaja Diego a San José?

3. ¿Por qué no puede salir Diego en el vuelo de las tres de la tarde?

4. ¿Quién le paga el pasaje a Diego?

5. ¿Por qué no reserva Diego un asiento en primera clase?

Estructura   I. El imperfecto

To talk about customary activities in the past

A. Spanish uses the preterite and imperfect to express different aspects of the past. While the imperfect describes ongoing, habitual activities in the past, the preterite focuses on the beginning or end of the actions. (More explanation on the preterite follows in this lesson.)

Verbs in the imperfect tense are the most regular in forms and have no changes in the stem. The imperfect for all **-ar** verbs include **-aba** in the endings. The **nosotros(as)** form has a written accent mark on the stressed **-a: -ábamos.** The endings for **-er / -ir** verbs are identical and have **-ía** in the endings. For clarity or emphasis subject (pro)nouns may accompany the verb.

estar (*est* + aba)	tener (*ten* + ía)	divertirse (*divert* + ía)
est**aba** *I was, used to be*	ten**ía** *I had, used to have*	me divert**ía** *I had (used to have) a good time*
est**abas**	ten**ías**	te divert**ías**
est**aba**	ten**ía**	se divert**ía**
est**ábamos**	ten**íamos**	nos divert**íamos**
est**abais**	ten**íais**	os divert**íais**
est**aban**	ten**ían**	se divert**ían**

B. Only **ser, ir** and **ver** are irregular in the imperfect. **Ver** keeps the **-e-** in its stem.

ser		ir		ver	
era	éramos	iba	íbamos	veía	veíamos
eras	erais	ibas	ibais	veías	veíais
era	eran	iba	iban	veía	veían

Hay becomes **había** (there was, there were) in the imperfect and often serves to introduce a story or narration: *Había una vez...* Once upon a time there was (were)...

Por las mañanas **iba** al club deportivo. **Hacía** ejercicios o **nadaba.** Luego **me bañaba, me vestía** y **comía** un buen desayuno.	*In the mornings I used go to the sports club. I'd do exercises or swim. Later I'd bathe, get dressed and have a good breakfast.*

C. The imperfect describes background, physical features or mental states in the past.

Hacía mal tiempo.	*The weather was bad.*
Llovía mucho.	*It was raining a lot.*
Yo no **llevaba** impermeable.	*I wasn't wearing a raincoat.*
Tenía frío y **me sentía** mal.	*I was cold, and feeling bad.*
Estaba un poco cansado.	*I was a bit tired.*

Hablar del pasado

> **1. English renders the imperfect in several ways, depending on context:**
>
> Julia trabajaba. *Julia <u>was</u> working (<u>used to</u> work, <u>would</u> work).*
> *Julia work<u>ed</u> (often, everyday, sometimes....).*
>
> **2. Remember** *ser* **+ noun or adjective identify inherent qualities of the subject,**
> **while** *estar* **+ adjective describes conditions.**
>
> Era un carro magnífico. *It was a magnificent car.*
> El carro no era nuevo, *The car wasn't (brand) new,*
> pero estaba nuevo. *but it was (looked) new.*

D. The imperfect expresses **time** and **age** (as background) in the past.

¿Qué hora era?* *What time was it?*
Eran las once y media. *It was eleven thirty.*

Cuando tenía ocho años jugaba *When I was eight years old I played*
al sóftbol. Luego cuando tenía *softball. Later when I was twelve I'd*
doce jugaba al béisbol. *play baseball.*

*But, to specify at what time something took place, use the preterite:

¿A qué hora ocurrió el accidente? *At what time did the accident occur?*
Pues, fue a las nueve de la noche. *Well, it was at nine p.m.*

3.5 Ud. y su compañero(a) se turnan para describir las actividades que hacían habitual-
mente las siguientes personas. Luego decidan quién(es) tenía(n) la vida más saludable
(healthy). Y por fin, mencionen a cuáles de ellos se parecen *(resemble)* más Uds.

> Fermín: *ser* imprudente / *hablar* todo el tiempo / no *es-*
> *cuchar* a nadie
> Fermín *era imprudente. Hablaba* todo el tiempo. No *es-*
> *cuchaba* a nadie.

Marisol: ser una amiga perezosa / comer muchas galletitas / tomar muchos refrescos/
dormir mucho

Rodrigo: ser un joven activo / correr todos los días / montar en bicicleta varias horas /
seguir una dieta muy rígida

los Ayala: ser un matrimonio feliz/ caminar por las tardes / cocinar comidas saludables /
servir vino con las comidas / irse de vacaciones a menudo

los Mendoza: ser unos vecinos *(neighbors)* reservados / gustarles ver la televisión varias
horas / jugar a las cartas solos / no divertirse con los amigos

Esperanza: ser una muchacha prudente / desayunar, almorzar y cenar comidas con poca
grasa *(fat)* y carbohidratos / tomar vitaminas / hacer ejercicios regularmente / levantarse
y acostarse a horas razonables / tener un buen sentido de humor y sonreírse frecuentemente

3.6 Vamos a conocernos mejor. *Let's get to know each other better.* Ud. y su compañero(a) deben hacerse estas preguntas. Convierta los infinitivos *en letra cursiva* en la forma corrrecta del imperfecto.

1. De niño(a), ¿dónde *vivir* (tú)?
2. ¿Quiénes *ser* tus mejores amigos(as)? ¿Cómo *ser* ellos (ellas)?
3. ¿*Saber* (tú) montar en bicicleta? ¿*Saber* patinar *(skate)?*
4. ¿A qué escuelas *asistir?*
5. ¿De qué club *ser* miembro?
6. ¿Qué deportes *practicar?*
7. ¿Qué instrumento musical *tocar?*
8. ¿Cuántos años *tener* más o menos cuando tus padres te permitieron salir solo(a) con un(a) amigo(a)?
9. ¿Qué hora *ser* cuando *regresar* (tú) a casa los fines de semana?
10. ¿Cuántos años *tener* cuando tus padres te prestaron el carro?
11. ¿Adónde *ir* tus amigos y tú los sábados?
12. ¿Qué *hacer* tus amigos y tú para divertirse?

Ahora compartan Uds. con otros miembros de la clase las tres frases más interesantes de su compañero(a). Y finalmente digan qué actividades tenían Uds. dos en común.

 Mi compañero(a) vivía en... él (ella) era...
Íbamos a... Jugábamos a...

3.7 Conteste las preguntas, según el anuncio en la próxima página.

1. ¿Quién fue el diseñador del auto?
2. ¿Cuáles eran los años de posguerra *(post war)*, ¿36 a 43 ó 46 a 53?
3. ¿Qué tipo de ventana posterior tenía el auto?
4. ¿Dónde colocó *(placed)* una hélice *(propeller)* el diseñador?
5. ¿Tenían los abuelos de Ud. un Studebaker u otro auto que ya no se construye? ¿Cuál?

Los autos de ayer.

3.8 **Nuestro primer carro.** Descríbale a su compañero(a) cómo era el primer carro de su familia. Refiérase a las siguientes expresiones.

ser del año	tener... cilindros
ser (marca)	estar... condiciones
ser (color)	gastar *(to use up)*. . . gasolina
tener... puertas	lo que más me *gustar* del carro

3.9 **¿Qué era?** Sin mencionar el nombre, descríbale a su compañero(a) el juguete *(toy)* o artículo de ropa (casa, escuela...) que le gustaba a Ud. mucho de niño(a). Su compañero(a) debe tratar de adivinar *(to guess)* lo que era. Puede usar este vocabulario:

Se parecía a *(It looked like)*	redondo(a)	suave *soft*	de algodón
	cuadrado(a)	duro *hard*	tela *(cloth)*
	largo(a) *long*	liviano(a) *light (weight)*	plástico
	corto(a) *short (width)*	pesado(a) *heavy*	

II. El pretérito de verbos regulares y cambios en el raíz

To talk about completed past actions

Spanish uses the preterite to talk about past actions viewed as completed within a stated or implied time frame.

No trabajé ayer.	*I didn't work yesterday.*
La Sra. Ramírez nació, vivió	*Mrs. Ramirez was born, lived*
y murió en el mismo pueblo.	*and died in the same town.*

A. The chart below shows the formation of regular verbs in the preterite. The preterite endings for **-er** and **-ir** verbs are the same. Also, the **nosotros(as)** form for **-ar** and **-ir** verbs does not change from the present.

trabajar	comer	vivir
trabaj**é** *I worked, did work*	com**í** *I ate, did eat*	viv**í** *I lived, did live*
trabaj**aste**	com**iste**	viv**iste**
trabaj**ó**	com**ió**	viv**ió**
trabaj**amos**	com**imos**	viv**imos**
trabaj**asteis**	com**isteis**	viv**isteis**
trabaj**aron**	com**ieron**	viv**ieron**

¡OJO!

1. The verb *ver (to see)* has no written accent mark: **vi, viste, vio, vimos, visteis, vieron.**
2. *Ser* and *ir* both have the same forms in the preterite: **fui, fuiste, fue, fuimos, fuisteis, fueron.** Context clarifies meaning:

   Fui miembro del club. *I was a member of the club.*
   Fui al correo. *I went to the post office.*

3. *Dar* has the endings of *-er /-ir* verbs: **di, diste, dio, dimos, disteis, dieron.**

B. Verbos con cambios radicales

Stem-changing **-ar** and **-er** verbs are regular in the preterite *(cerrrar > cerré, perder > perdí)*. However, stem-changing **-ir** verbs have changes in the third-person singular and plural. Those with stem changing **e > ei** and **e > i** change to **-i-** and those with **o > ue** change to **-u.**

pedir pedí, pediste,	**pidió,**	pedimos, pedisteis,	**pidieron**
repetir...	**repitió...**		**repitieron**
corregir *(to correct)*	**corrigió...**		**corrigieron**
preferir...	**prefirió...**		**prefirieron**
divertirse...	**se divirtió...**		**se divirtieron**
domir...	**durmió...**		**durmieron**
morir *(to die)...*	**murió...**		**murieron**

reírse *(to laugh)* me reí, te reíste, **se rio,** nos reímos, os reísteis, **se rieron**

C. Verbos con cambios ortográficos *(spelling changes)*

1. Verbs that end in **-car, -gar** and **-zar** change the first-person singular in order to preserve the stem sound.

c > qu	buscar	**busqué,**	buscaste...
	sacar	**saqué**	
	tocar	**toqué**	
	pescar	**pesqué**	*(I fished)*
g > gu	jugar	**jugué**	
	llegar	**llegué**	
	pagar	**pagué**	
c > z	empezar	**empecé**	
	comenzar	**comencé**	
	almorzar	**almorcé**	
	rezar	**recé**	*(I prayed)*

2. Verbs ending in **-er** and **-ir** whose stem end in a vowel, change the third-person singular and plural endings to **-yó** and **-yeron.** Note that all preterite forms of **leer, oír** and **caerse** have written accent marks, except for the third-person plural.

leer	leí, leíste, **leyó,** leímos, leísteis, **leyeron**
oír	oí, oíste, **oyó,** oímos, oísteis, **oyeron**
caerse *(to fall down)*	me caí, te caíste, **se cayó,** nos caímos, os caísteis, **se cayeron**

Likewise, verbs ending in **-uir:** construir construí, contruiste, **construyó,** construimos, construisteis, **construyeron**

Similarly: contribuir, influir en, huir *(to flee)*

 Irma trabaja para una agencia de viajes. Compare lo que ella hacía normalmente con lo que hizo *(she did)* hoy. Invente Ud. respuestas apropiadas.

MODELO • • • ► Llegaba a la agencia temprano, pero hoy ella llegó tarde (no llegó temprano).

1. Empezaba a trabajar a las ocho de la mañana, pero hoy...
2. Veía a los clientes, pero esta mañana...
3. Se reunía con la administradora, pero hoy...
4. Daba sus opiniones, pero esta mañana...
5. Escribía los itinerarios, pero hoy...
6. Buscaba excursiones económicas, pero esta tarde...
7. Pedía unos descuentos, pero hoy...
8. Prefería confirmar los viajes, pero esta tarde...
9. Leía el correo, pero hoy...
10. Pagaba todas las cuentas, pero hoy...
11. No se dormía en el trabajo, pero esta tarde...
12. Se iba a las seis, pero esta tarde...

Ahora haga Ud. el papel *(role)* de Irma y repita las actividades anteriores.

 • • • ► Yo llegaba a la agencia temprano, pero hoy *llegué* tarde *(no llegué temprano).*

3.11 Su compañero(a) estaba enfermo(a) y no asistió a la última clase de español. Explíquele lo que estas personas hicieron *(did)*: el(la) profesor(a), los otros estudiantes y Ud. mismo(a).

 • • • ►   El profesor...
Nancy y Diego...
Roberto...
Yo...
Todos nosotros...

D.   Los verbos irregulares en el pretérito

To talk about other completed actions

Several frequently used verbs have irregular forms in the preterite. But, they share the same endings and omit written accent marks, since their stress falls on next-to-the-last syllable. Group these verbs to help you learn them.

Endings:

-e	-imos
-iste	-isteis
-o	-ieron

Verbos con **-u-** en la raíz *(stem)*

tener	**tuv-**		
estar	**estuv-**	**tuve**	**tuvimos**
poder	**pud-**	**tuviste**	**tuvisteis**
poner	**pus-**	**tuvo**	**tuvimos**
saber	**sup-**		
andar	**andu-**		
haber: hay >	**hubo***		

*Hubo (there was, there were) expresses completed or instantaneous actions while **había** describes states or situations:
Hubo un accidente.
There was an accident.
Había muchas víctimas.
There were a lot of victims.

Verbos con **-i-** en la raíz

hacer**	**hic-**		
querer	**quis-**	**hice**	**hicimos**
venir	**vin-**	**hiciste**	**hicisteis**
decir***	**dij-**	**hizo**	**hicieron**

The third-person singular of **hacer (hizo) is spelled with a *-z-* to keep the **s** sound of the infinitive.

Verbos con **-j-** en la raíz

traer***	**traj-**	**traje**	**trajimos**
traducir	**traduj-**	**trajiste**	**trajisteis**
		traje	**trajeron*****

***The *-i-* from the *-ieron* ending is omitted in **dijeron, trajeron** and **-cir** verbs: tra-ducir > **tradujeron.**

y otros infinitivos con **-cir:** producir > produje; conducir > conduje *(to drive, Spain)*

3.12 Mencione los aspectos relevantes de estas influyentes personas del pasado. Use el pretérito para dar énfasis a los actos completos.

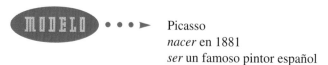 • • • ►   Picasso
nacer en 1881
ser un famoso pintor español

                  Picasso *nació* en 1881. *Fue* un famoso pintor español.

Ávila, España, ciudad natal de Santa Teresa.

1. Santa Teresa

nacer	en Ávila, España en 1515
morir	en 1582
ser	una extraordinaria monja *(nun)* y escritora mística
ir	de pueblo en pueblo en España
fundar	conventos y monasterios
tener	muchos obstáculos en su vida
querer	reformar las órdenes religiosas
buscar	la perfección del alma y la unión con Dios
decir	que «hasta entre los pucheros anda Dios». (*«God is present even among the cooking pots.»*)

El autogiro.

2. Juan de la Cierva

ser	aviador español
ser	inventor del autogiro (precursor del helicóptero)
saber	modificar el avión convencional
empezar a	trabajar en aviones con alas *(wings)* rotativas
construir	y *lanzar (to launch)* el autogiro en 1925
recibir	muchos premios por sus trabajos
llevar	su autogiro a Inglaterra
morir	allí en un accidente de aviación en 1936

3.13 Ahora menciónele a su compañero(a) los aspectos relevantes de estas famosas personas del pasado. Use el pretérito para dar énfasis a las acciones completas. Túrnense.

George Wáshington	Simón Bolívar	la Princesa Diana	¿un inventor?
Cristóbal Colón	Miguel de Cervantes	Shakespeare	¿un deportista?
Martín Luther King	Madre Teresa	Thomas A. Edison	¿un actor (una actriz)?

3.14 Ud. es un sabelotodo *(know-it-all)* y por esa razón su compañero(a) le pregunta si estas personas hicieron algo ayer.

MODELO • • • ▶

Arturo: *estar* en la biblioteca
Su compañero(a): ¿*Estuvo* Arturo en la biblioteca ayer?
Ud.: Sí (No, no) *estuvo*.

1. Arturo: *estar* en casa, no *querer* salir, *hacer* la comida, *tener* ganas de hablar por teléfono, *poner* la televisión, *reírse* un poco
2. Carolina y Alex: *venir* a la reunión, *estar* allí todo el tiempo, *hacer* preguntas, *saber* explicar bien sus puntos, *decir* sus recomendaciones, *tener* que conceder ciertos puntos
3. tú: *ir* al campo, *andar* por los caminos, *ver* animales, *poder* pescar, *sacar* fotos, *dormir* al aire libre *(outdoors)*
4. tus amigos a tú: *venir* a la playa, *traer* la tabla *(surf board)*, *ponerse* el salvavidas *(lifesaver)*, *tener* cuidado *(careful)*, *decir* unos chistes, *divertirse* mucho

3.15 Ud. quiere saber lo que pasó en una reunión familiar reciente de su compañero(a); por ejemplo: un cumpleaños, una boda *(wedding)*, un aniversario, un día de fiesta. Pregúntele a su compañero(a): dónde y cuándo tuvo lugar la reunión, quiénes vinieron, qué trajeron, qué comieron y tomaron, qué dijeron, qué hicieron, a qué jugaron, qué cosa cómica (divertida, rara, emocionante...) pasó.

Estructura III. Contrastes entre el pretérito y el imperfecto

To narrate and describe in the past

A. Speakers use the preterite to focus on the **beginning** or **end** of an action as well as to refer to the action as a **whole.** With the imperfect, speakers focus on the **middle** of the activity—what was going on—regardless of when it began or ended.

beginning

Julito caminó y habló a los nueve meses.

Julito walked and talked at nine months.
He started to walk and talk . . . .)

middle

Corría por toda la casa y
decía varias palabras.

He would run around the house and
say various words.

<u>end</u>

Un día se cayó y se dio un golpe.　　*One day he fell and hit himself.*

<u>whole</u>

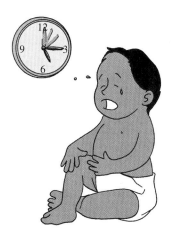

Lloró y gritó por quince minutos.　　*He cried and screamed for fifteen minutes.*

B. In a story line the speaker provides background with the imperfect then switches to the preterite to pinpoint actions.

Había un bebé que se llamaba Julito.	*There was a baby named Julito.*
Tenía muchos juguetes por el piso.	*He had lots of toys around the floor.*
Un día mientras corría por la casa,	*One day while he was running through the house,*
tropezó con uno y se cayó.	*he stumbled on one and fell down.*

C. Some verbs express actions (*caminar, comer, irse*) and others express states or conditions (*conocer, saber, querer*). When talking about the past, stative verbs keep their basic meaning in the imperfect, but in the preterite they signal the end of the state. English requires different verbs to capture this change in meaning.

Pretérito	Imperfecto
conocer Conocí a Ada. *I met Ada.*	Conocía a su primo. *I was acquainted with his cousin.*
saber Supimos que te mudabas. *We found out you were moving.*	No sabíamos nada. *We didn't know anything.*
tener Tuve carta hoy. *I got a letter today.*	Tenía las cartas viejas. *I had the old letters.*
querer Quise llamarte. *I tried to call you.*	Quería hablar contigo. *I wanted to talk with you.*
No quise hablar con él. *I refused to talk with him.*	No quería hablar. *I didn't want to talk.*
poder Pudieron irse. *They managed to leave.*	Podían irse. *They could, were able, to leave.*
No pudieron irse. *They failed to leave.*	No podían. *They couldn't, weren't able to.*

Resumen	
<u>preterite</u>	
• beginning, end or whole	*limited time period*
• change in state	
<u>imperfect</u>	*indefinite time period*
• middle	
• description, time, age	
• states or conditions	

3.16 Indique cuáles de las siguientes expresiones adverbiales se usan más para indicar acciones completas o instantáneas con el pretérito y cuáles para indicar acciones continuas o habituales en el imperfecto.

1. ayer, anoche, esta mañana
2. usualmente, como de costumbre, a menudo
3. de pronto, de repente, en seguida
4. todos los días (meses, años)
5. el viernes (el sábado...) pasado
6. generalmente, por lo general
7. mientras
8. por fin, finalmente
9. ya no (*no longer*)
10. una vez, un día
11. de niño(a), de joven
12. todavía

3.17 Primero lea la narración y después vuelva a leerla, escogiendo entre el pretérito y el imperfecto según el contexto.

¡Qué magnífica casualidad! *What a . . . coincidence!*

El sábado pasado mis amigos y yo 1. (fuimos, íbamos) al cine. 2. (Quisimos, Queríamos)* ver una película nueva, pero no 3. (pudimos, podíamos)** porque todos los asientos 4. (estuvieron, estaban) ocupados. No 5. (supimos, sabíamos) qué hacer porque no 6. (tuvimos, teníamos) otros planes. Pronto 7. (supimos, sabíamos) que 8. (hubo, había) una tienda de video cerca. 9. (Pudimos, Podíamos) caminar allí y alquilar *(to rent)* una película. Mientras yo 10. (estuve, estaba) en la tienda, 11. (conocí, conocía) a Ada Fuentes, que 12. (fue, era) novia de mi amigo. Ella 13. (trabajó, trabajaba) en esa tienda los fines de semana. Obviamente ella 14. (fue, era) una muchacha amable y simpática, y 15. (tuvo, tenía) una cara preciosa. Además, yo 16. (conoció, conocía) bien a su hermano. Yo no 17. (quise, quería)*** perder más tiempo, y le 18. (pedí, pedía) por su número de teléfono. Ese día yo 19. (tuve, tenía) suerte porque Ada me 20. (dio, daba) el número de su casa. Los dos 21. (sonreímos, sonreíamos) espontáneamente y en ese momento 22. (decidimos, decidíamos) salir juntos pronto. ¡Qué magnífica casualidad! 23. (fui, iba) al cine el sábado pasado.

. . . .

*we wanted

**we failed to

***I refused

Estructura   IV. Expresiones con hace que... (pasado)

To express how long ago you did something

In Lección 1 you learned that **hace... que...** *(present)* expresses «how long something <u>has</u> been going on.».

¿Cuánto tiempo hace que esperas?	*How long <u>have</u> you been waiting?*
Hace media hora que espero.	*I've been waiting for half an hour.*

The flip side of that, **hacía... que...** *(imperfect)* expresses «how long something <u>had</u> been going on».

Hacía días que esperaba.   *I <u>had</u> been waiting for days.*

By contrast, **hace... que...** *(preterite)* indicates how long <u>ago</u> something came to an end.

¿Cuánto tiempo hace que llegaste?	*How long <u>ago</u> did you arrive?*
Hace dos horas que llegué.	*I arrived two hours <u>ago</u>.*
(Llegué hace dos horas.)*	

¿Cuánto tiempo hace que se fueron ellos?	*How long <u>ago</u> did they leave?*
Hace una semana que se fueron.	*They left a week <u>ago</u>.*
(Se fueron hace una semana.)*	

*With **hace** «time expressions» you may start with the main verb and omit **que.**

3.18 Dígale a su compañero(a) cuánto tiempo hace que Ud. fue a estos lugares.°   *Hace... que (yo) fui a...*

MODELO • • • ▶   ... Hace ... que fui a...

al cine (teatro)
al partido de fútbol (básquetbol...)
a la playa (al campo...)
a otro estado (país)
al médico (al dentista)
a una boda (a un baile....)
a una graduación

3.19 Ud. y su compañero(a) están hablando de las vacaciones. Pregúntele cuánto tiempo hace que él (ella) hizo las siguientes cosas.

MODELO • • • ▶   dar un paseo
                     ¿Cuánto tiempo hace que diste un paseo?
                     Hace varios días (meses) que di un paseo.

ir de camping	montar a caballo
pescar	en bicicleta (canoa, velero *sail boat*),
visitar los museos	jugar a...
asistir a una convención	viajar en avión (tren)
sacar fotos	hacer *surfing*

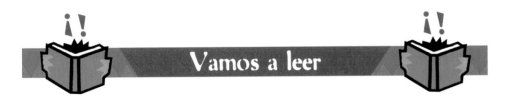

Vamos a leer

Al correr los años°   *Fleeting years*
Miguel de Unamuno

Nacido° en Bilbao, ciudad industrial en el País Vasco, España, Miguel de Unamuno fue   *Born*
profesor y rector° de la Universidad de Salamanca. Hombre de fuertes contradicciones, se   *university president*
preocupaba mucho por el conflicto entre el deseo humano de **inmortalidad** y **la razón,**
que no admite esa posibilidad. Se destaca° como gran escritor y filósofo.   *stands out*

Estrategias para la lectura . . . .

Por lo general el cuento es un retrato —una foto— que destaca un aspecto de la naturaleza
o capta a las personas en un momento de crisis. Los personajes son pocos y la acción tiene
lugar en tiempo y espacio limitados. El tema puede ser romántico, ficticio o realista. El desenlace o la solución se encubre *(is concealed)* para mantener el interés de los lectores
hasta el fin del cuento. Al leer el siguiente cuento note Ud. los cambios físicos y mentales
en los personajes. Observe el conflicto entre ellos y trate de adivinar el desenlace. Pregúntese Ud., ¿cuál es el tema? ¿Es romántico o realista? Póngase Ud. en el cuento y piense
¿Soy yo la misma persona hoy que cuando tenía doce años?

Al correr los años
(Adaptación)

Juan y Juana se casaron después de muchos años de novios. Corrían los años y Juan se irritaba y se impacientaba porque no tenían hijos. Por fin un día Juana le confesó que iban a tener un niño. Y vino el primer hijo, la novedad.° Juan creía que el hijo era un milagro, y pasaba mucho tiempo con él.

Corrieron los años y vino otro hijo, y luego otro, y más tarde otro. Y Juan entonces sólo recordaba el día del cumpleaños del primer hijo. Y Juana se convirtió de una joven fresca y esbelta en una matrona corpulenta. No era tan bonita como antes. Y Juana notaba que Juan estaba triste y quería estar solo. Él pensaba en cosas lejanas cuando ella le hablaba de cerca. Juana creía que Juan estaba enamorado.

Y redoblaba° Juana el cariño y la ternura° por Juan como para protegerlo de una mala tentación. Y había entre Juan y Juana un secreto. Y Juana buscaba y buscaba el objeto del amor de Juan. Hasta que por fin ella vio a Juan besando secretamente un retrato.

Un día Juan, dejó —¿quizá adrede?°— la cartera° en la que guardaba el retrato. Y Juana, temblorosa pero curiosa tomó la cartera. Allí estaba el retrato; sí el retrato que ella veía a Juan besar y besar antes. Y tomó Juana el retrato y lo viró.°

Ella estaba atónita,° pero luego se puso colorada.° El retrato era de ella, de ella cuando tenía veintitrés años. Juana decidió guardar el retrato en su pecho.°

Era una noche de invierno y Juan y Juana estaban solos junto al fuego del hogar. De pronto Juana le dijo a Juan:

—Tú, Juan, guardas un secreto.

—¿Yo? ¡No!

—Te digo que sí, Juan.

—Te digo que no, Juana. Y si es verdad, descúbremelo.°

Entonces Juana tomó el retrato y dándoselo, le dijo con lágrimas°:

—Toma. Bésalo, bésalo cuanto quieras°, pero no secretamente. Juan se puso colorado, pensó y echó el retrato al fuego. Luego tomó a Juana del brazo y la sentó sobre sus rodillas,° que temblaban, y le dio un largo y fuerte beso en la boca. Un beso de ternura y pasión.

novelty

redoubled / tenderness

on purpose / wallet

turned it over
astonished / blushed
chest

reveal it to me
tears
however much you want

knees

Y Juan le dijo:

—Besar el retrato no. Besarte a ti, sí. A ti, a ti, mi Juana, mi vida. Y Juana, temblando de amor sobre° las rodillas de su Juan, se sentía volver a los veintitrés años —a la ternura— que los unía° a los dos para siempre.

over
united

3.20 Las siguientes frases *no* están en orden cronólogico según el cuento. Póngalas en orden.

1. Juana creía que Juan estaba enamorado.
2. Juan besaba frecuentemente un retrato.
3. Juana se convirtió en una matrona.
4. Juan y Juana tuvieron varios hijos.
5. Juan echó el retrato al fuego.
6. Juan tomó a Juana del brazo y le dio un beso.
7. Juana se puso colorada al ver el retrato.
8. Juan estaba triste y quería estar solo.

3.21 Conteste las preguntas y después comparta sus respuestas con dos compañeros. Decidan Uds. quién tiene la mejor respuesta para cada pregunta.

1. ¿Por qué se irritaba y se impacientaba Juan?
2. ¿Cómo reaccionó Juan al tener el primer hijo?
3. Al correr los años, ¿en qué se convirtió Juana? ¿En qué se convirtió Juan en la opinión de Ud.?
4. ¿Qué emociones redoblaba Juana por su esposo? ¿Para qué hacía eso *(that)*?
5. ¿Qué besaba secretamente Juan cuando Juana lo vio?
6. ¿Cómo reaccionó Juana al ver el retrato?
7. ¿Cuántos años tenía la Juana del retrato?
8. ¿Adónde echó Juan el retrato?
9. ¿Qué es más importante en un matrimonio, la pasión o la ternura? ¿O las dos? Dé Ud. un mínimo de tres razones *(reasons)*.

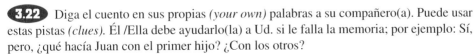

3.22 Diga el cuento en sus propias *(your own)* palabras a su compañero(a). Puede usar estas pistas *(clues)*. Él /Ella debe ayudarlo(la) a Ud. si le falla la memoria; por ejemplo: Sí, pero, ¿qué hacía Juan con el primer hijo? ¿Con los otros?

1. Las acciones de Juan antes y después de tener hijos.
2. Los cambios en Juan y Juana al correr los años.
3. Las reacciones de Juana antes y después de descubrir quién era la persona en el retrato.
4. Las demostraciones de cariño entre Juan y Juana al fin.

3.23 Cada uno de Uds. haga no menos de ocho comparaciones de cómo era y cómo actuaba *(acted)* cuando tenía 12 años y cómo es y actúa hoy. Decidan entre Uds. quién cambió más y quién menos.

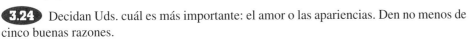

3.24 Decidan Uds. cuál es más importante: el amor o las apariencias. Den no menos de cinco buenas razones.

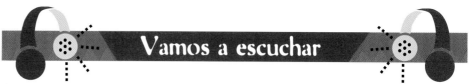

Vamos a escuchar

Estrategias para escuchar . . . .

Remember that you don't need to understand every single spoken word to get the gist of a conversation. However, it's important to listen for the main idea and sequence of supporting details. For example, if they ask someone what they did for dinner, the person might say: «I went to a Spanish restaurant.» That's the main idea. The person might also add: «First, I ordered sangría and cheese. Later I asked for paella.» Those are supporting details that would increase your understanding of events.

Antes de escuchar la conversación, lea Ud. las siguientes preguntas. Después escuche la conversación en el disco compacto que acompaña al libro de texto y finalmente conteste las preguntas.

3.25 Ahora esuche mientras Miriam Soto, en Madrid, habla por teléfono con su mamá en Sudamérica. Hace poco que Miriam llegó a España. Después conteste las preguntas.

1. En Madrid, Miriam _____.
   a. estudia y trabaja
   b. visita a sus tíos
   c. enseña y sirve de directora
2. Miriam le dijo a su mamá que _____.
   a. le interesaban los museos.
   b. le fascinaban los bailes flamencos
   c. le gustaban el trabajo y los estudios
3. Miriam y sus compañeros _____.
   a. asistieron a un concierto y después tomaron un jerez
   b. dieron un paseo y después almorzaron fuerte
   c. fueron al teatro y después a cenar
4. Cuando Miriam y sus amigos llegaron al restaurante _____.
   a. las puertas todavía estaban cerradas
   b. eran más de las diez de la noche
   c. no había nadie
5. Miriam tenía _____.
   a. mucha prisa
   b. mucho sueño
   c. mucha hambre
6. Ella pidió _____.
   a. patatas a la brava
   b. tortilla española
   c. gambas al ajillo
7. Después de cenar, Miriam y sus amigos _____.
   a. tomaron un taxi
   b. se durmieron
   c. dieron un paseo
8. Los tíos de Miriam querían _____.
   a. visitarla
   b. saber de ella
   c. mandarle dinero

9. En la foto que la mamá describió, Miriam probablemente llevaba _____.

    a. un traje de baño

    b. un vestido de verano

    c. un abrigo y un sombrero

10. Para terminar la conversación con la mamá, Miriam le dijo _____.

    a. «Dale recuerdos a papá»

    b. «Te quiero mucho»

    c. «Mucho gusto de hablar contigo»

 Vamos a hablar

Estrategias . . . .

Los enlaces (*Linking words*)

Una narración efectiva requiere enlaces para explicar el orden de eventos, sus causas y efectos y también para crear un estilo interesante. A continuación, use los siguientes enlaces en sus charlas y composiciones.

Orden de eventos	Explicación	Causas y efectos	Comparaciones
primero	por ejemplo	por eso	pero
al principio	porque	por esa razón	en cambio
luego, después	Es decir que	como resultado	sin embargo
entonces	además	por consiguiente	por una parte y
mientras	otro		por la otra
Era(n) la(s) cuando...			de un modo y de otro
el primer (segundo, tercer) día			
por fin			
en resumen			

3.26 Hace varios días que Ud. está de vacaciones en un sitio turístico fabuloso (playa, montañas, ruinas...) y decide llamar a casa. Cuéntele a su familia (su compañero/a) lo que hizo para divertirse los primeros días. Incluya los lugares, los días y las horas, las personas y las acciones.

 Vamos a escribir

Estrategias . . . .

Para describir sus experiencias de manera viva e interesante, se recomienda mostrar y —no decir— la experiencia. Debe incluir los movimientos, las acciones recíprocas, los diálogos. En vez de decir: Estaba contento(a). Muéstrelo: Estábamos en una ruidosa° tasca de   *noisy*

Madrid. Había mucha gente hablando animadamente. Probábamos diferentes tapas con su distintivo aroma de ajo y aceite de oliva, cantábamos canciones tradicionales y decíamos unos chistes. Recuerdo que en un instante me levanté con la copa en mano, pedí la palabra°

I asked to speak

y dije:

—Voy a hacer una tostada.

Y mis amigos españoles se sonrieron y me corrigieron.

toast (wish)

—Pues, hijo, tostada se refiere al pan. Tú quieres decir «un brindis°».

3.27 Hace varios días que Ud. está en Madrid y quiere mandar un e-mail a sus amigos. Descríbales vivamente lo que hizo en uno o dos de estos lugares: museos, tascas, tablaos flamencos, paseos... Incluya los sentidos *(senses)* en sus descripciones: vi, oí, olí *(I smelled),* probé *(I tasted),* sentí, toqué. Recuerde empezar la carta con: Queridos *amigos* y terminar con *Abrazos.*

http://www.harcourtcollege.com/spanish/saludosrecuerdos

Vamos a explorar el ciberespacio

Hay muchos sitios de interés en la Red Mundial (World Wide Web) que explican mucho sobre la cultura del mundo hispano. Vaya a http://www.harcourtcollege.com/spanish/saludosrecuerdos, explore la cultura de esta lección y haga las actividades correspondientes.

EN VIVO – CULTURA

Before viewing the cultura video segment for this lesson, please study the following **Vocabulario** and **Preparación** sections.

Andalucía

Antes de ver el video, estudie el **Vocabulario para el video** y la sección de **Preparación.** Luego vea el video (más de una vez si es necesario) y haga los ejercicios de **Comprensión.**

Vocabulario para el video

Video vocabularies are simply for recognition purposes to help you fully understand the segments. You are not expected to produce the vocabulary shown here.

andaluz	*Andalusian*
apasionante	*exciting*
aún	*still*
el árabe	*Arab*
el baile	*dance*
bello	*beautiful*
el caballo	*horse*
el canto	*song*
el castillo	*castle*
la corrida de toros	*bullfight*
durante	*during*
el estilo	*style*
la feria	*fair*
festejar	*to celebrate*
la flor	*flower*
el griego	*Greek*
la huella	*trace*
la mezquita	*mosque*
musulmán(a)	*Moslim*
el occidente	*west*
la playa	*beach*
primero	*first*
el pueblo	*town*
el reino	*kingdom*
el romano	*Roman*
el sur	*south*

Preparación

Trate de adivinar el significado de las siguientes palabras. Al mirar el video, subraye cada una al oírla.

atractivas
categoría
celebración
civilización
espíritu
evidente
famosa
fascinante
historia
monarcas
monumentos
música
región
templo

Comprensión

A. Lea las siguientes frases. Después de ver el video, indique C (Cierto) or F (Falso), según lo que comprendió. Corrija las oraciones falsas.

___ **1.** Se pueden ver aún las huellas de la civilización griega en el pueblo de Itálica.
___ **2.** El espíritu de Andalucía viene de los árabes.
___ **3.** La Costa del Sol es famosa por sus monumentos.
___ **4.** El flamenco nació en Andalucía.
___ **5.** La Alhambra está en Granada.

B. Conteste las siguientes preguntas.

1. ¿Dónde está Andalucía?
2. ¿Quiénes llegaron a España en siglos pasados?
3. ¿Qué monumento árabe tiene Córdoba?
4. ¿Cuál es la ciudad más grande de Andalucía?
5. ¿Cuándo se celebra la famosa feria de Sevilla?

SELF-TEST

How well have you mastered this lesson? To find out, take the self test found on the *¡Recuerdos!* Web site at http://www.harcourtcollege.com/spanish/saludosrecuerdos.

Lección 4

Pronombres y complementos

CD-ROM

¡Adelante!

La dietista . . . .

weight
met each other

Iris Mendoza, venezolana, quiere bajar de peso° y le habla a Elsa Duarte, especialista en nutrición, sobre qué dieta debe seguir. Hace varios días que las dos se conocieron° en un centro médico para el control del peso en Caracas.

ELSA:	Ah, señorita Mendoza, qué gusto verla otra vez.
IRIS:	Gracias, igualmente. Aquí de nuevo para ver qué dieta me puede recomendar Ud.
ELSA:	Bueno. Lo ideal es balancear una dieta nutritiva con una rutina fija.
IRIS:	Pero, ahí está el problema. Me es difícil seguir un horario fijo.

I mentioned it to you

ELSA:	Entiendo, entiendo... pero creo que ya se lo mencioné° antes, hay que hacerlo. El organismo necesita de la rutina. En lo posible debe comer a horas fijas.

foods

IRIS:	Pues, voy a tratar. Pero, ¿qué alimentos° me sugiere?

alternating it

ELSA:	Para empezar debe comer menos carne, alternándola° con pollo y pescado.

vegetables
Complaining

IRIS: (Quejándose)°	¿Y las verduras?° No me gustan mucho y...
ELSA: (Interrumpiéndola)	Vamos, vamos. Hay que cambiar esos viejos hábitos. Le recomiendo las ensaladas con aceite de oliva, vinagre y sal.
IRIS:	Bueno, está bien. Voy a probarlas.

It suits you
to drink up

ELSA:	También le conviene° tomar ocho vasos de agua. Inicie la costumbre de tomarse° un vaso de agua antes de acostarse.
IRIS: (Sonriéndose)	Ay, Sra. Duarte. Un poco de moderación, por favor. No quiero levantarme a medianoche para ir al baño.
ELSA:	Bueno, trate, trate. Y otra cosa muy importante es hacer ejercicios. Los ejercicios no tienen que ser excesivos, pero Ud. debe hacerlos por lo menos en días alternos.

I love to nibble on

IRIS:	De acuerdo... pero otro problemita... Me apetece picar° chocolates.

ELSA: (Sonriéndose)	Pues, moderación... moderación. Hay que limitarlos. ¿Por qué no prueba los cacahuates, el apio° y el queso mozzarella? Tienen poca azúcar y carbohidratos. Se los recomiendo como merienda.°
IRIS:	Gracias. Se lo agradezco. Comprendo ahora que hay que «picar sin pecar».°
ELSA:	Así es.° Y piense que está mejorando su dieta, y no limitándola.

celery

snacks

without sinning

That's how it is

Acá and *aquí* are interchangeable, though *acá* often appears with verbs of motion: *¡Vengan acá!* Come here! The same applies to *allá* and *allí:* ¡*Vayan allá!* Go there! Spanish uses three distance points: *acá / aquí* here or near the speaker; *ahí* there or close to the listener; and *allá, allí* over there (yonder) or away from both speaker and listener.

¡OJO!

Actividades

4.1 Hágale preguntas a su compañero(a) sobre la conversación anterior, escogiendo la palabra interrogativa correcta a continuación.

¿qué?   ¿a quién?   ¿cuándo?   ¿cuánto?   ¿cuál(es)?

1. ¿ __ quiere hacer Iris?
2. ¿ __ le habla ella? ¿Al médico o a la dietista?
3. ¿ __ tiempo hace que las dos mujeres se conocieron?
4. ¿Con __ hay que balancear los alimentos?
5. ¿ __ le cuesta trabajo a Iris?
6. ¿ __ son los alimentos que Elsa le recomienda a Iris?
7. ¿ __ vasos de agua debe tomarse Iris?
8. ¿ __ debe hacer ejercicios Iris?
9. ¿ __ le encanta picar a Iris? Y a Ud., ¿qué le encanta picar?
10. ¿ __ son las meriendas que Elsa le recomienda a Iris? ¿Le gustan a Ud. ésas?

4.2 Lea Ud. las cinco recomendaciones de *Weight Watchers,* que aparecieron recientemente en la revista *Latina.* Trate de poner en las palabras de Ud. mismo(a) la idea principal que aparece en la primera frase de cada párrafo. Además, pregúntese Ud. mismo(a) qué hay que hacer para vencer *(overcome)* las dificultades en una dieta y alcanzar su meta *(reach your goal).*

 **MODELO** • • • ▶ La cabeza (la mente, la actitud) es un problema más grande (serio...) que el cuerpo (las caderas).

Según *Weight Watchers* . . . .

1. Su cabeza es un problema más grande que sus caderas.° Hay que disponerse a vencer las dificultades para alcanzar su meta: el peso ideal para su edad y estatura.

hips

2. Haga pequeños cambios en el estilo de vida. Modificar un poco la rutina de la vida diaria puede ayudarla a cambiar su patrón° de vida. Levántese un poco más temprano y haga ejercicios. En vez de ver la televisión, camine.

pattern

3. La dieta no significa privación. Piense que en vez de limitar su dieta, lo que hace es ampliarla con nuevos platos o alimentos.

outline for yourself

pantry / Avoid

4. No se ponga metas imposibles, trácese° las que se puedan alcanzar en un día o en una semana.

5. Elimine las tentaciones de su refrigerador y despensa.° Evite° comprarlas en el super-mercado.

Conteste las preguntas . . . .

1. Según el primer párrafo, ¿cuál es la parte del cuerpo que causa más problemas?

2. ¿Qué debe hacer la persona en vez de ver la televisión?

3. ¿En cuánto tiempo deben alcanzarse las metas?

4. ¿Qué cosas deben eliminarse?

5. Y Ud., ¿qué comidas trata de evitar?

Para una nutrición saludable la pirámide de alimentos sigue siendo una buena guía. Hay que incluir en las comidas todos los grupos de alimentos, y no elimine por completo grasas y azúcar

Pirámide de alimentos

Raciones diarias recomendadas

Azúcares y grasas. Sólo 1 porción o menos. No hay evidencia científica de que el azúcar haga hiperactivos a los niños. En cuanto a la grasa. para los mayores de 10 años, el consumo debe ser como para los adultos, poca.

Huevos y productos lácteos. 3 a 4 yemas de huevo a la semana y las claras sin límite. Para los niños de 2 a 10 años, 3 o más porciones de lácteos; de los 11 a los 24, 2 ó 3.

Carnes, aves y pescado. Buena fuente de proteínas de origen animal. complejo vitamínico B, hierro y otros minerales. Alto en colesterol. 2 a 3 porciones (no más de 6 onzas).

Vegetales. De 3 a 5 porciones diarias. Una porción puede ser 1 taza de vegetales crudos o cocinados, o jugo.

Frutas. De 2 a 4 porciones. Una porción puede ser medio vaso de jugo, 1 taza de frutas frescas. helado o batido.

Grupo de los carbohidratos y vegetales con almidón. Incluye el pan, las galletas, los *pretzels,* las palomitas de maíz, los cereales, el arroz, las pastas y vegetales como

las papas, el maíz, la batata y el camote. Se recomiendan de 6 a 11 porciones diarias. Una porción puede ser una rebanada de pan, media taza de cereal cocinado,

arroz o pasta, 1 onza de cereal listo para comer, media o un cuarto taza de vegetales con almidón, o una taza de sopa que no tenga más de 3 gramos de grasa.

4.3 Dramaticen Uds. la siguiente situación: uno es el dietista y el otro, Jacinto Jiménez, quiere bajar de peso. Jacinto prefiere los alimentos con bastante grasa *(fat)* y muchas calorías. Además le gustan los refrescos y los nachos con queso, especialmente cuando ve la televisión. Tiene problemas con el colesterol y el azúcar. Refiéranse a la Pirámide de alimentos para recomendarle a Jacinto una dieta nutritiva. Incluyan desayuno, almuerzo y cena.

C U L T U R A

La dieta y la imagen latinas

Las siguientes observaciones aparecieron recientemente en la revista *Latina*. Al leerlas compare Ud. la dieta latina con la estadounidense.

La comida

La dieta tradicional latina, a diferencia de la estadounidense, es rica en alimentos que previenen° el cáncer, la diabetes y las enfermedades cardíacas. Estos alimentos incluyen granos enteros,° frutas frescas, frijoles y tubérculos,° y son ricos en vitaminas A y C, ácido fólico y cálcio. Además, contienen fibra y poca grasa°. Sin embargo, el *Hispanic Health and Nutrition Examinations Survey* encontró que los latinos de segunda generación prefieren una dieta a la americana, baja en frutas y verduras; las tortillas de maíz son reemplazadas por las de harina,° que son menos nutritivas. Las comidas caseras° a menudo son reeemplazadas por *«fast food»*.

prevent
whole grains
tubers: potatoes . . . .
fat

replaced by those of (wheat) flour / home-made

La imagen

Tradicionalmente, las latinas han tenido bajas tasas° de anorexia, bulimia y dietas excesivas —que probablemente afectan a millones de niñas y mujeres en los Estados Unidos. Esto se debe en gran medida,° según los investigadores, a la percepción de la belleza° en los países latinoamericanos, donde ser «gordita» puede ser un cumplido.°

have had lower rates

This is due in great measure / beauty

«fatty» . . . . a compliment

Expand your cultural understanding, visit the ¡*Saludos/Recuerdos!* World Wide Web site
http://www.harcourtcollege.com/spanish/saludosrecuerdos

4.4 Indique Cierto (C) o Falso (F) según el contexto. Después convierta las frases falsas en ciertas.

1. La dieta tradicional latina es deficiente en alimentos que previenen las enfermedades.
2. Los típicos alimentos hispanos incluyen granos enteros y frutas frescas.
3. Esos alimentos contienen poca fibra y mucha grasa.
4. A los latinos de segunda generación les gustan más las tortillas de maíz que las de harina.
5. Esa generación a menudo reemplaza la comida casera con *«fast food»*.
6. Tradicionalmente, las latinas tienen altas tasas de anorexia y bulimia.
7. Ser «gordita» puede ser un cumplido para los latinos.

Curiosidad

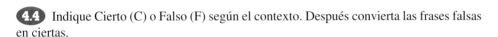

Las banderas de Colombia, Venezuela y Ecuador son similares excepto por los emblemas en el centro. Las tres tienen franjas° amarilla, azul y roja. Cuando las tres naciones se independizaron de España, formaron una sola nación —la Gran Colombia—pero poco tiempo después se separaron una de otra.

stripes

RECUERDOS DE...

Colombia, Venezuela y Ecuador ....

Colombia

Área: 1.141.748 km²

Población: 36.200.000 habitantes

Gobierno: República

Ciudades principales: Bogotá, la capital, 6.314.305; Cali, 1.783.546; Medellín, 1.698.777; Barranquilla, 1.095.425

Unidad monetaria: el peso ($)

Industria: café, productos forestales y del mar, productos del petróleo, esmeraldas, tejidos

Fiestas públicas: 20 de julio, Día de la Independencia y otras fiestas religiosas hispanas

Bogotá, Colombia.

Caracas, Venezuela.

Venezuela

Área: 912.050 km^2

Población: 22.777.000 habitantes

Gobierno: República

Ciudades principales: Caracas, la capital, 1.964.846; Maracaibo, 1.363.873; Valencia, 1.031.941

Unidad monetaria: el bolívar B s

Industria: petróleo crudo y derivados, manufacturas básicas de metal

Fiestas públicas: el 5 de julio, Día de la Independencia y otras fiestas religiosas hispanas

Ecuador

Área: 275.830 km^2 Incluye el Archpiélago de Galápagos, que tiene valor científico por su extraordinaria fauna

Población: 11.937.000 habitantes

Gobierno: República

Ciudades principales: Quito, la capital, 1.487.513; Guayaquil, 1.973.880

Unidad monetaria: el sucre S/

Industria: productos agrícolas: banana, cacao, café; pesca; petróleo

Fiestas públicas: 10 de mayo, Día del Trabajo; 10 de agosto, Primer Grito de la Independencia de Quito; y otras fiestas religiosas hispanas.

Quito, Ecuador.

 Ud. quiere verificar la informatión que leyó sobre los tres países. Hágale no menos de cuatro preguntas por país a su compañero(a).

For a companion reading with exercises on the countries or area covered in this feature, go to Lección 4 in the Student Activities Manual.

Verbos

aburrirse	to get bored	enojarse	to become angry
acostarse (ue)	to go to bed	equivocarse	to be mistaken
afeitarse	to shave	evitar	to avoid
alegrarse	to be happy	fijarse en	to notice
animarse	to cheer up	mandar	to order; to send
bañarse	to bathe	picar	to nibble
cansarse	to get tired	probar (ue)	to test, to taste
casarse	to get married	probarse	to try on (clothes)
divertirse (ie)	to have fun	quejarse de	to complain
encontrar (ue)	to find	quitar	to remove
encontrarse con	to meet (up with)	quitarse	to take off
enfermarse	to get sick	regalar	to give (a gift)

Sustantivos

los alimentos	foodstuffs, nourishment	la grasa	fat; grease
		la harina	flour
el arroz	rice	el hielo	ice
el azúcar	sugar	el maíz	corn
el batido	shake	la merienda	snack
el cacahuete	peanut (Mexico)	la papa	potato
el maní	peanut (Caribbean)	la patata	potato (Spain)
los camarones	shrimp	el pescado	fish
las gambas	shrimp (Spain)	el peso	weight; money currency
la dieta	diet		
el, la dietista	dietitian	el queso	cheese
los frijoles	beans	la sal	salt
los granos	grains; pimples	las verduras	greens; vegetables

Las carnes   meats

el bistec	steak	el guajolote	turkey (Mexico)
el jamón	ham	el pollo	chicken
el jamón serrano	Spanish ham	el puerco	pork
el pavo	turkey		

Las frutas

la banana	banana (Southern South America)	la fresa	strawberry
		el melocotón	peach
el plátano	banana (Mexico, Caribbean countries)	el durazno	peach (Mexico)
		la naranja	orange
la cereza	cherry	la piña	pineapple
el coco	coconut		

Los utensilios

el pimentero	*pepper shaker*	el vaso	*(drinking) glass*
el platillo	*saucer*	la cuchara	*spoon*
el plato	*the dish*	la cucharita	*teaspoon*
el salero	*salt shaker*	el cuchillo	*knife*
la taza	*cup*	el juego de cubiertos	*silverware*
la vajilla	*set of dishes*	el tenedor	*fork*

Otras expresiones

acá, aquí	*here*
ahí	*there*
allá, allí	*there, beyond*

Verbos con complementos indirectos:

apetecerle	*to crave, to be appetizing to someone*	importarle	*to be important*
		interesarle	*to be interesting*
convenirle(ie)	*to be convenient, to suit*		
encantarle	*to be very pleasing; to like a lot*	molestarle	*to bother*
		parecerle	*to seem*
fascinarle	*to fascinate*	quedarle	*to fit; to match*

EN VIVO – VIÑETA

Before viewing the video vignette segment for this lesson, please study the following **Vocabulario** and **Preparación** sections.

En el restaurante

Antes de ver el video, estudie el **Vocabulario para el video** y la sección de **Preparación.** Luego vea el video (más de una vez si es necesario) y haga los ejercicios de **Comprensión.**

Vocabulario

el almuerzo	*lunch*	picante	*very hot, highly seasoned*
asado	*roast or grilled*		
la botella	*bottle*	el regalo	*gift*
plato principal	*entree*	saber	*to taste, to know*
el entremés	*appetizer*	usar	*to wear*

Preparación

Haga una lista de palabras o frases que esperaría *(would expect)* oír o decir al almorzar en un restaurante con unos amigos, y subraye las que oye al mirar el video.

A. Relacione el nombre de la persona con lo que dice en el video.

a. Camarero   **b.** Mónica   **c.** Andrea   **d.** Lalo

___ **1.** ¿Sabe bien? ¿Es picante?

___ **2.** La especialidad de la casa son los frijoles negros.

___ **3.** Hace mucho tiempo que no como aquí.

___ **4.** Yo quiero carne asada con arroz y una ensalada pequeña.

___ **5.** Allí sólo venden ropa para mujeres.

B. Lea las siguientes frases. Después de ver el video, indique C (Cierto) o F (Falso), según lo que comprendió. Corrija las oraciones falsas.

___ **1.** Probablemente la abuela de Lalo y el abuelo de Andrea son cubanos.

___ **2.** Mónica conoce bien la comida cubana.

___ **3.** Andrea quiere ir a la tienda donde Mónica compró su vestido.

___ **4.** Andrea quiere comprarle un regalo a su novio Javier.

___ **5.** Javier va a usar el vestido.

 I. Los pronombres reflexivos

To talk about daily routines

A. Spanish speakers use reflexive constructions to talk about daily routines. A reflexive pronoun specifies that the subject of a sentence performs an action to or for him*self* (her*self*). Spanish uses reflexive constructions where often English either does not or opts for expressions such as: *get, become, down* or *up.* Reflexive pronouns—like other object pronouns— precede the conjugated verb or are attached to the present participle (**-ndo**) or infinitive. Below are the reflexive forms for **sentarse** *(to sit down).*

sentarse (ie)			
me	siento (I sit down)	nos	sentamos
te	sientas	os	sentáis
se	sienta	se	sientan

Me lastimé.	*I hurt myself.*
Ellos se están vistiendo	*They're getting dressed.*
(Ellos están vistiéndose.)	
No nos queremos sentar.	*We don't want to sit.*
(No queremos sentarnos.)	

El papá sienta al bebé en el auto.

El papá se sienta.

1. The present participle needs a written accent mark *(—ándo—, -iéndo—)* when attaching pronouns: *...preocupándome, vistiéndote...*

2. Spanish uses the definite article *(el, los, las, las)* with parts of the body or clothes when it's clear who the possessor is. The reflexives indicate the possessor.

Me lavé las manos.	*I washed my hands.*
¿Dónde te compraste el traje?	*Where did you buy your suit?*

B. Here are some verb categories that are reflexive in Spanish but nonreflexive in English. Memorize their meaning and make up an original question or statement as you learn each verb.

Body movement

acercarse a	*to come nearer to*
acostarse (ue)	*to go to bed, to lie down*
alejarse	*to move away*
levantarse	*to get up*

Physical or mental changes

aburrirse	*to get bored*
alegrarse	*to become happy*
animarse	*to cheer up*
cansarse	*to get tired*
casarse con	*to get married to*
enamorarse de	*to fall in love with*
enfermarse	*to get sick*
enojarse	*to become angry*
equivocarse	*to be mistaken*
divertirse (ie)	*to have fun, to enjoy oneself*
imaginarse	*to imagine*
ofenderse	*to become offended*
preocuparse por	*to worry about*
ponerse + adj.	*to become + adj.*
ponerse triste	*to become sad*

Personal care

afeitarse	*to shave*
bañarse	*to bathe*
cepillarse	*to brush*
ducharse	*to shower*
lavarse	*to wash*
maquillarse	*to put on make up*
peinarse	*to comb*
vestirse (i)	*to get dressed*

C. Some verbs change their meaning when used reflexively.

callar	*to be quiet*	>	callarse	*to keep quiet, to shut up*
comer	*to eat*	>	comerse	*to eat up*
beber	*to drink*	>	beberse	*to drink up*
tomar	*to take; to drink (Lat. Am.)*		tomarse	*to drink up*
hacer	*to do, to make*	>	hacerse + sustantivo	*to become + noun*
despedir (i)	*to dismiss, to fire*	>	despedirse de	*to say goodbye to*
dormir (ue)	*to sleep*	>	dormirse	*to fall asleep*
encontrar (ue)	*to find, to encounter*	>	encontrarse con	*to meet (up with), to run across*
fijar	*to fasten*	>	fijarse	*to notice*

ir	to go	>	irse	to go away, to leave
poner	to put, to place	>	ponerse	to put on (clothes)
parecer (parezco)	to seem, to appear	>	parecerse a	to look alike
probar (ue)	to test, to taste	>	probarse	to try on (clothes)
quitar	to remove	>	quitarse	to take off (clothes)
reunir (reúno)	to unite	>	reunirse	to get together

D. Some expressions are always used in the reflexive.

abstenerse	to abstain
atreverse (a)	to dare (to)
darse cuenta de	to realize
quejarse de	to complain about

4.5 Use Ud. la forma reflexiva o no reflexiva del verbo en presente según el contexto.

1. llamar(se): Yo _____ por teléfono. Tú _____ Jorge, ¿no?
2. dormir(se) Nosotros no _____ en esta clase. Sandra _____ ocho horas.
3. ir(se) Yo no _____ al trabajo hoy, porque _____ de vacaciones.
4. probar(se) Susy _____ la blusa. Ella _____ la sopa.
5. despedir(se) El profesor _____ la clase. Al salir ellos _____ de la familia.
6. parecer(se) Ellas _____ simpáticas. Ellas _____ mucho; son casi idénticas.
7. encontrar(se) ¿Tú _____ con los amigos? Alfredo no _____ las llaves.
8. quitar(se) Quiero _____ las manchas (stains). Prefiero _____ el suéter.

4.6 Diga Ud. lo que hacen las siguientes personas en las situaciones indicadas. Use el tiempo presente.

1. por las mañanas —
   Gastón: despertarse temprano, levantarse, ducharse, afeitarse, vestirse
2. en las fiestas —
   tú: alegrarse, divertirse, no aburrirse, animarse, abstenerse de bebidas alcohólicas
3. en la clase —
   nosotros: sentarse, quitarse el abrigo, sonreírse, darse cuenta de los errores, no callarse
4. en la oficina del gobierno —
   los Ferrer: enojarse, quejarse, equivocarse, ofenderse, no fijarse bien en...
5. preparándose para una cita (date)
   yo: mirarse en el espejo, lavarse la cara, (maquillarse / afeitarse), peinarse, ponerse perfume (colonia)

4.7 Su compañero(a) va a una entrevista para un trabajo en una compañía internacional. Ud. quiere que él (ella) cause una buena impresión. Hágale no menos de ocho preguntas respecto a su aparencia y estado emocional, usando construcciones reflexivas. Él /Ella debe contestarle apropiadamente.

—¿Te vas a vestir elegante?
—Claro que me voy a vestir elegante. Me voy a poner el traje nuevo.

E. Las acciones recíprocas

Ellos se dan la mano.

The plural reflexives pronouns **nos, os,** and **se** can also express mutual or reciprocal actions.

—¿Se conocen Uds.?   *Do you know each other?*
—Sí, nos conocemos.   *Yes, we know one another.*

Lucía y Manolo se miran uno al otro.* *Lucia and Manolo look at each other.*

* For clarity or emphasis include an article plus **al otro**.

4.8 Pregúnteles a dos de sus compañeros si hacen las siguientes cosas en una reunión de familiares, usando los verbos a continuación. Ellos deben turnarse para contestar las preguntas. Luego decidan Uds. tres cuáles acciones son las más típicas de los hispanoamericanos y cuáles las de los norteamericanos

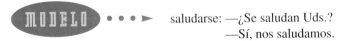

MODELO • • • ► saludarse: —¿Se saludan Uds.?
—Sí, nos saludamos.

darse la mano, felicitarse, animarse, sonreírse, abrazarse, besarse en la mejilla *(cheek)*, conocerse bien, enseñarse fotos, contarse cuentos, decirse chistes, tutearse (usar tú), tocarse *(to touch)*, interrumpirse, despedirse durante media hora o más

4.9 Raúl y Mara son un matrimonio feliz. Antes tenían sus problemas, pero por fin pudieron resolverlos. Ponga Ud. los siguientes verbos en orden sucesivo según los sucesos que Raúl y Mara probablemente experimentaron *(experienced),* usando el pretérito. Luego compare el orden de su lista con su compañero(a) y decidan cuáles fueron los sucesos más dolorosos y cuáles los más románticos.

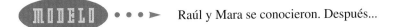

MODELO • • • ► Raúl y Mara se conocieron. Después...

casarse	enamorarse	no quererse *not to love,* *to have affection*
conocerse	pelearse *(to quarrel)*	amarse *to love, to cherish*
separarse	comprometerse *(to get engaged)*	enojarse
criticarse	reunirse	no comunicarse

Estructura II. Los pronombres directos

To express the direct recipient of an action

Los extraño mucho. *I miss them a lot.*

A. Direct objects receive the action of the verb and answer the questions: **¿Qué?** *(What?)* or **¿A quién?** *(Whom?)*

	verb	dir. obj.
¿Qué compró Andres?	Compró	la comida.
What did Andrés buy?	*He bought food.*	
¿A quién viste?	Vi	a Martín.
Whom did you see?	*I saw Martin.*	

Direct object pronouns replace direct object nouns.

[la comida] Andrés <u>la</u> compró.   *[the food] Andres bought <u>it</u>.*
[a Martín] Yo <u>lo</u> vi.   *[Martin] I saw <u>him</u>.*

Direct Object Pronouns			
singular		**plural**	
me	me	nos	us
te	you (fam.)	os	you (fam.)
*lo	him, it, you (form.)	*los	them, you (form.)
*la	her, it, you (form.)	*las	

*Spanish direct object pronouns are the same as reflexive pronouns except for the third person singular and plural: **lo(s)**, **la(s)**. Speakers may add a prepositional phrase for emphasis or clarification: **a él**, **a ella**, **a Ud.**, **a los estudiantes** and so on.
Also, in Spain **le(s)** replaces **lo(s)** for male persons: ¿A Martín? Yo **le** vi.

B. Recall that object pronouns precede conjugated verbs or are attached to infinitives or present participles.

¿El dinero?	No lo pude encontrar.	*The money?*
	No pude encontrarlo.	*I couldn't find it.*
	Lo estoy buscando.	*I'm looking for it.*
	Estoy buscándolo.	

Lo can also refer to a previous statement or serve as complement to verbs like *ser, estar, creer, saber* and *decir* equivalent to «it» or «so» in English.

—Las fresas están ricas.   —*The strawberries taste delicious.*
—Sí, lo están.   —*Yes, they do.*

—¿Sabe él cuánto cuestan?   —*Does he know how much they cost?*
—No lo creo.   —*I don't think so.*
—No lo sabe.   —*He doesn't know it.*

¡OJO!

C. The personal «a» precedes a direct or indirect object that refers to specific people, otherwise it is omitted. However, the indefinites—**alguien / nadie, alguno(a) / ninguno(a)**—take the personal «a». Remember that **a + el = al.**

Busco **a** Mauricio y **al** hermano.	*I'm looking for Mauricio and the brother. (specific persons)*
Buscamos trabajadores.	*We are looking for workers. (nonspecific people)*

4.10 Su compañero(a) va a asistir a una conferencia que le interesa a Ud. Hágale las siguientes preguntas. Él / Ella debe contestarle. Usen la «a» personal y el complemento «lo» donde sean necesarios.

1. —¿Qué ropa llevas?
   —Llevo _____ unos trajes.
2. —¿ _____ quién llevas contigo?
   —Llevo _____ el profesor Lara y _____ dos estudiantes.
3. —¿Eres uno de los oradores *(speakers)*?
   —Sí, _____ soy.
4. —¿Conoces _____ algunos de los otros oradores?
   —Sí, conozco _____ algunos.
5. —¿Sabes cuántas personas piensan ir?
   —No _____ sé.

6. —¿Necesitas _____ asistentes?

—No, no _____ creo.

7. —¿Estás contento de ir?

—Sí, _____ estoy.

4.11 Ud. quiere saber si su compañero(a) piensa hacer estas actividades con Ud. Hágale las preguntas.

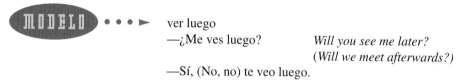

MODELO • • • ▶ ver luego

—¿Me ves luego?   *Will you see me later?*
                         (Will we meet afterwards?)

—Sí, (No, no) te veo luego.

1. esperar unos minutos
2. buscar después de clase
3. ayudar con la tarea
4. estar entendiendo mejor
5. acompañar a la cafetería
6. ir a llamar por teléfono luego

Ahora repitan la actividad anterior pero de manera formal.

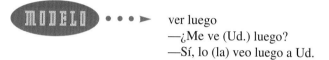

MODELO • • • ▶ ver luego

—¿Me ve (Ud.) luego?

—Sí, lo (la) veo luego a Ud.

4.12 Ud. mandó a su compañereo(a) comprar varias comidas en un restaurante rápido. Pregúntele si él / ella las compró. Él / Ella puede contestar de diferentes maneras. Refiérase a la lista de comidas a continuación.

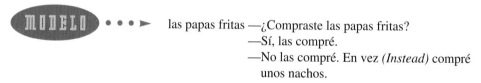

MODELO • • • ▶ las papas fritas —¿Compraste las papas fritas?

—Sí, las compré.

—No las compré. En vez *(Instead)* compré unos nachos.

las hamburguesas, los perros calientes, los sándwiches de jamón, los tacos, las enchiladas, el pollo frito, el pescado, la pizza, la ensalada, el pastel de manzana

---

Una deliciosa y refrescante receta.
Batido de melocotón y coco—*Peach and coconut frosty cooler (shake)*

Se necesitan una batidora *(blender)* y pocos ingredientes:

3/4 taza de leche fría
1/2 taza de crema de coco
6 melocotones frescos, pelados y en pedazos°   *peeled and in chunks*
1 taza de hielo picado°   *crushed ice*
1 cuchara de jugo de cereza marrasquino°   *maraschino cherry juice*

Preparación

mix them

Combinar la leche, el coco y los melocotones en la batidora y mezclarlos° para hacer un puré. Poner el hielo y el jugo de cereza y seguir mezclando hasta tener un batido frío y cremoso. Da cuatro raciones.

4.13 Ahora explíquele a su compañero(a) cómo Ud. hace su batido favorito, siguiendo la receta anterior. Piense en las fresas, la piña, los plátanos, el mango, la papaya, el chocolate... Él / Ella debe escuchar bien para después verificar o repetirle la receta.

Estructura III. Los pronombres indirectos

To identify the person affected

A. The indirect object is the person affected indirectly by the action of the verb. It answers the questions <u>to</u> whom? or <u>for</u> whom? something is done.* Indirect object pronouns combine with a verb the same way other object pronouns do. Prepositional phrases like **a mí, a ti, a ella, a Diego** and so on may be added for emphasis or clarification. Though redundant, they are very common.

Ramiro **les** prepara la comida a sus amigos.	*Ramiro prepares his friends the meal. or Ramiro prepares the meal <u>for</u> his friends.*
Ramiro **les** está sirviendo el café a ellos. (Ramiro está sirviéndoles el café.)	*Ramiro is serving them coffee. or Ramiro is serving coffee <u>to</u> them.*

*Sometimes the indirect object can be a thing: **Le pongo sal a la comida.**

Spanish indirect object pronouns are the same as the other object pronouns, except for the third person singular and plural: **le, les** which do not indicate gender.

Indirect Object Pronouns	
singular	**plural**
me *(to, for) me*	nos *(to for) us*
te *you*	os *you (vosotros)*
le *him, her, you (Ud.), it*	les *them, you (Uds.)*

1. **Usually when context is clear the indirect object <u>noun</u> is omitted but <u>not</u> the <u>pronoun.</u>**

   Le di la carta a Marisa.   *I gave (her) Marisa the letter.*
   Le di la carta.   *I gave her the letter.*

2. **Note that to (for) me and so on are objects of a preposition in English, but function as indirect objects in Spanish. Compare:**

   Les di el dinero.   *I gave <u>them</u> the money. <u>ind. obj.</u>*
             I gave the money <u>to them</u>. <u>obj. prep.</u>

3. **When asking about the indirect object, use ¿A quién le...? or ¿A quiénes les...?**
   ¿A quiénes les hablabas? *To whom where you speaking?*

¡OJO!

B. The verbs below generally take indirect object pronouns because they indicate that a <u>thing</u> is *given, said, shown,* or *taken* from <u>someone</u>. Practice making questions or statements with these verbs in the preterite, imperfect and present. (See *Estructura IV* in this lesson to combine two object pronouns.)

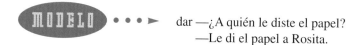

> **MODELO** • • • ▶ dar —¿A quién le diste el papel?
> —Le di el papel a Rosita.

prestar, regalar, pasar, dejar, mandar, enviar, devolver,
traer, llevar, cambiar, entregar *(to deliver)*
decir, hablar, contar, mencionar, indicar, preguntar, contestar, prometer, escribir, pedir
enseñar, mostrar, explicar, arreglar *(to fix, to arrange)*
quitar, sacar, robar *(to rob)*

4.14 Ud. es jefe de comedor y le pregunta al mesero (su compañero/a) qué les servió a las personas indicadas.

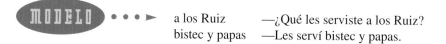

> **MODELO** • • • ▶ a los Ruiz   —¿Qué les serviste a los Ruiz?
> bistec y papas   —Les serví bistec y papas.

1. a los Valdés
   pescado
2. al Sr. Fontana
   arroz con pollo
3. a la Sra. Díaz
   ensalada mixta
4. a Tito
   hamburguesa con papas fritas

5. a los jóvenes
   espaguetis
6. a Marina y a Ernesto
   chuletas de puerco *(pork chops)*
7. a la familia Suárez
   pollo y puré de papas
8. a mí
   ¿...?

4.15 Pregúntele a su compañero(a) si le hizo los siguientes favores a Ud. Usen el pretérito.

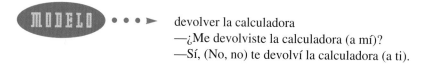

> **MODELO** • • • ▶ devolver la calculadora
> —¿Me devolviste la calculadora (a mí)?
> —Sí, (No, no) te devolví la calculadora (a ti).

1. devolver el bolígrafo
2. dar la tarea
3. prestar los apuntes de clase
4. decir el recado
5. escribir la carta
6. traer los informes
7. mandar un e-mail
8. hacer todas las preguntas

Ahora repitan Uds. la actividad anterior en la versión formal.

 • • • ► devolver la calculadora
—¿Me devolvió Ud. la calculadora (a mí)?
—Sí, (No, no) le devolví la calculadora (a Ud.).

4.16 Imagínese que su compañero(a) regresó de Venezuela. Pregúntele si les trajo regalos a los familiares y amigos. Él /Ella puede contestarle de diferentes maneras. Use las listas a continuación para crear las preguntas.

 • • • ► a tus abuelos   —¿Les trajiste los cuadros a tus abuelos?
—Sí, les traje los cuadros.
—No, pero les traje unos platos.

las personas	**los regalos**
a tus padres	los cuadros
a tu hermana	el café venezolano
a tu hermanito	los periódicos
a tus tíos	los videos
a tu prima	los libritos
a tu mamá	la cadena de oro *(gold chain)*
a tus vecinos	el brazalete de oro
a tus amigos	los discos compactos
a ¿...?	la muñeca *(doll)*
	¿...?

C. Spanish uses **gustar** (to please) to express likes and dislikes. The <u>person</u> involved (indirect object) precedes the verb and the <u>thing</u> liked follows the verb. **Gustar** usually appears in the third person: **gusta** with an item in the singular or infinitives and, **gustan** with items in the plural. The noun item *liked* takes an article in Spanish, but not so in English.

  I.O.   V   Subject
No **me** gusta el queso.   *I don't like cheese. (Cheese doesn't please me.)*
Nos gusta cocinar y comer.   *We like to cook and eat.*
¿Te gustan los nachos?   *Do you like nachos?*

1. **If the thing liked is an activity, use the infinitive and not the -ndo form.**

    A ellos les gusta correr.   *They like to run. (They like running.)*

2. **There is no need to repeat the subject in the answer. By contrast, English uses «it / them».**

    —**¿Te gustan las papas fritas?**
    —**Sí, me gustan.**   *Yes, I like <u>them</u>.*

3. **Spanish speakers prefer to use *caerle bien / mal* when the item liked is a person.**

    —**¿Cómo te cae Ismael?**   *How do you like Ismael?*
    —**Me cae bien (mal).**   *I like (don't) like him.*

D. These verbs function like **gustar** (i.o. + verb 3rd person + subject) and express varying degrees of likes, dislikes or effects. Think of questions and statements you could make with them in different tenses.

encantar	*to like a lot*	¿Te encanta este lugar?
fascinar	*to be fascinated*	Sí, me fascina
sorprender	*to surprise*	No nos sorprendió nada.
importar	*to be of importance*	A Felipe no le importaba nada.
interesar	*to be interesting,*	
	to matter	A ellos les interesaba saber más.
convenir (ie)	*to be advisable, fitting*	Te convienen unas vacaciones.
parecer + adj.	*to seem*	A ella le parecieron caras las cosas.
quedar bien /mal	*to fit....*	Me quedan bien los zapatos.
faltar	*to lack, to need*	¿Cuántos dólares te faltan?
molestar	*to bother*	No le molestó la música al señor.
doler (ue)	*to ache, to hurt*	Me duelen las rodillas *(knees)*.

Pronombres y complementos

4.17 Ud. y su compañero(a) van a invitar a varios amigos para tomar aperitivos. Pregúntele si a los invitados les gustan los aperitivos. Él / Ella puede contestarle de diferentes maneras.

 • • • ► a los Durán, la tortilla española

—¿Les gusta la tortilla española a los Durán?

—Sí, les gusta mucho.

—No, pero sí les gusta la salsa.

1. a los Dominguez, el chorizo *(Spanish sausage)*
2. a los Ramos, las empanadas de carne
3. a Gisela, el jamón y queso
4. a Emilio, los camarones al ajillo *(garlic shrimp)*
5. a Eva y a Alonso, el vermut
6. a Nilda, hacer los cocteles
7. a ti, los calamares *(squid)*
8. a ti, las frutas tropicales

4.18 Primero, haga una lista de artistas, políticos y músicos y al lado de cada uno, escriba cómo le caen ellos. Después, pregúntele a su compañero(a) cómo le caen esas personas.

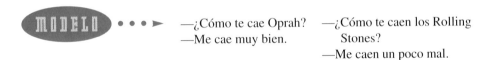 • • • ►   —¿Cómo te cae Oprah?   —¿Cómo te caen los Rolling
                            —Me cae muy bien.   Stones?
                                                    —Me caen un poco mal.

Ahora, Uds. dos díganle a la clase el nombre de tres personas que les caen igualmente bien y tres igualmente mal.

(No) nos cae bien...

RESTAURANT - BAR
PIZZERIA - FUENTE DE SODA

DESAYUNOS
7:00 a.m. a 11:00 a.m.

Bs.

1 Jugo de Naranja, Pan Tostado,
   Mantequilla, Mermelada,
   y Café Grande 445
2 Jugo de Naranja, Huevos Fritos,
   Papas Fritas, Mermelada y Café ... 695
3 Jugo de Naranja, Huevos Fritos con
   Jamón, Papas Fritas, Pan Tostado,
   Mantequilla,Mermelada y Café 745
4 Jugo de Naranja, Tortilla de
   Jamón y Queso Kraft,
   Pan Tostado y Café 845

MERIENDAS

Bs. 180

Empanada de Queso 180
Empanada de Carne 160
Cachito Solo 320
Pan con Mermelada y Mantequilla .. 345
Cachito con Queso 345
Cachito con Jamón 415
Cachito con Jamón y Queso 340
Papas Fritas (Ración) 390
Ración de Tajadas ....
Ración de Caraotas Negras 440

TORTILLAS Y HUEVOS
A LA PLANCHA

Bs. 345

Tortilla Jamón y Queso 345
Huevos Fritos con Jamón 340
Huevos Fritos con Tocineta 445
Huevos Pericos 350
Huevos Fritos Solos 895
Huevos a la Ranchera ....
Tortilla con Petit Pois 870
Tortilla de Champiñones 425
Tortilla a la Francesa 695
Tortilla con Queso 645
Tortilla a la Española 795
Tortilla con Salchicha 1550
Tortilla con Camarones 250
Tortilla con Atún ....

SOPAS Y CREMAS

Bs. 425

Consomé con Queso 420
Consomé Natural 445
Consomé con Huevos 350
Crema de Pollo 550
Crema de Hongos 550
Crema de Tomate 550
Crema de Espárragos 695
Sopa de Ajo 695
Sopa de Cebolla a la Francesa ....
(Espera 10 Minutos)

PESCADOS Y MARISCOS

Bs. 2450

Parrilla de Mariscos 240
Filet de Atún a la Plancha 795
Filet de Pescado Meunier 795
Filet de Pescado a la Romana 850
Calamares Rebosados 750
Calamares Enchilados 750
Parrilla de Calamares 1070
Cóctel de Camarones 2795
Rueda de Mero Grillet 795
Filet de Pescado a la Plancha 790
Carite Frito 2500
Camarones al Ajillo 2690
Zarzuela de Mariscos ....

ENSALADAS MIXTAS

Bs. 570

Ensalada de Berros con Aguacate 250
Ensalada de Atún con Aguacate 1090
Aguacate Relleno con Camarones 530
Ensalada de Aguacate 640
Ensalada de Gallina 345
Ensalada de Gallina c/Aguacate 550
Ensalada de Atún 895
Ensalada PAPPAGALLO ....
Ensalada de Bavaria
(Salchichas, Queso, Pepinillo,   895
Cebollas, Lechuga, Tomate) 740
Ensalada de Palmitos ....

CARNES VARIADAS

Bs. 1440

Solomo a la Milanesa 1490
Solomo a la Criolla 1490
Solomo a Caballo 1390
Bisteck de Solomo 740
Parrilla de Solomo 1490
Solomo a la Parmesana 1490
Solomo Encebollado 1490
Lomito PAPPAGALLO 1490
Lomito al Melocotón 1490
Lomito a la Piña 2390
Centro de Lomito 1790
Steack de Lomito Pimienta 1590
Brocheta de Lomito 1490
Medallones de Lomito al Oporto 1490
Medallones de Lomito Parmesana 1790
Churrasco Caroreno 1790
Punta Trasera con Yuca 1440
Pernil de Cochino a la Naranja 1450
Chuleta de Cochino a la Plancha 1250
Pollo Deshuesado 895
Pabellón Especial PAPPAGALLO 1490
Lomito a la Fresa 1450
1 2 Pollo Canasta 2490
Parrilla Mixta ....
Parrilla Tierra y Mar 3790

PLATOS FRIOS

Bs.

1 Pollo en Mayonesa, Tomate
   Entero, Huevo Duro, Ensalada
   de Papas 1150
   (Stuffed Tomato with Chicken)
2 Plato Frio con Migas de Atún,
   Tomate Entero, Huevo Duro,
   Ensalada de Repollo y Ensalada   1260
   de Papas ....
3 Plato de Carnes Frias Surtidas
   Roastbeef, Jamón, Queso,
   Americano, Pasta de Higado
   y Ensalada de Papas 1490
   (Selected colt cut plater)
4 Pollo, Queso Americano,
   Jamón Huevo Duro, Roastbeef
   y Salsa Aurora 1550
5 Jamón Serrano con Melón 1650
6 Plato de Frutas Tropicales 795
   (Fruit Salad Plater)   845
7 Plato de Frutas PAPPAGALLO ......

SALCHICHAS

Bs.

Al estilo de Perro Caliente
y acompañadas con Ensalada de
Repollo y Salsa Alemana: 440
Salchicha Viena ....
Salchicha Yumbo 590

HAMBURGUESAS

Bs. 450

Hamburgués Simple 350
Hamburgués con Queso 345
Hamburgués Royal 520
Hamburgués con Queso y Papas 695
Hamburgués Canasta ....
Hamburgués King Size   1150
(Doble con Queso, Papas y Ensalada)

SANDWICHES CALIENTES

Bs. 425

Jamón 425
Queso 445
Jamón y Queso 350
Cochino 540
Jamón y Huevos 590
Queso, Tocino y Tomate 630
Cochino con Salsa Bar-B-Q 700
Roastbeef 1550
Pepito de Lomito PAPPAGALLO 850
Sandwich Cubano 400
Sandwich Pregó ....

Pida la Sangría Especial PAPPAGALLO Para dos o Cuatro

4.19 Primero, lea Ud. el menú del restaurante *Pappagallo* de Caracas e indique cuáles platos y sándwiches le gustan a Ud. ¿Cuáles postres le apetecen más? ¿Cuáles menos? Segundo, Ud. quiere saber la reacción de las personas a las comidas en el menú. Hágale las preguntas a su compañero(a). Él / Ella puede contestarle de diferentes maneras.

MODELO ••••► encantar, el pollo con mayonesa, a tía Beatriz
—¿Le encantó el pollo con mayonesa a tía Beatriz?
—Sí, le encantó (mucho).
—No, pero le encantó la sopa de ajo.

Centro Comercial Chacaíto
Teléfonos: 952.10.08 - 952.09.29

SANDWICHES FRIOS
Bs.
Huevos Duros en Mayonesa 420
Sandwich Queso Filadelfia con
Mermelada 620
Atun en Mayonesa 630
Pollo con Mayonesa 670
Sandwich de Pollo con
ensalada de Papas 845
PAPPAGALLO (Jamón Serrano,
Tomate, Pan Canilla) 1490

CLUB SANDWICHES
Bs.
1 Jamón Cocido, Queso
y Ensalada de Papas 895
2 Pollo (Tocino, Lechuga,
Tomate y Ensalada de Papas 945
3 Pollo, Jamón, Queso,
Lechuga, Tomate y Ensalada
de Papas 1095
4 Club House Emperatriz 1150
5 Especial Sandwich
PAPPAGALLO 1250

PASTAS
Bs.
Espaguetti Nápoli 745
Espaguetti en Salsa Mixta 840
Macarrones a la Boloña 795
Macarrones al Gratén 840
Raviolis Salsa Boloña 990
Raviolis Salsa Mixta 1050
Pasticho Especial PAPPAGALLO 995
Berenjena Parmesana 945

PIZZAS
Especialidades Exclusivas de
PAPPAGALLO
Bs.
Pizza Margarita 890
Pizza Napolitana 995
Pizza con Jamón 995
Pizza Marinera 1290
Pizza Cuatro Sabores 1290
Pizza PAPPAGALLO 1280
Calzones PAPPAGALLO 1280
Pizza con Cebolla 990
Pizza Siciliana 1150
Pizza con Hongos 1095
Pizza con Atún 1100
Pizza con Salchichón 1150
Pizza con Cebolla y Pimentón 1080
Pizza Parmesana 1080
Pizza con Jamón y Piña 1050
Pizza con Aceitunas 1050
Pizza con Atún y Anchoas 1165

POSTRES
Bs.
Ración de Piña 360
Ración de Lechosa 340
Ración de Melón 160
Melocotones en Almibar 520
Higos en Almibar 520
Ensalada de Frutas 360
Cascos de Guayaba con Queso 545
Fresas Frescas al Natural 470
Fresas con Crema 520
Ración de Patilla 310
Ración de Mango 300

HELADOS EN COPA
Bs.
Helados en Copa Pequeña 465
Mantecado, Chocolate, Fresas,
Guanábana, Café, Coco, Pistacho,
Turrón, Tutti-Fruti, Ron Pasa.
Helados en Copa Grande 630

LAS ESPECIALIDADES EN TORTAS
Bs.
Torta de Queso 430
Torta de Bien me Sabe 430
Torta de Chocolate 430
Pie de Manzana 430
Torta Helada 490
Pie de Manzana a la Moda 650
Torta Helada Efe 490
Torta PAPPAGALLO 695
Torta de Queso PAPPAGALLO 695
Torta de Chocolate Hot Fudge 695
Torta Helada Imperial 695

PAPPAGALLO
PRESENTA PREPARACIONES
SELECTAS CON HELADOS
Bs.
Sundae al Gusto 725
Sundae al Frutas 785
Sundae de Fresas 840
Cassatta a la Siciliana 850
Peach Melba 850
Copa PAPPAGALLO Especial 915
Copa PAPPAGALLO Tropical 915
Cassatta PAPPAGALLO 915
Parfait 750
Banana Split 855
Quesillo de la Casa 420
Quesillo con Crema 490
Quesillo Especial PAPPAGALLO 720
Ice Cream Soda 745
Hot Fudge 775
Caramel Pecan 775

MERENGADAS
Bs.
Lechosa, Melón, Piña, Cambur 490
De Helados 550
Con Crema 545
De Fresa Natural 560
De Mango 520

BATIDOS Y JUGOS DE FRUTAS NATURALES
Melón, Níspero, Guayaba,
Mandarina, Parchita, Tomate
Cambur, Lechosa, Tamarindo,
Guanábana, Piña, Patilla 420
Pera o Manzana 240
Fresas 240
Mango 195
Naranja con Zanahoria 220
Tres en Uno 230
Naranja con Remolacha 195
Naranja 180
Toronja ....

BEBIDAS FRIAS
Bs.
Toddy 395
Ovomaltina 395
Té con Limón 190
Agua Mineral Pequeña 70
Leche ....
Naranja, Seven-Up, Mesa 130
Refrescos de Pepsi-Cola 130
Limonada Frappé 180

BEBIDAS CALIENTES
Bs.
Ovomaltina 330
Manzanilla 170
Té con Limón 170
Té con Leche 190
Chocolate 330
Toddy 330
Café Pequeño Mesa al aire libre 85
Café Grande Mesa al aire libre 130
Café Capuchino con Crema 280
Café Capuchino Grande con Crema ... 265
Café Pequeño Barra ....
Café Grande Barra ....

Consulte las sugerencias del Chef,
que diariamente son variadas en
nuestro Menú.
Cada Plato de Comida para llevar,
tendrá un recargo de Bs. 60
Gracias.

SERVICIO DE MESONERO 10%

**FAVOR EXIGIR DEL MESONERO QUE LE ESTA ATENDIENDO
LA TARJETA DEBIDAMENTE TOTALIZADA EN LA CAJA ANTES DE HACERLA EFECTIVA.
UNA RECLAMACION JUSTA NOS AYUDA A SERVIRLE MEJOR. MUCHAS GRACIAS**

1. encantar, el plato de frutas, tío René
2. quedar bien, las hamburguesas, al cocinero
3. parecer ricos, los sándwiches cubanos, a Manolo
4. interesar, el coctel de camarones, a Carmencita
5. fascinar, los raviolis, a las primas
6. convenir, el filete de pescado, a Fermín
7. molestar tomar, vino, a Nora
8. apetecer, el bistec de solomo *(sirloin),* a Alfredo
9. faltar, las chuletas de cerdo *(pork chops),* a Amanda
10. sorprender, la torta de chocolate, a ti

 IV. La combinación de dos complementos

To avoid repeating the same things

A. When both indirect and direct object pronouns appear in a sentence, the indirect (I) **«the person»** comes before the direct (D) **«the thing».** Both pronouns precede a conjugated verb or are attached to an infinitive or **-ndo** form. In the latter, a written accent mark is added on the originally stressed vowel.

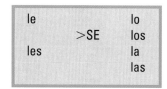

	I D	
¿El café?	Te lo traigo.	*The coffee? I'll bring it to you.*
¿La ensalada?	¿Me la vas a hacer?	*The salad? Are you going to make it*
	(¿Vas a hacérmela?)	*for me?*
¿Los sándwiches?	Nos los están preparando.	*The sandwiches? They're preparing*
	(Están preparándonoslos.)	*them for us.*

B. **Le** and **les** both change to **se** before direct objects beginning with **l-.** A prepositional phrase: **a ella, a Julián, a ellos...** may be added as needed for clarity or empahsis.

le		lo
	>SE	los
les		la
		las

Note the function of direct and indirect object pronouns:

Andrés compra **la comida.**

Andrés **la** compra.

Andrés **le** compra **la comida** a su mamá.

Andrés **se la** compra (a su mamá).

Los utensilios ....

e**X**tra **$49** Jgo. Reg. 59.97

Vajilla "Tea Rose" de 20-pzs. con bol de bono. Incluye 4 de c.u.: platos, platos para ensalada, bols para sopa/cereal, tazas, platillos.

12.99 Hasta
41.97
Piezas complementarias.
Salero/pimentera, o juego complementario que incluye plato y bol para ensalada.

PFALTZGRAFF

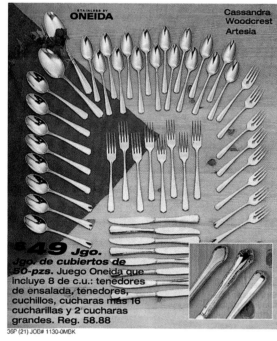

STAINLESS BY
ONEIDA

Cassandra
Woodcrest
Artesia

$49 Jgo.
Jgo. de cubiertos de 50-pzs. Juego Oneida que incluye 8 de c.u.: tenedores de ensalada, tenedores, cuchillos, cucharas más 16 cucharillas y 2 cucharas grandes. Reg. 58.88

36P (21) JOB# 1130-0MDK

7.97 Jgo.
Jgo. de bizcochera
Incluye plato con pedestal de 12" y tapa domo de 12" y servidor bono. Reg. 9.97

9.97 Jgo.
Elegantes vasos
Juegos de 4 piezas en diferentes tamaños; estilo diamante/hoja. Reg. 12.97

DURAND
International

Pronombres y complementos

4.20 Primero lea Ud. el anuncio para recordar el vocabulario de los utensilios. ¿Cuáles son los artículos mencionados en «la vajilla» *(set of dishes)?* ¿Y cuáles en el «juego de cubiertos» *(set of silverware)?* Segundo, Ud. va a preparar una cena especial en casa. Pregúntele a su compañero(a) si le presta los siguientes artículos

MODELO • • • ► ¿La vajilla? —¿Me la prestas? *The set of dishes? Will you lend it to me?*

—Sí, te la presto.
—¿Cuándo me la prestas?
—Te la presto ahora (en seguida, luego...)

los tenedores, la cuchara grande, los cuchillos, los vasos, las tazas, el plato hondo, los platos, el salero y el pimentero

4.21 Usen los mismos utensilios de la actividad anterior, pero esta vez háganse estas preguntas.

MODELO • • • ► ¿La vajilla? —¿Me la vas a devolver?
—Sí, te la voy a devolver.
—¿Cúando me la vas a devolver?
—Te la voy a devolver luego (más tarde...).

Ahora repitan la misma actividad, pero cambien el orden de los pronombres.

MODELO • • • ► ¿la vajilla? —¿Vas a devolvérmela?
—Sí, voy a devolvértela.
—¿Cuándo vas a devolvérmela?
—Voy a devolvértela luego (más tarde...)

4.22 Una encuesta. *(A survey.)* Pregúnteles a tres o cuatro compañeros individualmente si el esposo de hoy día ayuda a la mujer con los quehaceres *(chores)* indicados. Usen los pronombres apropiados. Después compartan los resultados con la clase.

MODELO • • • ► hacer las camas —¿Le hace las camas a ella?
—Sí, <u>se las</u> hace. (No, no <u>se las</u> hace.)

cocinar la comida   lavar los platos
limpiar la casa   hacer las compras
sacar la basura   reparar las cosas rotas
cuidar a los niños   pintar las paredes
sacudir los muebles *(to dust)*   decorar la casa
regar las plantas *(to water)*   pagar las cuentas

4.23 Hay una reunión de la clase y Ud. quiere saber si su compañero(a), que está encargado(a) (in charge) de la merienda, está atendiendo bien a los invitados. Él / Ella puede contestarle de diferentes maneras. Use los verbos a continuación y haga una lista de meriendas y bebidas y otra de personas. Háganse no menos de ocho preguntas.

MODELO • • • ► —¿Les ofreces café a Luis y a Jennifer?
—Sí, se lo ofrezco.
—No, pero les ofrezco ponche de frutas.

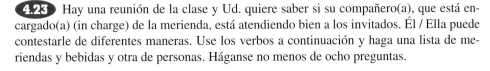
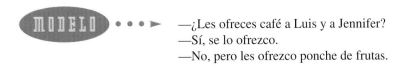

verbos	meriendas	personas / grupos
ofrecer	nachos	a Luis y a Jennifer
servir	té	a Rosana
dar	¿...?	a ¿...?
traer		
cocinar		
preparar		
hacer		
recomendar (ie)		
sugerir (ie)		

C. You have been using the prepositional phrases **a + mí, ti, ella...** to clarify or emphasize object pronouns. These prepositional pronouns are the same as the subject pronouns, except for **mí** and **ti.** Other prepositions used with these pronouns include: **de, para, por, en,** and **sin.** Note that **con** combines with **mí** and **ti** to form **conmigo** *(with me)* and **contigo** *(with you).*

Le mandé un e-mail a ella pero no a él.	*I sent her an e-mail, but not (to) him.*
La llamada es para Uds.	*The phone call is for you.*
¿Quieres hablar conmigo?	*Do you want to talk to me?*
Contigo sí, pero con ellos no.	*With you yes, but not with them.*

¡OJO!

1. **These expressions take subject and not prepositional pronouns in Spanish:** *entre, como, según* **and** *excepto.*

Esto es entre tú y yo.	*This is between you and me.*
No hay nadie como ella.	*There's nobody like her.*
Así es según ellos.	*That's the way it is according to them.*
Todos se fueron excepto él.	*Everyone left except him.*

2. **Avoid using a + mí (ti, él, ellos...) without their corresponding object pronoun:**

Les hablé <u>a ellos</u>. or **Les** hablé. but **not** «Hablé a ellos».　　*I spoke to them.*

4.24 Ustedes están planeando un picnic con la familia. Completen los intercambios con el pronombre apropiado.

MODELO • • • ▶ —¿Les encantan los aperitivos a los tíos?
—Sí, (No, no) a <u>ellos</u> les encantan.

—¿Cocino el pollo como <u>tú?</u>
—Sí, debes cocinarlo como <u>yo</u> te dije.

1. —¿Le gusta el arroz con pollo a <u>abuelo?</u>
　—Sí, a _____ le gusta.
2. —Les dijiste lo que había de comer <u>a mamá</u> y <u>a papá?</u>
　—Sí, se lo dije a _____.
3. —¿Los tamales son para <u>los niños?</u>
　—Sí, son para _____.
4. —¿Son estos los platos de <u>abuela?</u>
　—No, no son los platos de _____.

5. —¿Estás pensando en <u>los padrinos?</u>
—Sí, estoy pensando en _____ .

6. —¿Invitas a todos excepto a <u>Amanda?</u>
—Sí, a todos excepto a _____ .

7. —¿Te preocupas por <u>las primas?</u>
—Sí, me preocupo por _____ .

8. —¿Vas a hacer el jamón como <u>yo?</u>
—No, no lo voy a hacer como _____ .

9. —¿ _____ vas a servir <u>vino</u> a los <u>adultos?</u>
—Sí, _____ _____ voy a servir a _____ .

4.25 Pregúntele a su compañero(a) si puede hacer las siguientes actividades con Ud.

MODELO • • • • ▶ conversar —¿Puedes conversar conmigo?
—Sí, (No, no) puedo conversar contigo ahora.

estudiar, trabajar, hacer la tarea, almorzar, dar un paseo, correr, jugar al golf, bailar, ir al cine

4.26 Uds. quieren compartir sus cosas y ponen cinco artículos en el pupitre. Háganse preguntas.

MODELO • • • • ▶ el cuaderno —¿Para quién es el cuaderno?
—Es para ti.
—¿Seguro que es para mí?
—Seguro que es para ti.

Vamos a leer

Olor a cacao   (The Smell of Cocoa)
José de Cuadra (1908–41)

El autor era uno de los más admirados cuentistas de Ecuador. En sus cuentos, él presentaba personajes humildes° en remotos lugares. Los personajes eran de alma sencilla° que querían a (amaban) su tierra natal.°

poor/simple soul
native land

la patrona (dueña)

el delantal (apron)

el mostrador

El hombre hizo un gesto de asco.
Después arrojó la buchada de cacao.

*The man made a gesture of disgust
and threw up a mouthful of cocoa.*

Estrategias para la lectura . . . .

1. Dé Ud. un vistazo al título y al dibujo del cuento. ¿Qué tomó el hombre? ¿Le gustó a él? ¿Quién lo atendió a él? ¿Cuáles son las emociones que podemos notar en las caras de los dos?

2. Usamos pronombres para evitar la repetición y variar el estilo al escribir. Es importante relacionar correctamente el pronombre con su referente; por ejemplo: «lo» puede referirse a algo masculino o a una previa idea:

¿Al hombre? Ella lo miraba. *She was looking at 'him.'*
No lo decía. *She wasn't saying 'it.'*

3. A menudo el escritor quiere producir una reacción emocional o intelectual en nosotros. La emocional puede hacernos llorar, sonreír, tener miedo o enojo. La intelectual nos puede hacer inferir conclusiones sobre los personajes y el motivo del autor. Al leer el siguiente cuento, note Ud. las descripciones emotivas (emocionales) y las interacciones entre los personajes. ¿A qué conclusión llega usted respecto a los personajes? ¿Qué giro *(twist)* ocurre hacia el fin? ¿Cuál puede ser el motivo del autor?

El hombre hizo un gesto de asco. Después arrojó la buchada, sin reparar que añadía nuevas manchas al sucio mantel° de la mesita.   *tablecloth*

    La muchacha sirvienta se acercó, con cuidado, para limpiar la mesita. —¿Taba°   *non-standard for 'Estaba'*
caliente?

    El hombre levantó la cabeza, enojado.

    —El que está caliente soy yo, ¡ajo! —replicó°   *answered*

    Y en seguida soltó° a media voz una colección de palabrotas° brutales.   *he let go / obscenities*
Concluyó:

    —¿Y a esta porquería° le llaman cacao? ¿Esta cosa intomable?°   *filth / undrinkable*

    La muchacha lo miraba, azorada° y silenciosa. Desde lejos, de pie   *alarmed*
detrás del mostrador, la patrona observaba.

    Continuó el hombre:

    —¡Y pensar que ésta es la tierra del cacao! A tres horas de aquí ya hay huertas°...   *orchards*

    Expresó esto en un tono suave, nostalgioso, casi dulce...

    Y se quedó contemplando a la muchacha.

    Después, bruscamente, se dirigió a ella:

    —Yo no vivo en Guayaquil, ¿sabe? Yo vivo allá, allá... en las huertas...

    Añadió, absurdamente confidencial:

    —He venido° porque tengo un hijo enfermo, ¿sabe? mordido de culebra°...   *I've come / snake bitten*

Lo dejé esta tarde en el hospital de niños... Se morirá,° sin duda... Es la mala pata.°   *he'll die / rotten luck*

La muchacha estaba ahora más cerca. Calladita, calladita.° Jugando con el delantal.   *very quiet*
Quería decir:

    —Yo soy de allá, también; de allá... de las huertas...

    Habría sonreído° al decir esto. Pero no lo decía. Lo pensaba, sí, vagamente.   *She would have smiled*

Y atormentaba° los flequillos° del delantal con los dedos nerviosos.   *tormented / fringes*

    Gritó la patrona:

    —¡María ¡Atiende al señor del reservado!°   *reserved seat*

    Era mentira.° Sólo era una señal° convenida de apresurarse.   *lie / signal*

    Porque ni había señor, ni había reservado. No había sino° estas   *but only*
cuatro paredes, bajo la luz angustiosa° de la lámpara de querosén. Y, al fondo,° el   *dismal / rear*
mostrador, debajo del cual las dos mujeres dormían, abrigándose° la una con el cuerpo de   *wrapping each other*
la otra. Nada más.

    Se levantó el hombre para irse.

    —¿Cuánto es?

    La muchacha se aproximó más cerca todavía de él. Ahora la patrona únicamente veía
a María de espaldas; no veía el accionar de sus manos nerviosas, ilógicas.

    —¿Cuánto es?

    —Nada... nada...

    —¿Eh?

    —Sí; no es nada..., no cuesta nada... Como° no le gustó...   *Since*

    Sonreía la muchacha mansamente°, miserablemente; lo mismo que a veces, suelen°   *quietly, meekly / customarily*
mirar los perros.

    Repitió, murmurando:

    —Nada...

    Suplicaba° casi al hablar.   *implored*

    El hombre rezongó,° satisfecho: *grumbled*

    —Ah, bueno...

    Y salió.

    Fue al mostrador la muchacha.

tip

small pocket

lamented

prayer
barely seen

Preguntó la patrona:

—¿Te dio propina?°

—No; sólo el dinero de la taza...

—Sacó del bolsillito° del delantal unas monedas que puso sobre el mostrador.

—Ahí están.

Se lamentó° la mujer:

—No se puede vivir... Nadie da propina.. No se puede vivir...

La muchacha no la escuchaba ya.

Iba, de prisa, a atender a un cliente recién llegado. María andaba mecánicamente.

Tenía en los ojos, obsesionante, la visión de las huertas natales, el paisaje cerrado de las arboledas de cacao. Y le penetraba el corazón un ruego° para que Dios no permitiera la muerte del desconocido hijo de aquel hombre entrevisto.°

4.27 Conteste Ud. las preguntas.

1. ¿Qué clase de gesto hizo el hombre? ¿Es un gesto brusco o cordial?
2. ¿Le gustó lo que tomó?
3. ¿Cómo estaba el mantel de la mesita?
4. ¿Era prudente el hombre cuando hablaba? Dé Ud. ejemplos.
5. ¿De dónde era el hombre? ¿De dónde era la muchacha?
6. ¿A quién mordió *(bit)* la culebra? ¿Va a morir él?
7. ¿Cómo cree Ud. que se sentía *(felt)* el hombre?
8. ¿Cuáles son las descripciones que nos hacen pensar que este lugar es pobre y triste?
9. ¿Cuánto dinero pagó el hombre por el cacao? ¿Por qué?
10. ¿De quién eran las monedas que María puso en el mostrador?
11. ¿Sentía compasión o enojo María hacia el hombre? ¿Por qué?
12. Y Ud., ¿qué siente por el hombre?
13. ¿Por quién rezaba María a Dios?
14. ¿Qué tipo (clase) de persona podemos inferir que es María?

4.28 Dramaticen entre cuatro de Uds. el cuento. Imagínense que están grabando *(recording)* un CD del cuento. Divídanse los papeles *(roles)*: el narrador, el hombre, la muchacha, la patrona.

4.29 Represente Ud. el papel del hombre y escriba un resumen del cuento, mencionando lo que vio, dijo y ocurrió mientras estaba en la pequeña tienda. Su compañero(a), hace lo mismo pero desde el punto de vista de la muchacha. Luego comparen Uds. su resumen y noten las diferencias.

 **MODELO** • • • ► *El hombre:*   (Yo) Entré en una pequeña tienda y pedí una taza de cacao. Estaba horrible y lo arrojé en el mantel sucio. Entonces la sirvienta se acercó a mí y me preguntó:...

La muchacha: El hombre entró y me pidió una taza de cacao. (Yo) Se la serví, pero no le gustó porque estaba...

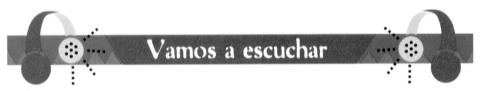

4.30 When comparing tastes or preferences it is important to focus on the differences. Making mental notes of salient contrasts will help you visualize each item better. In particular, listen for adjectives that highlight the comparisons.

Antes de escuchar la narración, lea Ud. las siguientes preguntas. Después escuche la narración en el disco compacto que acompaña al libro de texto y finalmente, conteste las preguntas.

Ahora escuche mientras Justina Prado, turista española, les cuenta a Uds. sus impresiones de la comida en los Estados Unidos.

1. Justina cree que la comida norteamericana es _____.
   a. fresca y exquisita
   b. improvisada y rápida
   c. tradicional y apetitosa
2. Según Justina, a los nortemericanos les gusta _____.
   a. cocinar y comer en menos de una hora
   b. ordenar pizza por teléfono
   c. ponerle mucha sal a la comida
3. Para Justina los refrigeradores en los Estados Unidos son _____.
   a. poco eficientes
   b. muy caros
   c. inmensos
4. Los amigos le sirvieron a Justina _____.
   a. pollo frito y patata al horno
   b. bistec y patatas fritas
   c. pavo asado y puré de patata
5. Esa comida le pareció a Justina _____.
   a. más nutritiva que sofisticada
   b. más francesa que nortemericana
   c. más artificial que natural
6. De postre los amigos le dieron a Justina _____.
   a. flan o pudín
   b. torta de queso
   c. *pie* de manzana
7. Tradicionalmente, de postre a los españoles les apetecen _____.
   a. los *pies* de manzana
   b. los batidos de frutas
   c. las frutas y el queso
8. Justina se quejó más del _____.
   a. té
   b. café
   c. vino
9. A ella no le gustaba esa bebida porque estaba _____.
   a. muy fuerte
   b. caliente y dulce
   c. diluída e insípida
10. Los europeos dicen que los norteamericanos _____.
    a. viven para comer
    b. comen para vivir
    c. comen y viven para los deportes

Vamos a hablar

4.31 Ud. quiere presentarles a sus compañeros una charla desafiante sobre las dietas. Organice su charla según las recomendaciones a continuación. Tiempo: de cuatro a cinco minutos.

Formato

1. Escoja un tema interesante, por ejemplo: cómo comer de manera saludable
   cómo ampliar (expandir) la dieta con gusto
   cómo hacer comidas y ejercicios saludables
2. Comience con una afirmación que provoque argumentos o una pregunta sorprendente; por ejemplo:
   No sólo de pan vive el hombre
   La mejor medicina es la buena comida
   ¿Cómo picar sin pecar?
3. Presente una ilustración (experiencia real o irreal) que Ud. tuvo con las dietas; por ejemplo:
   La última vez que yo estuve a dieta, me ocurrió...
4. Mencione los pros y los contras de algunas dietas.
5. Incluya referencias de autoridades para respaldar *(to support)* sus opiniones.
6. Concluya la charla, repitiendo de manera diferente lo que dijo al principio, y haga una llamada a la acción.

Vamos a escribir

4.32 Escriba una reseña *(review)* para un periódico donde describe la cena en un restaurante.

1. Indique el nombre, la dirección, el teléfono, las horas y si aceptan cheques y tarjetas de crédito.
2. Fíjese en el ambiente *(decor)*.
3. Describa la comida: el aperitivo, el plato principal, el postre.
4. Evalúe el servicio.
5. Mencione lo que le apeteció (gustó, encantó...) y lo que no le apeteció. Compare la comida y los precios con otros restaurantes. Concluya su reseña con sus recomendaciones o con comentarios de las personas que cenaron con Ud.

 **MODELO** ● ● ● ► El domingo pasado mi amigo(a) y yo fuimos al Restaurante...

```
http://www.harcourtcollege.com/spanish/saludosrecuerdos
```

Vamos a explorar el ciberespacio

Hay muchos sitios de interés en la Red Mundial (World Wide Web) que explican mucho sobre la cultura del mundo hispano. Vaya a http://www.harcourtcollege.com/spanish/saludosrecuerdos, explore la cultura de esta lección y haga las actividades correspondientes.

EN VIVO – CULTURA

Before viewing the cultura video segment for this lesson, please study the following **Vocabulario** and **Preparación** sections.

Venezuela

Antes de ver el video, estudie el **Vocabulario para el video** y la sección de **Preparación.** Luego vea el video (más de una vez si es necesario) y haga los ejercicios de **Comprensión.**

Vocabulario para el video

la altura	*height*	la laguna	*lagoon*
antiguo	*ancient*	la llanura	*plain*
apreciar	*to appreciate*	el nevado	*snow-covered*
la caída	*waterfall*	(mountains)	*mountain*
de agua		la parada	*stop*
caudaloso	*abundant*	el paraje	*place, spot*
la cordillera	*mountain range*	el pico	*peak*
entrelazarse	*to intertwine*	el río	*river*
la estación	*station*	la selva	*jungle*
la explotación	*oil field*	el teleférico	*cable railway*
de petróleo		el tepui	*flat-topped narrow*
extenderse	*to extend*		*mountain that*
la ladera	*side (of a*		*rises abruptly*
	mountain)		*from the plain*
el lago	*lake*		

Preparación

Subraye las cosas que oye y ve en el video.

caídas de agua	mar
coco	picos nevados
cordillera	pico
destino	playa
invierno	río
lagos	la selva
lagunas	tepuis
llanura	

Comprensión

A. Escoja la palabra o frase apropiada para completar cada oración, según lo que entendió.

1. En Venezuela, la cordillera de los Andes se eleva unos (15.000, 5.000) pies de altura.
2. El teleférico tiene (cinco, quince) estaciones o paradas.
3. Las explotaciones de petróleo se encuentran en (los llanos, la selva) de Venezuela.
4. El río Orinoco es uno de los ríos más (largos, caudalosos) del mundo.
5. En Venezuela hay un tepui que es (tres, trece) veces más alto que el edificio Empire State.

B. Conteste las preguntas.

1. ¿Dónde se encuentra el teleférico más alto y largo del mundo?
2. ¿Qué se puede apreciar desde el teleférico?
3. ¿Cuál es la capital de Venezuela?
4. ¿A cuántos kilómetros se extiende el río Orinoco?
5. ¿Cómo se llaman las formaciones geológicas más antiguas de Venezuela?

S ELF-TEST

How well have you mastered this lesson? To find out, take the self test found on the *¡Recuerdos!* Web site at http://www.harcourtcollege.com/spanish/saludosrecuerdos.

Pronósticos y sus efectos

Comunicación
- Hablar del futuro
- Indicar lo que pasaría
- Mencionar lo que ha ocurrido
- Señalar personas o cosas

Cultura
- La moda
- Recuerdos de Perú y Bolivia

Visit the ¡Saludos/Recuerdos! World Wide Web site:
http://www.harcourtcollege.com/spanish/saludosrecuerdos

The ¡Recuerdos! CD-ROM offers additional
language practice and cultural information.

CD-ROM

Estructuras
- El futuro
- El condicional
- El pretérito compuesto (pres. perfect); acabar de + infinitivo
- Los demostrativos

Conexiones
- Vamos a leer
  Defining and comparing characters
  «La camisa de Margarita» de Ricardo Palma
- Vamos a escuchar
  Distinguishing between the essential and non-essential
- Vamos a hablar
  Making decisions
- Vamos a escribir
  Maintaining a diary
- Vamos a explorar el ciberespacio
  Hispanic culture

Adelante

El diseñador . . . .

Mireya Villareal, presentadora del programa de televisión *Lo útimo en moda,* entrevista al talentoso diseñador Ángel Sánchez.

MIREYA:	Esta tarde tenemos el gusto de entrevistar al talentoso diseñador, Ángel Sánchez. Bienvenido, Ángel. Antes de hablarnos de tus creaciones, cuéntanos, ¿qué te ha inspirado° a ser diseñador?
ÁNGEL:	Bueno, me crié° rodeado° de telas° y mujeres que venían a probarse los vestidos que mi mamá les hacía. Con mi curiosidad infantil, mirar los dibujos° y después ver el vestido realizado,° me producía una sensación increíble.
MIREYA:	Entonces, ¿siempre pensabas hacerte diseñador?
ÁNGEL:	En realidad, no. Cuando llegó el momento de decidirme por una carrera,° opté por la arquitectura. Trabajé dos años en esa profesión antes de darme cuenta° de que no tenía paciencia para el largo proceso de hacer un edificio. Pero la formación° de arquitecto me influiría,° especialmente en mantener «la proporción».
MIREYA:	Ajá... muy interesante e informativo. Cambiando de tema.... Sabemos que las mejores tiendas y artistas lucen° tus creaciones. ¿A qué se debe° ese triunfo?
ÁNGEL:	Pues, este... Siempre he tratado° de demostrar disciplina en mi trabajo, calidad y continuidad. En cuanto a los diseños, prefiero la ropa de buen gusto y sencilla.°
MIREYA:	Dime, ¿quiénes te han ayudado a establecerte como diseñador?
ÁNGEL:	Mi mamá es la ayuda más grande que he tenido en mi vida. Nunca me cues-

has inspired you

I grew up / en el centro de / textiles
diseños
completo

profesión

comprender
preparación / would influence

llevan / due to

I've tried
simple

tionó nada. También ahora mis hermanos me ayudan a dirigir el negocio. Esto me permitirá concentrarme más en los diseños.

MIREYA: Ángel, te felicitamos por tus espléndidas y renovadoras creaciones. Creo que todas las mujeres querrán° tener un vestido de Ángel Sánchez.

will want (futuro de querer)

ÁNGEL: Muchas gracias por tus amables palabras.

Compare estas expresiones para no confundirlas y complete las frases con el verbo correcto.

- **darse cuenta de**   ***to realize, to become aware***
- **realizar**   ***to fulfill, to carry out***

¿Puedes _____ tus planes?
Los Peña se _____ que hay un problema.

- **llevar**   ***to take; to wear***
- **lucir**   ***to sport; to don a garment; to shine***

Spanish does not use the progressive to say what a person is wearing or sporting:

Ester lleva (luce)° un vestido nuevo. ***Ester is wearing a new dress.***

¡Felicitaciones! Tú _____ muy bien en ese traje.
Ellos _____ unos jeans viejos.

Lucir (to appear, to look) is a colloquial Caribbean expression.

Actividades

5.1   Hágale preguntas a su compañero(a) sobre la entrevista anterior, escogiendo la palabra interrogativa correcta a continuación.

¿qué?   ¿para qué?   ¿por qué?   ¿cómo?   ¿cuál(es)?   ¿cuántos(as)?   ¿quién(es)?
¿a quién(es)?

1. ¿ _____ entrevista Mireya?
2. ¿ _____ es la profesión de él? ¿Escritor o diseñador?
3. ¿ _____ ropa hacía la mamá?
4. ¿ _____ era Ángel de niño? ¿Era curioso?
5. ¿ _____ años trabajó él de arquitecto?
6. ¿ _____ no tenía paciencia él?
7. ¿ _____ y _____ lucen sus creaciones?
8. ¿ _____ ha tratado de demostrar él siempre?
9. ¿ _____ es la persona que ha influido más en él?
10. ¿ _____ felicita Mireya a Ángel?

10.99
Camisas estampadas.
Estilos de algodón con novedosos diseños jumbo de golf.
Reg. 13.99

$9 Sólidos **$11** Fancy
Camisas de vestir Ketch®
Colores sólidos o estampados. Reg. 10.99-12.99
Reg. 9.99-11.99, Otras camisas de vestir, $8-$10
Tallas 14 ½-17 para caballeros

$5 Corbatas de satín. 100% poliéster. Reg. 5.99
$6 Corbatas Jacquard de poliéster. Reg. 7.99
$8 Corbatas con personajes estampados. Reg. 9.99

$8 y **$10**
Novedades en caja de regalo para caballeros.
Pre-empacados para regalar. A nuestro bajo precio reg.

7.77 c.u. **4.77** c.u.
Boxers de 100% seda en colores sólidos o estampados. Reg. 11.88
Briefs bikini de 100% seda. Colores sólidos o estampados. Reg. 6.99

$15 c.u. Reg. 18.99
Pantalones de vestir Botany
Estilos con pliegues al frente de poliéster/lana peinada. Variedad de colores de moda. A nuestro bajo precio reg.

$8 c.u.
Atractivas corbatas de seda*
Variedad de diseños. Reg. 9.99
20% desc. en correas con banda para regalo, algunos estilos con llavero en combinación. Reg. 9.99, Venta 7.99
Otras correas también en especial *Estilos pueden variar entre tiendas

5.2 Este anuncio de K-mart es de Puerto Rico. ¿Qué prendas (artículos) de ropa se anuncian? ¿De qué materiales son? ¿De qué colores son? ¿Cuáles de las prendas de ropa prefiere Ud.? ¿De qué estilo le gustan las camisas? ¿Y los pantalones?

se busca | 10 most wanted

Class act

Back-to-school time means new books, supplies, *and* clothes. Make an A+ start with these 10 smart mix-and-match basics for $100 and way less.
Regresa a la escuela con prendas sencillas y prácticas, ¡todas por menos de $100!

1 Optical frames, $100, by Kenneth Cole.
   Montura para lentes.
2 Boat-neck shirt, $49, by Liz Claiborne.
   Camiseta con cuello tipo bandeja.
3 Skirt with double-back slits, $48, by XOXO.
   Falda con aberturas dobles por detrás.
4 Wool wedge shoes, $69, by Steve Madden.
   Zapatos de lana.
5 Why Worry bracelets, $10, by Stephan & Co.
   Brazaletes de cuentas.
6 Knapsack, $40, by Rosetti.
   Morral.
7 Sheer knit cardigan, $58, and shell, $48, sold separately, by Esprit.
   Suéter y camiseta a juego, vendidos por separado.
8 Stretch pants, $34, by Old Navy.
   Pantalones elásticos.
9 Button-down shirt, $34, by Gap.
   Camisa formal.
10 Jacket, $94, by TJ Maxx.
   Chaqueta.

40 LATINA AUGUST 1999

PHOTOGRAPHS BY JON WOLDERER. SEE SHOPPING GUIDE FOR FASHIONS FEATURED IN THIS STORY.

5.3 Es el comienzo del año escolar y usted tiene que preparar dos anuncios para una revista hispana. Un anuncio es para mujeres y el otro para hombres. Su público será el típico estudiante universitario. Mencione los diseños, los colores y las telas. Incluya los accesorios apropiados.

La moda

La moda, el gusto del momento, es muy importante para los hispanos que quieren vestir bien y proyectar una buena impresión. Además de los grandes almacenes,° las boutiques y sastrerías° sirven a los clientes que buscan ropa y accesorios que complementen sus atributos. En las ciudades las mujeres llevan minis, midis y maxis según la moda o el gusto personal. Para ocasiones semiformales un traje-pantalón o *pantsuit* se ve muy de moda o *chic* en las mujeres. Más y más mujeres están combinando la elegancia con la comodidad en la ropa. Los hombres de negocio mantienen su estilo conservador en trajes y colores. Entre los jóvenes los *jeans,* las camisas estampadas, las sudaderas y los tenis siguen muy de moda. Los *jeans* deben lucir bien y no estar en malas condiciones o deshilachados° porque causan mala impresión. A algunos jóvenes y adultos les gusta llevar uno o dos botones desabotonados° en la camisa, mientras otros se ponen el suéter por la espalda° y se atan las mangas por el cuello.°

department stores / tailor shops

frayed

unbuttoned
back / tie the sleeves around the neck

A los hispanos les encantan las prendas de oro y plata como el reloj, la pulsera, la cadena y el anillo. Los aretes° para los hombres todavía no tienen gran aceptación.

earrings

Hoy día hay varios famosos diseñadores hispanos de ropa y accesorios como Paloma Picasso, Carolina Herrera, Oscar de la Renta y Ángel Sánchez. Ellos, entre otros, hacen sentir a las mujeres fabulosamente bien vestidas.

Y hablando de la moda, es bueno recordar que algunas prendas de vestir varían de nombre de un lugar a otro. En Puerto Rico y en otras partes llaman *camiseta* a las *T-shirt,* pero en España y otras partes es un jersey; en la Argentina es un polo. En España y otros lugares la camiseta es un artículo de ropa interior. La palabra *chaqueta* se entiende en todas partes, pero en Latinoamérica se dice más *saco* o *americana.* Los jeans son los mahones o vaqueros en Puerto Rico y en España. La palabra para *purse* es el *bolso* en España, pero en otra partes es *la cartera.* Ah, pero *cartera* también significa *wallet.* Para aclarar esto, se podría decir *la billetera*° para *wallet.*

billfold

Expand your cultural understanding. Visit the *¡Saludos!/ ¡Recuerdos!* World Wide Web site
http://www.harcourtcollege.com/spanish/saludosrecuerdos

Los trajes de Ángel Sánchez se destacan por su belleza y sencillez.

5.4 Escoja Ud. la respuesta correcta para completar cada frase.

1. La moda es muy _____ (insignificativa, relativa, importante) para los hispanos.

2. Los hispanos mandan a hacer ropa fina en _____ (la zapatería, la sastrería, la lavandería).

3. En las ocasiones semiformales las mujers se ven muy de moda o *chic* con _____ (jeans y sudadera, pantalones cortos y tenis, traje-pantalón)

4. Los hombres de negocios llevan trajes de colores _____ (brillantes, rojo y verde, conservadores).

5. A los hispanos les encantan las prendas de _____ (oro y plata, cobre y platino, plástico y madera).

6. El hombre hispano probablemente no lleva _____ (anillos, pulseras, aretes).

7. A los jóvenes hispanos les gusta llevar jeans _____ (deshilachados, rotos, en buenas condiciones).

8. Entre los famosos diseñadores de hoy día se encuentran _____ (Picasso, Velázquez y Goya; Miró, El Greco y Dalí; Herrera, Paloma Picasso y Oscar de la Renta.

9. Las camisetas o T-shirts también se conocen como _____ (los mahones, los sacos, los polos).

10. Otra palabra para *la billetera* es _____ (el cinturón de cuero, el botón de plástico, la cartera).

Curiosidad

Los antiguos incas se destacaron en la industria textil. Algunas de sus telas todavía no han sido° superadas. Usaban algodón, lana de alpaca, llama y vicuña para hacer sus telas o tejidos. Los colores predominantes eran rojo, amarillo, pardo oscuro, azul, púrpura, verde, blanco y negro. Los diseños de los tejidos: líneas, círculos y pirámides reflejaban la arquitectura. También representaban diversos animales.

have been

RECUERDOS DE...

Perú y Bolivia ....

Perú

Área: 1.285.216 km^2

Población: 24.371.000 habitantes

Gobierno: República, congreso unicameral.

Ciudades principales: Lima, la capital, 6.022.213; Callao, 639.232; Arequipa, 603.100; Trujillo, 556.900

Idiomas oficiales: español, quechua y aimara

Unidad monetaria: nuevo sol (NS)

Industria: cobre, cinc, oro, petróleo, pescado

Fiestas públicas: además de las fiestas religiosas, se celebran el 24 de junio, Día del Indígena; y el 28 de julio, Día de la Independencia

Cuzco, Perú, antigua capital de los incas.

El lago Titicaca, entre Perú y Bolivia.

Bolivia

Área: 1.098.581 km^2

Población: 7.767.000 habitantes

Gobierno: República

Ciudades principales: La Paz, la capital, 789.976; Sucre, 130.952; Santa Cruz, 767.260

Idiomas oficiales: español, quechua, aimara, tupiguaraní

Unidad monetaria: boliviano (Bs)

Industria: cinc, estaño *(tin)*, madera, plata

Fiestas públicas: además de las fiestas religiosas, se celebran el 1° de mayo, Día del Trabajo y el 6 de agosto, Día de la Independencia

La Paz, capital de Bolivia, en los altos Andes.

For a companion reading with exercises on the country covered in this feature, go to Lección 5 in the Student Activities Manual.

¿Cuál de los dos países le recomendaría Ud. a estos estudiantes?

1. Pilar estudia lingüística y le interesan los idiomas indígenas.
2. Marcos se especializa en ciencias políticas y quiere comparar el congreso unicameral con el de los Estados Unidos.
3. Agustín estudia geología y le interesan las minas de estaño y plata.
4. Andrea se diplomará en economía y escribe sobre la devaluación del sol (unidad monetaria).

Verbos

atar	*to tie, to fasten*	llevar	*to take; to wear*
coser	*to sew*	lucir (luzco)	*to sport, to don*
deberse a	*to be due to*		*(a garment)*
demostrar (ue)	*to display*	realizar	*to accomplish*
entrevistar	*to interview*	vestirse(i)	*to get dressed*

Sustantivos

La ropa

el abrigo	*coat*	el impermeable	*raincoat*
la blusa	*blouse*	la marca	*brand*
el botón	*botton*	las medias	*stockings*
los calcetines	*socks*	la prenda	*garment, jewel*
la camiseta	*T-shirt*	la sudadera	*sweatshirt*
el chaleco	*vest*	la talla	*clothing size*
el cierre (el zíper)	*zipper*	el traje	*suit*
el cinturón	*belt*	de baño	*bathing suit*
la corbata	*tie*	el vestido	*dress*
la falda	*skirt*	los zapatos	*shoes*
la gorra	*cap*	deportivos	*sports*
los guantes	*gloves*	de tacón	*high heels*

Las telas y los materiales (fabrics)

el algodón	*cotton*	la lana	*wool*
el cuero	*leather*	la pana	*corduroy*
el encaje	*lace*	la seda	*silk*
la franela	*flannel*	el satén	*sateen*
el hilo o el lino	*linen cloth*	el terciopelo	*velvet*

El diseño

a cuadros	*plaid, checkered*	de manga corta	*short-sleeved*
a rayas	*striped*	larga	*long-sleeved*
de lunares	*polka dot*	sin manga	*sleeveless*
estampado(a)	*printed*		

Los accesorios

los aretes o los pendientes	*earrings*	el collar	*necklace*
el anillo	*ring*	de cuentas	*beads*
o la sortija		de perlas	*pearls*
de oro	*gold*	los detalles	*details*
de plata	*silver*	la joya	*jewelry, a precious stone*
el brazalete o la pulsera	*bracelet*	de fantasía	*costume jewelry*
el broche	*ornamental pin, brooch*	el pañuelo	*handkerchief, scarf*
la cadena	*chain*	el paraguas	*umbrella*
		el reloj pulsera	*wrist watch*

Adjetivos

apretado	*tight*	largo	*long*
corto	*short*	rodeado(a)	*surrounded*
estrecho	*narrow*	sencillo(a)	*simple, plain*

Otras expresiones

darse cuenta de	*to realize*	hacer juego con	*to match*
estar de moda	*to be in style*	quedarle bien (mal)	*to fit well (badly)*

EN VIVO – VIÑETA

Before viewing the video vignette segment for this lesson, please study the following **Vocabulario** and **Preparación** sections.

En la tienda de ropa

Antes de ver el video, estudie el **Vocabulario para el video** y la sección de **Preparación.** Luego vea el video (más de una vez si es necesario) y haga los ejercicios de **Comprensión.**

Vocabulario para el video

de oferta	*on sale*	el probador	*dressing room*
envolver	*to wrap*	probarse	*to try on*
gusto	*taste*	usar	*to wear*
hermoso	*beautiful*	el vendedor	*sales clerk*

Preparación

Subraye las cosas que oye y ve en el video.

algodón	prenda
blusa	probador
falda	ropa
marca	talla
medias	vestido
poliéster	zapatos
precios	

Comprensión

A. Relacione el nombre de la persona con lo que dice en el video.

a. Andrea   **b.** Mónica   **c.** la vendedora

___ **1.** Éste te queda un poco grande, ¿no?
___ **2.** Me encanta el color rojo, pero no me gusta mucho el diseño.
___ **3.** No se preocupe. Bueno, ¿qué talla lleva?
___ **4.** Me gusta este negro, pero parece un poco apretado, ¿no?
___ **5.** Y si lo usas con medias de nilón y zapatos de tacón alto... Javier se muere.

B. Conteste las preguntas.

1. ¿Qué busca Andrea en la tienda de ropa?
2. ¿Qué acaba de recibir la vendedora?
3. ¿A Mónica le gusta el vestido blanco o no?
4. ¿Tienen los mismos gustos Andrea y Mónica?
5. ¿Cómo es el vestido que compra Andrea?

Estructura   I. El futuro

To talk about what will happen

A. English uses *will* (and its contractions) + *the main verb* to form the future: *I will leave. He'll leave. They won't leave.* Spanish uses the infinitive + the same set of stressed endings for all verbs: **-é, -ás, -á, -emos, -éis, -án.**

dar	ver	irse
daré	veré	me iré
darás	verás	te irás
dará	verá	se irá
daremos	veremos	nos iremos
daréis	veréis	os iréis
darán	verán	se irán

B. A few common verbs change their stem but keep the **-r-** of the infinitive. These verbs fall into three patterns; those that:

1. drop the **-e-** from the infintive.

haber*	**habr-**	**habré**
poder	**podr-**	**podré**
querer	**querr-**	**querré**
saber	**sabr-**	**sabré**

*The future of **hay** is **habrá**: Habrá una reunión. *There will be a meeting.*

Pronósticos y sus efectos

2. replace the infinitive vowel with **-d-**.

poner	**pondr-**	**pondré**
salir	**saldr-**	**saldré**
tener	**tendr-**	**tendré**
valer	**valdr-**	**valdré**
venir	**vendr-**	**vendré**

3. shorten the stem.

decir	**dir-**	**diré**
hacer	**har-**	**haré**

Derivations of the previous verbs keep the irregular stem:

deshacerse	**se deshar-**	**me desharé de...**	I'll get rid of . . .
convenir	**convendr-**	**te convendrá**	it'll be covenient for you
proponer	**propondr-**	**propondremos**	we'll propose

Spanish can also refer to future actions by using the more common constructions:

a. *ir a + infinitive* equivalent to the English *to be going + infinitive*.

   Voy a graduarme en mayo.   *I'll graduate in May.*

b. the simple present to express an action in the near future.

   Lo hago en seguida.   *I'll do it right away.*

¡OJO!

C. Spanish uses the future to express **probability** or **conjecture** in the present. Note the various ways of expressing probability in English.

¿Qué hora será?	*What time can it be?*
	I wonder what time it is?
Serán las doce.	*It's probably twelve.*
	I suppose it's twelve.
Ellos estarán dormidos.	*They're probably asleep.*
	They must (could) be asleep.

5.5 Ud. quiere saber lo que hará su compañero(a) este fin de semana. Hágale las diez preguntas más pertinentes, usando la información a continuación. Luego él (ella) debe hacerle a Ud. las diez preguntas que opine más pertinentes.

 MODELO • • • • ►
>
> *levantarse temprano*
> —¿Te levantarás temprano?
> —Sí, (No, no) me levantaré temprano.
>
> *interesarle jugar a algo*
> —¿Te interesará jugar a algo?
> —Sí, (No, no) me interesará.

1. acostarse tarde	6. tener una fiesta	11. venir a la reunión
2. divertirse	7. dar un paseo	12. ir al cine
3. lavar el auto	8. decir unos chistes	13. limpiar la casa
4. salir con los amigos	9. querer cocinar	14. importarle ver la televisión
5. hacer las compras	10. poder estudiar conmigo	15. convenirle trabajar

Ahora comparta la información con otro compañero(a):

   **MODELO** • • • • ►   Luis(a) no se levantará temprano.

5.6 Ud. y sus compañeros están planeando una fabulosa excursión al campo. Cambie las formas *ir a* + *infinitivo* al *futuro*.

MODELO • • • • ►   Vamos a divertirnos. > *Nos divertiremos.*

tent / (carpa)

nearby caves
campfire

so

Mis amigos y yo   1. vamos a organizar una fabulosa excursión para un fin de semana largo.   2. Va a haber mucho que hacer. Primero,   3. vamos a tener que escoger un lugar bonito y tranquilo porque   4. vamos a quedarnos en una tienda de campaña.°   5. Vamos a tener que ponernos ropa de lana porque   6. va a hacer fresco.   7. Vamos a comprar comida para varios días. En el campo   8. vamos a dar unos paseos y también   9. vamos a pescar. Además nos   10. va a encantar explorar unas estupendas cuevas cercanas.° Para cocinar   11. vamos a hacer una pequeña hoguera.° Después de cenar   12. vamos a sentarnos cerca de la hoguera y   13. vamos a decirnos unos chistes y   14. contarnos unos cuentos. Además   15. vamos a tocar y cantar unas canciones.   16. Vamos a estar tan° bien que   17. no vamos a querer regresar a casa.

   5.7 Ud. le manda un e-mail a su compañero(a), mencionándole las cosas que tendrán que llevar y comprar para ir de *camping* unos días. Incluya ocho actividades divertidas que Uds. podrán hacer. Él (Ella) le contestará que está de acuerdo con llevar y hacer la mitad de las cosas que Ud. le ha escrito *(have written)* y entonces le ofrecerá otras opciones.

   5.8 Jaime, un miembro de la clase, no está presente hoy. Pregúntele a su compañero(a) qué hará y cómo estará Jaime ahora. Use los verbos a continuación u otros que Ud. sabe.

   **MODELO** • • • • ►   estar bien
—¿Estará bien Jaime?
—Sí, (No, no) estará bien.

1. estar dormido	6. no poder manejar
2. estudiar para un examen	7. venir tarde
3. tener que trabajar	8. querer descansar
4. cuidar a la familia	9. saber lo que hace
5. ir al médico	10. ¿...?

5.9 Imagínese que Jaime es su mejor amigo y la profesora de Ud. le pregunta por qué Jaime no está en clase hoy. Déle unas cinco buenas razones, explicando la ausencia *(absence)* de Jaime.

 **Estructura**   II. El condicional

To tell what would happen

A. The conditional tells what *would* or *could* happen in certain situations. Like the future, it takes the entire infinitive plus one set of stressed endings for all verbs. The endings are the same as those for the imperfect of **-er / -ir** verbs: **-ía, -ías, -ía, -íamos, -íais, -ían.**

dar	ver	irse
daría	vería	me iría
darías	verías	te irías
daría	vería	se iría
daríamos	veríamos	nos iríamos
daríais	veríais	os iríais
darían	verían	se irían

B. Verbs with irregular stems in the future have those same stems in the conditional.

haber (hay):	**habría**	*there would be*	poner	**pondría**	decir	**diría**
poder	**podría**		salir	**saldría**	hacer	**haría**
querer	**querría**		tener	**tendría**		
saber	**sabría**		valer	**valdría**		
			venir	**vendría**		

C. The conditional is used to express:

1. a polite request with verbs like: *poder, querer, desear, preferir* and *gustar.*

    ¿**Podrías** ayudarme?   *Could you help me?*
    Nos gustaría otro lugar.   *We'd like another place.*

2. a future action viewed from the <u>past</u>—

    Les <u>dije</u> que no **me iría.**   *I told them that I wouldn't leave.*

3. probability in the past. Remember that English uses expressions such as *probably, I wonder,* and *must* to indicate probability.

    Tendrías razón.   *You were probably right. (You must have been right.)*
    ¿Quién **haría** eso?   *I wonder who did that? (Who could have done that?)*

> **Remember that the imperfect also expresses *would*, but in the sense of *used to* (habitual past action).**
>
> De niños *leíamos* los cuentos de vaqueros... pero hoy no los *leeríamos* con tanto gusto.   As children we would (used to) read cowboy stories . . . but today we wouldn't read them with such pleasure.

5.10 Ud. está en una tienda y quiere expresar sus deseos de una manera más cortés. Cambie las siguientes frases del presente al condicional.

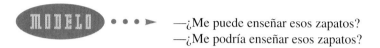

MODELO • • • ▶ —¿Me puede enseñar esos zapatos?
—¿Me podría enseñar esos zapatos?

1. ¿Puede Ud. cambiarme esta camisa?
2. ¿Tiene Ud. otra talla?
3. Me gusta escoger otro color.
4. Prefiero algodón.
5. ¿Me permite ver otros diseños?
6. Quiero manga corta.
7. ¿Es posible devolver estas cosas?
8. Me interesan las telas finas.

5.11 Varias personas conocidas fueron de compras y Ud. no está seguro(a) de lo que harían ellos. Hágale estas preguntas a su compañero(a).

MODELO • • • ▶ qué / comprarse / Sofía
—¿Qué se compraría Sofía?
—Se compraría un vestido.

1. qué / probarse / Federico
2. cuánto / pagar por la ropa / los Salcedo
3. cómo / quedarle la blusa / a Lila
4. qué / decirle Tomás / al dependiente descortés
5. a qué hora / ir de compras / tú
6. dónde / hacer la compras / tu familia
7. cuándo / poder devolver la ropa / Uds.

5.12 En grupos de tres hagan una lista de cosas que Uds. harían en estas situaciones.

1. con más autoridad en el trabajo (la universidad)...
2. con más oportunidades de ayudar a la juventud *(youth)*
3. con más experiencia para mejorar las comunicaciones
4. con más tiempo para divertirse

Estructura   III. Los demostrativos

To point out people and things

A. Demonstrative adjectives point out people and things. The demonstrative you use depends on how close you are to the item. Demonstratives precede the nouns they modify and agree with them in gender and number.

	aquí (acá)		ahí		allí (allá)	
this	**este**	*that*	**ese**	*that over*	**aquel**	vestido
	esta		**esa**	*there*	**aquella**	camisa
these	**estos**	*those*	**esos**	*those over*	**aquellos**	pantalones
	estas		**esas**	*there*	**aquellas**	chaquetas

B. Demonstrative pronouns *(this one, those . . .)* have the same forms as the adjectives but require an accent mark over the the first **-é-.**

¿Te gusta este suéter?
No, no me gusta ése, pero me gusta aquél.

C. The neuter demonstrative pronouns **esto, eso** and **aquello** refer to a statement, idea or something not yet identified.

¿Qué es esto (eso, aquello)?   *What's this (that . . . .)?*
Esto (Eso, Aquello) no tiene sentido.   *This (That . . . .) makes no sense.*

5.13 Piense en ocho prendas de ropa que Ud. lleva y pregúntele a su compañero(a) si le gustan.

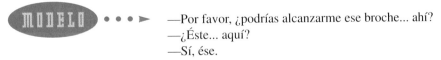

MODELO • • • ► —¿Te gustan estos tenis?
—Sí, me gustan mucho (un poco) esos tenis.

5.14 Ud. trabaja en una joyería *(jewelry shop)* y es hora de cerrar y guardar las prendas. Dígale a su compañero(a) que le alcance *(reach)* cinco prendas. Posibilidades: *los anillos, los aretes, los brazaletes, el broche, la cadena de oro (de plata), el collar de perlas (de diamantes), el reloj pulsera.*

MODELO • • • ► —Por favor, ¿podrías alcanzarme ese broche... ahí?
—¿Éste... aquí?
—Sí, ése.

5.15 Ud. tiene mala memoria hoy y no recuerda los nombres de varias cosas en español. Señale *(Point out)* distintas cosas en la clase y pregúntele a su compañero(a) qué son.

MODELO • • • ► ¿Qué es esto (eso, aquello)?
Esto (Eso, Aquello) es un sacapuntas. *(pencil sharpener)*

 **structura** IV. El pretérito compuesto (present perfect)

To explain what has happened

A. The present perfect refers to past actions that continue into the present or have bearing in the present.

¿Has llamado al Sr. Castillo?	*Have you called Mr. Castillo?*
Irma ya ha comido.	*Irma has already eaten.*
A Luisa todavía no la hemos visto.	*We still haven't seen Luisa.*

Note above that the present perfect in Spanish forms a unit not separable by pronouns, negatives or adverbs.

B. The present perfect consists of the present tense of **haber** plus the past participle. The endings for **haber** are the same as those of the future, minus the accent marks. The past participle is made by changing the infinitive endings: **-ar** > **-ado** and **-er/-ir** > **-ido.** When functioning as a verb, the participle never changes regardless of the gender and number of the subject.

haber	-ar	-er	-ir	
he	estudiado	comido	dormido	*(I've studied, eaten, slept)*
has	estudiado	comido	dormido	
ha	estudiado	comido	dormido	
hemos	estudiado	comido	dormido	
habéis	estudiado	comido	dormido	
han	estudiado	comido	dormido	

A written accent mark is required on the **-i-** of the participle when **-er/-ir** infinitive stems end in the vowels **-a, -e,** or **-o: traer** > **traído, leer** > **leído, oír** > **oído.**

These verbs have irregular past participles:

abrir	**abierto**	*opened, open*	romper	**roto**	*broken*
cubrir	**cubierto**	*covered*	ver	**visto**	*seen*
escribir	**escrito**	*written*	volver	**vuelto**	*returned*
morir	**muerto**	*died, dead*	decir	**dicho**	*said, told*
poner	**puesto**	*put, placed*	hacer	**hecho**	*made, done*

Also their derivations show the irregularities:

descubrir	**descubierto**	*discovered*
describir	**descrito**	*described*
devolver	**devuelto**	*given back*

1. Some speakers substitute the present perfect for the preterite when talking about the past. But, the preterite focuses on *completed* past actions while the present perfect bears on the current moment. Compare:

Leí (He leído) el informe hoy.	*I read (have read) the report today.*
Ellos se fueron ayer.	*They left yesterday.*
Gladys no se ha ido todavía.	*Gladys still hasn't left.*

2. In the present tense the expression *acabar de + infinitive* means to have <u>just</u> done something: *Acabo de llegar. I've <u>just</u> arived.* Note that the expression takes the simple present in Spanish, but the present perfect in English.

3. When used as an adjective, the past participle agrees with a noun in gender and number.

Las ventanas están *cerra<u>das</u>*.	*The windows are closed.*
Prefiero la puerta *abiert<u>a</u>*.	*I prefer the door open.*

¡OJO!

Ha abierto el paquete.

Acaba de abrir las cartas.

La correspondencia está abierta.

5.16 Ud. quiere iniciar una conversación con otro(a) compañero(a). Pregúntele si las personas indicadas han hecho las siguientes cosas recientemente.

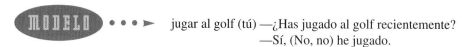

MODELO ● ● ● ►   jugar al golf (tú) —¿Has jugado al golf recientemente?
                                 —Sí, (No, no) he jugado.

1. visitar a la familia (tú)
2. comprar un carro nuevo (Rosalía)
3. comer en un buen restaurante (Uds.)
4. mudarse de casa (los Villa)

5. divertirse mucho hoy (tú)
6. estar en Sudamérica (el /la profesor-a)
7. cambiar de trabajo (David)
8. recibir carta de los amigos (tú)

9. leer un libro interesante (Uds.)
10. oír un buen chiste (tú)
11. irse (los Cabrera)
12. enojarse (Margarita)

5.17 Su compañero(a) es administrador(a) de una oficina y Ud. es su empleado(a). Él (Ella) le pregunta si hizo varias cosas. Ud. le contesta que todavía no las ha hecho. Según el contexto, use los pronombres (in)directos apropiados.

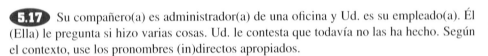 ● ● ● ► —¿Pusiste los papeles en orden?
—No, todavía no los he puesto en orden.

1. ¿Abriste la correspondencia?
2. ¿Les escribiste a los clientes?
3. ¿Hiciste las fotocopias?
4. ¿Viste a la representante de Latinoamérica?
5. ¿Le mandaste los pedidos al Sr. Ferrer?
6. ¿Le dijiste el precio a él?
7. ¿Depositaste *(deposit)* el dinero en el banco?
8. ¿Me trajiste los recibos?
9. ¿Les devolviste el informe a los empleados?
10. ¿Me tradujiste la carta? (traducir)

5.18 ¿Qué hemos hecho? Diga tres cosas que cada una de estas personas ha hecho o no ha hecho recientemente.

1. En la clase nosotros _____, _____, _____.
2. En casa mi familia _____, _____, _____.
3. En el trabajo yo _____, _____, _____.

5.19 Observen Uds. al (a la) profesor(a) unos segundos y después háganse cinco preguntas sobre lo que él (ella) acaba de hacer.

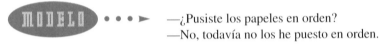 ● ● ● ► —¿Acaba de explicar la lección el profesor?
—Sí, (No, no) acaba de explicarla.

5.20 Ud. quiere saber si su compañero(a) ha lavado varias prendas de ropa. Hágale no menos de ocho preguntas con diferentes prendas. Él (Ella) debe contestarle si están o no lavadas.

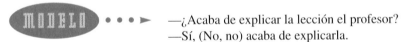 ● ● ● ► —¿Has lavado los pantalones?
—Sí, (No, no) están lavados.

5.21 Ud. tiene varias prendas de ropa rotas y quiere saber si su compañero(a) se las ha cosido *(sewed).* Él (Ella) le contesta si están cosidas o no.

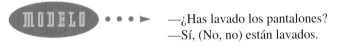 ● ● ● ► —¿Me has cosido el botón?
—Sí, (No, no) está cosido.

Vamos a leer

Estrategias . . . .

Tres elementos esenciales en los cuentos son los personajes, el argumento *(plot)* y el tema. El autor puede describirnos los personajes en detalle o permitirnos inferir sus personalidades por medio del diálogo o las interacciones entre ellos mismos al enfrentar *(to face)* un problema. El tema es el mensaje que el autor nos quiere dejar. Aquí se reflejan sus ideas y percepciones del mundo. Al leer el siguiente cuento note Ud. las descripciones y acciones de los personajes y cómo estos sirven para destacar el tema.

La camisa de Margarita*

Ricardo Palma (1833–1919)
Adaptación

Margarita's nightgown. In the colonial period a woman's *camisa* was a long cotton or linen undergarment. Worn under the dress in daytime, it served as a nightgown in the evening.

Ricardo Palma (1833–1919) nació en Lima, Perú, y fue director de la Biblioteca Nacional. Su fama en la literatura se debe especialmente a sus *Tradiciones peruanas,* en las que combina anécdotas, documentos históricos, sátira social y humor. Basándose en esos elementos Palma crea un cuento original como *La camisa de Margarita.*

los encajes
de Flandes

el cordoncillo
de brillantes

have heard / old ladies

      Probable es que algunos de mis lectores hayan oído° decir a las viejas° de Lima, cuando quieren protestar del precio muy alto de un artículo:

«¡Qué! Si esto es más caro que la camisa de Margarita Pareja». Yo tenía curiosidad de
saber quién fue esa Margarita cuyo° camisa era tan famosa, y en un periódico de Madrid   *whose*
descubrí un artículo que cuenta la historia que van ustedes a leer.

Margarita Pareja era (por los años de 1765) la hija más mimada° de don Raimundo   *pampered*
Pareja, colector general° del Callao. La muchacha era una de esas limeñitas° que por su   *tax collector / jóvenes de Lima*
belleza cautivan al mismo diablo° y lo hacen persignarse° y tirar piedras. Lucía un par de   *devil / to make the sign of the cross*
ojos negros que eran como dos torpedos cargados con dinamita y que hacían explosión en
el alma de todos los jóvenes limeños.

Llegó por entonces de España un arrogante joven, llamado don Luis Alcázar. Tenía en
Lima un tío solterón° que era rico y muy orgulloso.° Hasta heredar de su tío, nuestro don   *old bachelor / proud*
Luis vivía tan pobre como una rata.

En la procesión de Santa Rosa conoció Alcázar a la linda Margarita. La muchacha le
llenó el ojo° y le flechó el corazón.° Él le regaló flores, aunque ella no le contestó ni sí ni   *dazzled him / pierced with an arrow*
no, pero dio a entender con sus sonrisas y demás armas del arsenal femenino que le
gustaba. Y la verdad que los dos se enamoraron hasta la raíz del pelo.°   *head over heels (to their very hair roots) / lovers*

Como los amantes° olvidan que existe la aritmética, creyó don Luis que para casarse
con Margarita no sería obstáculo su presente pobreza, y fue al padre de Margarita y sin
vacilar le pidió la mano de su hija. A don Raimundo no le cayó muy bien la petición, y
cortésmente despidió al joven, diciéndole que Margarita era aún muy niña para tomar
marido, pues, a pesar de sus diez y ocho años todavía jugaba con muñecas.°   *dolls*

Pero no era ésta la verdadera razón, sino que don Raimundo no quería ser suegro de un
pobretón;° y así se lo dijo en confianza a sus amigos, uno de los cuales fue con el chisme°   *muy pobre / gossip*
a don Honorato, que así se llamaba el tío aragonés.° Éste que era más orgulloso que el Cid,   *from Aragón, España*
trinó de rabia° y dijo: *fumed with anger*

—¡Qué! ¡Desairar° a mi sobrino! Muchos se alegrarían de casar a su hija con el   *To snub*
muchacho pues no hay uno más gallardo° en toda Lima. ¡Qué insolencia! ¿Qué se cree ese   *galante*
colectorcito de mala muerte?°   *crummy little collector*

Margarita, nerviosa como una damisela° de hoy, gimoteó, se arrancó° el pelo y tuvo   *una joven / whined / pulled out*
pataleta.° Perdía colores y carnes y desmejoraba.°   *threw a fit / perdía peso y se enfermaba*

—¡O de Luis o de Dios! —gritaba cada vez que se ponía nerviosa, lo que ocurría cada
hora. El padre se alarmó, llamó a médicos y curanderas° y todos declararon que el único   *healers*
remedio no se vendía en la botica.°   *farmacia*

Don Raimundo (¡al fin padre!), olvidándose de coger° capa y bastón, se encaminó   *tomar*
como loco a casa de don Honorato, y le dijo:

—Vengo a que consienta usted en que mañana mismo se case su sobrino con Margarita, porque si no la muchacha se nos va a morir.

—No puede ser —contestó desinteresadamente el tío—. Mi sobrino es un *pobretón,* y
lo que usted debe buscar para su hija es un hombre rico.

El diálogo fue violento. Mientras más rogaba° don Raimundo, más se obstinaba don   *begged*
Honorato. El padre iba a retirarse sin esperanzas, cuando don Luis apareció y dijo:

—Pero, tío, no es de cristianos que matemos a quien no tiene la culpa.

—¿Tú te das por satisfecho?

—De todo corazón, tío y señor.

—Pues bien, muchacho, consiento en darte gusto; pero con una condición, y es ésta:
don Raimundo tiene que jurarme° que no regalará un centavo a su hija ni le dejará un real°   *to swear / small silver coin*
en herencia.

Aquí empezó nueva y más agitada discusión.

—Pero, hombre — arguyó° don Raimundo—, mi hija tiene veinte duros de dote.°

—Renunciamos a la dote. La niña vendrá a casa de su marido nada más que con la ropa que lleve puesta.°

—Concédame usted entonces darle los muebles y el ajuar° de novia.

—Ni un alfiler.° Si no le gusta, olvídese de todo y que se muera la chica.

—Sea° usted razonable, don Honorato. Mi hija necesita llevar por lo menos una camisa para reemplazar la puesta.

—Bien; consiento en que le regale la camisa de novia y sanseacabó.°

Al día siguiente don Raimundo y don Honorato fueron muy temprano a la iglesia de San Francisco y en el momento en que el sacerdote° elevaba la Hostia divina,° dijo el padre de Margarita:

—Juro no dar a mi hija más que la camisa de novia. Así Dios me condene si no digo la verdad.

Y don Raimundo Pareja cumplió su juramento, porque ni en vida ni en muerte dio después a su hija cosa que valiera° un centavo.

Los encajes de Flandes que adornaban la camisa de la novia costaron dos mil setecientos duros. El cordoncillo que adjustaba al cuello era una cadena de brillantes que valía treinta mil duros.

Los recién casados hicieron creer al tío que la camisa no valía mucho; porque don Honorato era tan testarudo° que al saber la verdad habría forzado al sobrino a divorciarse.

Debemos convenir en que fue muy merecida° la fama que tuvo la camisa nupcial de Margarita Pareja.

argued / silver coins as dowry

she is wearing
trousseau
pin
Be ...!

eso es todo

priest / Holy Eucharist

was worth

inflexible
deserved

5.22 Conteste las preguntas.

1. ¿Cómo era Margarita Pareja? ¿Qué impacto tenía ellas en los jóvenes?
2. ¿Cómo era Luis Alcázar? ¿Cómo vivía él? ¿Hasta cuándo iba a vivir así?
3. ¿Qué ocurrió entre Luis y Margarita?
4. En realidad, ¿qué pensaba don Raimundo de Luis?
5. ¿Cómo reaccionó don Honorato al oír lo que don Raimundo opinaba sobre su sobrino Luis?
6. ¿Qué hizo Margarita cuando supo que no podía casarse con Luis?
7. ¿A quiénes trajo don Raimundo a casa? ¿Qué dijeron?
8. ¿Para qué fue don Raimundo a ver a don Honorato?
9. ¿Cómo reaccionó don Honorato?
10. ¿Qué opinión expresó Luis?
11. ¿Qué tenía que jurar don Raimundo?
12. Por fin, ¿cuál era la única cosa que don Raimundo podía regalarle a su hija?
13. ¿Cómo era ese regalo?
14. ¿Qué le hicieron creer los recién casados a don Honorato?
15. ¿Cuál es la ironía o contradicción en el regalo?

5.23 Hagan una lista de las descripciones (adjetivos) y acciones (verbos) más significativas para los distintos personajes. Luego discutan Uds. cómo se refleja el tema del honor en las descripciones y las acciones de don Honorato, don Raimundo, Luis y Margarita. Decidan quién es el más orgulloso e inflexible y quién el menos. Expliquen por qué.

5.24 Imagínense que su hija quiere casarse con un hombre pobre. ¿Cómo reaccionarían Uds.? Mencionen no menos de cinco reacciones

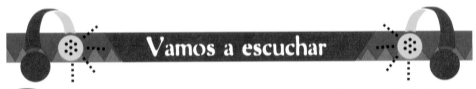

Vamos a escuchar

5.25 When listening to a conversation or presentation you often screen the information and choose between what is important and not. Making mental and written notes will help you remember the salient points you need to recall later.

Antes de escuchar las dos narraciones siguientes, lea Ud. las preguntas correspondientes a cada una. Después escuche cada narración en su disco compacto, escribiendo la información más importante y finalmente conteste las preguntas.

Ahora escuche mientras Jennifer Díaz, periodista para la televisión, describe los detalles de la ropa que llevará este año. Marque la ropa elegida.

1. Jennifer llevará _____
   a. chaqueta y pantalón
   b. vestido de maxifalda
   c. traje de minifalda
2. Ella preferirá el color _____
   a. amararillo
   b. negro
   c. ninguno de esos dos colores
3. En el invierno ella se pondrá _____
   a. suéter de lana
   b. chaqueta con zipper
   c. abrigo y botas
4. A Jenifer le resultará más práctico combinar _____
   a. los zapatos con los vestidos
   b. las chaquetas con las faldas
   c. las blusas con las faldas
5. A Jennifer le fascinan _____
   a. los accesorios
   b. las sandalias
   c. los collares extravagantes

Ahora escuche mientras el profesor Antonio Núñez, de origen peruano, le da unos consejos a su colega en cuanto a la ropa. El colega es norteamericano y enseñará en Perú el semestre próximo. Luego podrá responder a estas preguntas.

1. ¿De qué dependerá el vestirse?
2. ¿Qué ropa llevarán los profesores de comercio? ¿Y los de humanidades?
3. ¿Cómo se vestirán los hombre y las mujeres en los bancos y las oficinas?
4. ¿Cómo les gustará vestirse a los jóvenes?
5. ¿Qué camisas y suéteres les interesan a los jóvenes?

Vamos a hablar

5.26 Imagínese que Ud. quiere abrir un negocio de importación y exportación de ropa y accesorios. Decida qué artículos exportará de los Estados Unidos a Latinoamérica y cuáles importará de allí. Mencione la tela, el material, los diseños y los colores. Indique qué les diría a sus surtidores *(suppliers)* y clientes para hacer buenos negocios. Luego Ud. y su compañero(a) compartan y modifiquen sus selecciones y publicidad para abrir el negocio juntos.

Vamos a escribir

5.27 Muchos escritores y profesionales mantienen un diario *(journal)* donde describen los recuerdos de sus observaciones y actividades diarias. Esta semana comience un diario donde hace esbozos o *sketches* de amigos, compañeros o personas extrañas *(strangers)* que le han llamado la atención a Ud. Escriba todos los días durante 15 minutos. Incluya la ropa y los accesorios que los individuos llevaban y lo que Ud. ha pensado u opinado de eso. Mencione las acciones más notables que han hecho ellos.

http://www.harcourtcollege.com/spanish/saludosrecuerdos

Vamos a explorar el ciberespacio

Hay muchos sitios de interés en la Red Mundial (World Wide Web) que explican mucho sobre la cultura del mundo hispano. Vaya a http://www.harcourtcollege.com/spanish/ saludosrecuerdos, explore la cultura de esta lección y haga las actividades correspondientes.

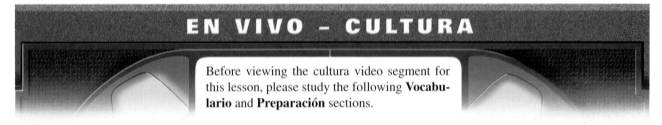

EN VIVO – CULTURA

Before viewing the cultura video segment for this lesson, please study the following **Vocabulario** and **Preparación** sections.

Los Andes

Antes de ver el video, estudie el **Vocabulario para el video** y la sección de **Preparación.** Luego vea el video (más de una vez si es necesario) y haga los ejercicios de **Comprensión.**

Vocabulario para el video

el alimento	*food*
la altura	*altitude*
antiguo	*old, ancient, antique*
bello	*beautiful*
la belleza	*beauty*
cerca	*near*
cubierto	*covered*
ecuatoriano	*Ecuatorian*
entrelazarse	*to intertwine*
guardar	*to guard*
la herencia	*heritage*
la iglesia	*church*
indígena	*indigenous, native*
el lago	*lake*
lleno	*full*
la nieve	*snow*
el occidente	*west*
el sol	*sun*
el sur	*south*
varios	*several*

Preparación

Trate de adivinar el significado de las siguientes palabras. Al mirar el video, subraye cada una al oírla.

capital
comunidad
construcción
contrastes
llama
nativo
navegable
profundo
región

Comprensión

A. Lea las siguientes frases. Después de ver el video, indique C (Cierto) o F (Falso), según lo que comprendió. Corrija las oraciones falsas.

___ **1.** La Paz está a dos mil pies de altura.
___ **2.** Los aimaras son una comunidad indígena más antigua que la inca.
___ **3.** La papa es un alimento nativo de los Andes.
___ **4.** Desde La Paz se puede ver el Cotopaxi cubierto de nieve.
___ **5.** Cuenca es una ciudad boliviana.

B. Conteste las preguntas.

1. ¿Por dónde están los Andes?
2. ¿Cuál es la capital más alta del mundo?
3. ¿Dónde está el lago Titicaca?
4. ¿De qué viven los aimaras?
5. ¿Cuál es la capital del Ecuador?

Lección 6

Mandatos y consejos

The ¡*Recuerdos!* CD-ROM offers additional language practice and cultural information.

¡Adelante!

La terapeuta . . . .

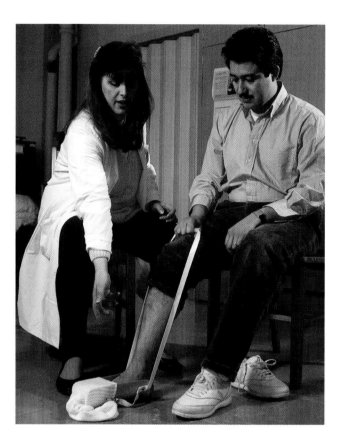

Marisa Soto, terapeuta, atiende a René Toledo, un joven paciente deportista, que hace poco tuvo un accidente.

MARISA:	Hola, ¿qué tal?
RENÉ:	No muy bien. Me herí° la rodilla derecha, jugando al fútbol.
MARISA:	¿Y cuánto tiempo hace que te lastimaste la rodilla?
RENÉ:	Hace una semana.
MARISA:	Dime exactamente cómo te heriste.
RENÉ:	Pues, tropecé° con otro jugador. Se me torció la pierna y me caí.°
MARISA:	Me parece que te lastimaste un ligamento. ¿Te sacó rayos X el especialista o te hizo una resonancia magnética?°
RENÉ:	Me hizo la resonancia magnética y ésta mostraba un ligamento herido en la rodilla.
MARISA:	Ajá, . . . de acuerdo. ¿Y te pones hielo en la rodilla?
RENÉ:	Sí, me aplico hielo tres veces al día.
MARISA:	Muy bien. Ahora veamos qué movimientos tienes en la rodilla. Por favor, siéntate y endereza la pierna todo lo que puedas. Bien... ahora dobla la pierna.
RENÉ:	Ay, ay... eso sí que me duele.
MARISA:	Basta, no lo hagas más. Descansa mientras te muestro cómo ponerte la abrazadera nueva.

injured, bruised

I tripped/my leg twisted and I fell.

MRI

RENÉ: Gracias. Y los ejercicios para la rodilla, ¿cuándo los empezamos?

MARISA: Empecemos hoy mismo. Toma, aquí tienes las instrucciones para los ejercicios.

RENÉ: Caramba, estás al tanto de todo.

MARISA: Claro. Quiero que mis pacientes se mejoren lo mejor y lo más rápido posible. Nos vemos en dos días, ¿de acuerdo?

RENÉ: Así es, entonces. Hasta pronto.

Compare estas expresiones para no confundirlas y complete las frases con la palabra correcta.

- **herirse (ie)**   *to injure, to wound*
- **lastimarse**   *to bruise, to hurt*

Both verbs overlap in the sense to injure or to hurt.

Esta mañana me _____ la mano un poco. No es nada.
Tuvieron un accidente. Los dos se _____ gravemente.

- **tomar**   *to take, to seize, to drink*
- **llevar**   *to take (someone or something to someplace) to wear*
- **traer**   *to bring*

¿Por qué no _____ el traje al baile?
Debes _____ esta medicina dos veces al día.
¿Qué quieres de la farmacia? Yo te lo puedo _____.

- **tiempo**   *Refers to a period of time or weather.*
- **hora**   *Indicates clock time.*
                       Used in the expression: Es hora de + inf. Es hora de comer.
                       It's time to eat.
- **vez (veces)** *Signifies turn, or a series of occasions*

¿Cuántas _____ a la semana vas al supermercado?
Ya es tarde. Es _____ de acostarnos.
¿Qué _____ hace en Chile de junio a agosto?
En aquel _____ no había tantas medicinas como hoy diá.

Actividades

6.1 Hágale preguntas a su compañero(a) sobre la conversación anterior. Él /Ella debe contestarle según el contexto. Escoja la palabra interrogativa correcta a continuación.

qué   cuál   cuánto(a)(os)(as)   quién   cuándo

1. ¿ A _____ atiende Marisa?
2. ¿ _____ tiempo hace que se hirió él?
3. ¿ Con _____ tropezó René?
4. ¿ _____ se le torció a René?
5. ¿ _____ le hizo la resonancia (el MRI)?
6. ¿ _____ veces se pone hielo René?

7. ¿ _____ le duele la rodilla, mucho o poco?
8. ¿ _____ le muestra Marisa a René?
9. ¿ _____ empieza los ejercicios René?
10. ¿ _____ se verán René y Marisa otra vez?

6.2 Explique el problema de cada paciente a su compañero(a). Él / Ella le dirá adonde debe ir el (la) paciente, refiriéndose al anuncio.

1. Gustavo está triste. Tiene mucho estrés en el trabajo. Sufre de depresión.
2. La Sra. Serra tuvo un ataque de corazón. Ella requiere terapia.
3. A Nelson le duelen mucho los pies. Necesita cirugía del pie izquierdo.

CENTRO DE ORTOPEDIA
TRAUMATOLOGIA Y PODOLOGIA
(medicina y cirugia del pie)
Cirugía Ambulatoria y Cirugía General

Consultas en: Hospitalización, Rayos X, Laboratorio Clínico, Rehabilitación
Consultas Especializadas: Medicina Interna, Cardiología, Reumatología
Traumatología y Ortopedia, Neurocirugía
Otorrinolaringología, Psiquiatría, Ecografía
Dr. ALBERTO J. GOMEZ H.
Traumatología, Ortopedia Infantil y de Adultos, Enfermedades
y Cirugía del Pie, Metatarsalgias en General, Deformidades de los Dedos,
Juanetes, Estudio de la Marcha y Tratamiento (Cinética),
Botas y Calzados Funcionales, Correctores No Ortopédicos.
Plantillas Especiales Correctoras. Método de la Escuela Francesa
Dr. LUIS MIGUEL GOMEZ M.
Medicina y Cirugía del Pie, Tratamiento del Pie Doloroso,
Ortopedia Infantil y de Adultos, Deformidades de los Dedos,
Metatarsalgias, Juanetes, Pulverización, Terapia con Láser

Telfs.: (02) 52.7578 - 52.2697 - 52.2797
Central Directo: 52.3297
Celulares: (014) 27.3873 - 24.1569
Av. Eraso, San Bernardino (1/2 cuadra antes del Centro Médico)

CLINICA LA RIBERA

Especializada en Psiquiatría
y Psicoterapia

TRATAMIENTOS DE DEPRESION - STRESS - ANSIEDAD - ALCOHOL
DROGAS - TRASTORNOS DE CONDUCTA
TRATAMIENTOS AMBULATORIOS - HOSPITALIZACION - EMERGENCIAS
EVALUACION FISICA - LABORATORIO
☎ **(02) 283.5061 - Celular: (014) 25.3029**
Novena Transversal Los Palos Grandes, Calle San Luis, entre 4a. y 5a. Avenidas
Quinta La Ribera, Caracas

POLICLINICA
MENDEZ GIMON
Máster 793.1622 - Emergencias: 794.1728
Administración: 793.6769 - 794.0568 - Fax: 793.2645
EMERGENCIA 24 HORAS
ESPECIALIDADES

- ANESTESIOLOGIA
- CARDIOLOGIA
- CIRUGIA DE VIAS DIGESTIVAS
- CIRUGIA DEL TORAX
- CIRUGIA GENERAL
- CIRUGIA GINECOLOGICA
- CIRUGIA MAXILOFACIAL
- CIRUGIA ONCOLOGICA
- CIRUGIA PLASTICA-ESTETICA
  Y RECONSTRUCTIVA

- DERMATOLOGIA
- ENDOCRINOLOGIA
- FISIATRIA
- GASTROENTEROLOGIA
- GINECOLOGIA
- MEDICINA INTERNA
- NEFROLOGIA
- NEUROLOGIA CLINICA
- OBSTETRICIA
- ODONTOLOGIA

- OFTALMOLOGIA
- OTORRINOLARINGOLOGIA
- PEDIATRIA
- RADIOLOGIA
- REUMATOLOGIA
- TERAPIA INTENSIVA
- NEUMONOLOGIA
- TRAUMATOLOGIA
  Y ORTOPEDIA
- UROLOGIA

HOSPITALIZACION, CIRUGIA Y MATERNIDAD
EMERGENCIAS LAS 24 HORAS - TERAPIA INTENSIVA
BANCO DE SANGRE - LABORATORIO - RADIOLOGIA
ULTRASONIDO - ANATOMIA PATOLOGICA
ELECTROENCEFALOGRAFIA
Av. Andrés Bello entre Las Palmas y Los Manolos, Los Caobos

Las instituciones para curarse

Las instituciones para curar a los enfermos varían de un país a otro, pero en Latinoamérica existen por lo menos tres tipos distintos. Primero, hay clínicas privadas que cobran° cuotas y ofrecen un servicio excelente. Algunas de estas clínicas fueron fundadas por grupos específicos como alemanes, españoles o miembros de un gremio°, pero hoy día atienden a todos los pacientes. Segundo, existen los hospitales públicos que ofrecen un servicio variado donde el paciente no paga o paga parte de los gastos y el gobierno se encarga° del resto. El enfermo tiene la opción de quedarse en un cuarto privado o en un cuarto para dos. Los pacientes que tienen menos dinero se quedan en salas comunes en las que atienden a unos quince pacientes. Además, hay hospitales para las distintas profesiones, militares y policías, que también atienden a los familiares de ellos. Todas las personas aún pobres y sin recursos°, pueden ir a centros de primeros auxilios, donde los jóvenes médicos los atienden sin tener que pagar.

charge

guild

takes charge

resources

Por lo general, se cree que el médico hispano es más amistoso y personal que el médico norteamericano. Es decir, dedica más tiempo a sus pacientes. Todavía en muchas partes de Latinoamérica el médico visita al paciente en casa y receta las medicinas apropiadas.

En contraste con los norteamericanos, que dependen de píldoras o medicamentos para aliviar° los dolores y las aflicciones, los hispanos están más dispuestos a usar plantas medicinales. Es interesante notar que hoy día estudios de laboratorio indican que ciertas frutas pueden combatir varias de las enfermedades más graves.

relieve

Hay que notar que la tecnología médica, más avanzada en Estados Unidos que en otros países, atrae° a estudiantes médicos que luego no quieren regresar a sus países porque allí no pueden poner en práctica sus conocimientos. También, la tecnología ha complicado las relaciones entre el médico y sus pacientes. Los nuevos equipos llevan tiempo para explicárselos al paciente y muchas veces no hay suficiente tiempo para eso. Igualmente, en algunos hospitales norteamericanos, la necesidad de mantener ciertas cuotas de productividad, en combinación con el enorme papeleo° que requieren el gobierno y las compañías de seguro, crean un ambiente° impersonal.

attracts

red tape

environment

continues

CULTURA

En fin, es importante recordar las contribuciones de los médicos a nuestra salud. Entre los médicos latinos, ganadores del Premio Nobel, se encuentran: Barul Benacerrat, patólogo, nacido en Venezuela; Severo Ochoa, bioquímico nacido en España; y Mario Molina, especialista en el medio ambiente, nacido en México.

Expand your cultural understanding, visit the *¡Saludos/ Recuerdos!* World Wide Web site
http://www.harcourtcollege.com/spanish/saludosrecuerdos

6.3 Indique *cierto* (C), *falso* (F) o *no se sabe* (NS). Si la frase es falsa corríjala *(correct it)*.

1. Las instituciones para los enfermos son iguales en Latinoamérica. _____
2. Las clínicas privadas cobran cuotas semanales. _____
3. Algunas clínicas fueron fundadas por grupos específicos. _____
4. Las personas con poco dinero van a los centros de primeros auxilios. _____
5. El hispano depende exclusivamente de las píldoras y medicamentos. _____
6. La tecnología médica está más avanzada en Europa que en América. _____
7. Por lo general se cree que el médico norteamericano es más amistoso y personal que el latinoamericano. _____
8. Las cuotas de productividad y el papeleo crean un ambiente personal. _____

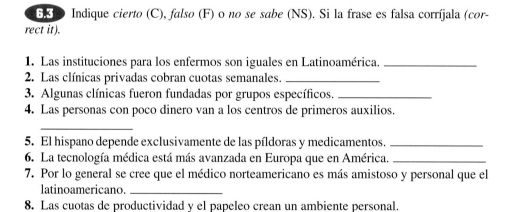

Curiosidad

El español tiene diferentes nombres para las partes del cuerpo de seres humanos y no humanos. He aquí *(Here is)* algunas distinciones.

humano	animal o no-humano
la espalda	el lomo: el lomo del libro o del animal
el cuello	el pescuezo
el pie	la pata: la pata de la mesa o del animal
la piel *(skin)*	el pellejo
el pecho *(chest)*	la pechuga: la pechuga del pollo, del pavo

RECUERDOS DE...

Chile y Paraguay ....

Chile

Área: 736.902 km^2

Población: 15.086.000 habitantes

Gobierno: República

Ciudades principales: Santiago, la capital, 5.076.808; Concepción, 350.268; Viña del Mar, 322.220; Valparaíso, 282.168.

Idioma(s): (oficial) español; además se hablan mapuche, quechua, aymara y otros.

Unidad monetaria: el peso $

Industria: productos minerales, químicos y del petróleo; frutas y vegetales

Fiestas públicas: Además de las fiestas tradicionales se celebra el 18 de septiembre; Día de la Independencia Nacional

El volcán Osorno, en los Andes chilenos.

Las impresionantes estatuas de la isla de Pascua, Chile.

Paraguay

Área: 406.752 km²

Población: 5.089.000 habitantes

Gobierno: República

Ciudades principales: Asunción, la capital, 1.107.000; Ciudad del Este, 133.893; San Lorenzo, 133.311

Idiomas oficiales: español y guaraní

Unidad monitaria: el Guaraní

Industria: algodón, soya, madera, carne procesada

Fiestas publicas: además de las fiestas religiosas, se celebran el 14 de mayo, Día la Independencia, y el 12 de junio, Día de la Paz del Chaco

Vista panorámica de Asunción, Paraguay.

For a companion reading with exercises on the country covered in this feature, go to Lección 6 in the Student Activities Manual.

Verbos

aconsejar	*to advise*
apagar	*to turn off (light, appliances)*
aliviar	*to relieve*
aplicarse	*to apply*
apoyar	*to support*
atender (ie)	*to attend to*
atraer	*to attrack*
caerse (me caigo)	*to fall down*
cobrar	*to collect (money), charge*
crear	*to create*
cuidar	*to take care of*
curar	*to cure*
dejar	*to leave (something behind)*
doler	*to ache*
enderezar (enderezo)	*to straighten*
exigir (exijo)	*to require*

experimentar	*to experience*
gritar	*to shout*
herirse (ie)	*to injure, to be wounded*
lastimarse	*to bruise, to hurt*
mejorarse	*to get better*
mojarse	*to get wet*
mostrar (ue)	*to show*
prender	*to turn on (appliance)*
recomendar (ie)	*to recommend*
respirar	*to breathe*
sacarse	*to take out*
sugerir (ie)	*to suggest*
torcerse (ue) (tuerzo)	*to twist*
tratar de	*to try to, to deal with*

Sustantivos

la abrazadera	*brace*
el consejo	*advice*
el dolor	*pain*
el equipo	*equipment*
el hielo	*ice*
el hombro	*shoulder*
la máquina	*machine*
el movimiento	*movement*

el peso	*weight*
la pierna	*leg*
la rehabilitación	*rehabilitation*
el, la terapeuta	*therapist*
la rodilla	*knee*
el tratamiento	*treatment*
la venda	*bandage*

Adjetivos

duro(a)	*hard*
herido(a)	*hurt, injured*

EN VIVO – VIÑETA

> Before viewing the video vignette segment for this lesson, please study the following **Vocabulario** and **Preparación** sections.

En el consultorio

Antes de ver el video, estudie el **Vocabulario para el video** y la seccíon de **Preparación**. Luego vea el video (más de una vez si es necesario) y haga los ejercicios de **Comprensión**.

Vocabulario para el video

bueno	*well*	profundo	*deeply*
cuidar	*to take care of*	opinar	*to think*
débil	*weak*	¡Qué va!	*No way!*
la escuela	*(elementary) school*	recetar	*to prescribe*
estar resfriado	*to have a cold*	el remedio	*medicine*
la fiebre	*fever*	la sala de	*waiting*
la gripe	*flu*	espera	*room*
el muchacho	*boy*	sano	*healthy*
la paleta	*lollipop*	el síntoma	*symptom*
por lo menos	*at least*		

Preparación

Haga una lista de palabras o frases que esperaría oír o decir al examinarlo(la) un(a) doctor(a) y subraye las que oye al mirar el video.

Comprensión

A. Relacione el nombre de la persona con lo que dice en el video.

a. Lucas   b. Teresa   c. el doctor Guevara

___ **1.** Creo que esperar en la sala de espera es peor que estar enfermo.
___ **2.** Oye, por lo menos no estás resfriado.
___ **3.** ¿Tienes fiebre o dolor de cabeza?
___ **4.** ¿Qué opinas tú, Teresa?
___ **5.** Ahora sí que tengo fiebre.

B. Conteste las preguntas.

1. ¿Qué enfermedad tenía Lucas?
2. ¿Dice Lucas que ya está sano o que está enfermo todavía?
3. ¿Qué «remedio» le receta el doctor Guevara?
4. ¿Por qué se pone triste Lucas?
5. ¿Por qué se sonríe finalmente Lucas?

 I. Los mandatos

To give direct commands

A. Los mandatos formales.

1. Commands convey an order directly in few words: *Think!, Please, sit down!* To form the **Ud.** command, replace the **-o** of the first person singular (present tense) with **-e** for **-ar** verbs, and with **-a** for **-er /-ir** verbs. For the plural, **Uds.,** add **-n** after the final vowel. If there is an irregularity in the first person of the verb, the irregularity will also appear in the formal commands.

infinitive	1st person sing.	Ud. command	Uds. command
pensar	pienso	piens*e*	piens*en*
pedir	pido	pid*a*	pid*an*
dormir	duermo	duerm*a*	duerm*an*
decir	digo	dig*a*	dig*an*
seguir	sigo	sig*a*	sig*an*
hacer	hago	hag*a*	hag*an*
ver	veo	ve*a*	ve*an*

2. Some verbs have spelling changes in the stem to preserve the consonant sound of the infinitive. These include verbs ending in:

-car,	**c > que**	buscar	**busque(n)**
-gar,	**g > gue**	jugar	**juegue(n)**
-zar,	**z > ce**	empezar	**empiece(n)**
-ger, -gir	**g > j**	escoger	**escoja(n)**
		dirigir	**dirija(n)**

3. Five verbs have irregular formal commands. These are **saber** and verbs with the first-person ending in **-oy.**

saber (sé)	**sepa(n)**
dar (doy)	**dé, den**
estar (estoy)	**esté(n)**
ir (voy)	**vaya(n)**
ser (soy)	**sea(n)**

4. Object pronouns follow and are attached to affirmative commands and require a written accent mark on the stressed syllable.

sentarse	me <u>sien</u>to > ¡Sié<u>n</u>tese!
decir	<u>di</u>go > ¡Díganmelo!

In negative commands object pronouns precede the command.

¡No <u>se</u> siente!   ¡No <u>me lo</u> digan!

6.4 Ud. está indeciso hoy. Pregúntele a su compañero(a) si Ud. tiene que hacer las siguientes cosas.

MODELO • • • ▶ regresar —¿Tengo que regresar?
—Sí, regrese (Ud.).

trabajar, abrir, cerrar, leer, jugar, empezar, tocar, pedir, estar aquí, ser más tolerante, escoger

6.5 Ud. y su compañero(a) quieren saber si deben hacer las siguientes cosas. Túrnense para hacerles las preguntas a otro(a) compañero(a).

MODELO • • • ▶ levantarse *Uds.*: ¿Debemos levantarnos?
Su compañero(a): Sí, levántense (Uds.)

quedarse, sentarse, dormirse, traerlo, dárselo, decírselo, seguirlos, saberlo, irse

Ahora repitan la actividad anterior, pero usen mandatos negativos.

MODELO • • • ▶ —¿Debemos levantarnos?
—No, no se levanten.

6.6 Formen grupos de tres y hagan su versión de *El librito de instrucciones de la vida (Life's Little Instruction Book)*. Den no menos de diez mandatos en la forma de *Ud*. Luego comparen su lista con otro grupo y decidan cuáles son las diez instrucciones más importantes y compártanlas con la clase.

MODELO • • • ▶ Saque (Ud.) muchas fotos.
No pierda la oportunidad de decirle a alguien que lo (la) quiere.

B. Los mandatos con *nosotros*

1. In a **nosotros** command the speaker asks others to join him (her) in an activity. This corresponds to the English *Let's* + *verb: Let's leave. Let's sit down*. To form the **nosotros** command, add *-mos* to the singular command. No stem changes occur in **-ar / -er** verbs here, but **-ir** stem-changing verbs reduce to one vowel: **e > i** and **o > u**.

¡Espere Ud.!	>¡Esperemos!	¡No esperemos!
¡Coma!	>¡Comamos!	¡No comamos!
¡Pídalo!	>¡Pidámoslo!	¡No lo pidamos!
¡Cierre!	>¡Cerremos!	¡No cerremos!
¡Duerma!	>¡Durmamos!	¡No durmamos!
¡Siéntese!	>¡Sentémonos!*	¡No nos sentemos!

*When the pronouns **nos** or **se** are attached to a **nosotros** command, the final **-s** of the verb drops off: **Digámoselo a él.** *Let's say it to him.*

2. In addition, Spanish uses **vamos a** + **infinitive** to express *Let's. . . .*in the affirmative, but in the negative reverts to the command form.

Vamos a esperar. Esperemos.	*Let's wait.*	No esperemos.
Vamos a quedarnos. Quedémonos.	*Let's stay.*	No nos quedemos.

3. For **ir(se)** speakers say: **vamos...** in positive commands.

		Negative
Vamos de compras.	*Let's go shopping.*	No vayamos de compras.
Vámonos.	*Let's go.*	No nos vayamos.

6.7 Ud. quiere saber si su compañero(a) va a acompañarlo(la) en estas actividades.

MODELO • • • ► estudiar—¿Vamos a estudiar?
—Sí, estudiemos.

escuchar un CD, dar un paseo, tocar música, almorzar juntos(as), jugar al baloncesto, recoger las cosas, ver un video

6.8 Pregúntele a su compañero(a) si van a hacer estas actividades juntos(as). Su compañero(a) está indeciso(a) porque primero contesta sí y después no.

MODELO • • • ► sentarse—¿Debemos sentarnos?
—Sí, sentémonos.
—No, no nos sentemos.

levantarse, divertirse, irse, dárselo, decírselo, traerlo, hacerlos

6.9 Imagínese que su compañero(a) vive con Ud. en el mismo apartamento. Hay un poco de fricción entre Uds. dos. Hagan una lista de ocho cosas que deben o no deben hacer para llevarse *(to get along)* bien.

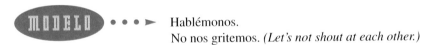

MODELO • • • ► Hablémonos.
No nos gritemos. *(Let's not shout at each other.)*

C. Los mandatos familiares

1. The **tú** affirmative commands have the same form as the third-person singular of the present. As with all commands, object pronouns are attached to the end of affirmatives but precede negatives.

3rd person sing.	**Ana se levanta y abre la puerta.**
	Ana gets up and opens the door.
tú affir. com.	**Ana, por favor levántate y abre la puerta.**
	Ana, please get up and open the door.

2. Some verbs have irregular **tú** affirmative commands:

decir	**di**	salir	**sal**
hacer	**haz**	ser	**sé**
ir	**ve**	tener	**ten**
poner	**pon**	venir	**ven**

3. Negative **tú** commands are the same as the **usted**-form commands, but add **-s.**

formal command	familiar commmand
Conteste (Ud.)	No contestes
Levántese	No te levantes
Dígaselo	No se lo digas
Váyase	No te vayas

6.10 Imagínese que hoy Ud. está cuidando a *(taking care of)* Carlitos, un niñito de cuatro años. Dígale las siguientes instrucciones en la forma familiar.

 •••• ► portarse bien *(to behave)*
¡Pórtate bien, Carlitos!

calmarse, sacar los juguetes, jugar con los carritos, tener cuidado, comer las galletitas, venir conmigo, ir al baño, lavarse los dientes, ponerse el pijama, ser bueno, acostarse, dormirse

6.11 Ahora, dígale a Carlitos que *no* haga las siguientes cosas. Use los pronombres apropiados según el contexto.

 •••• ► no prender la estufa *(not to turn on the stove)*
¡No la prendas!

NO: prender el horno, abrir el refrigerador, comer más dulces, tocar la tostadora, derramar *(spill)* la leche, ver más televisión, ser malo, pedirme más caramelos, decirme malas palabras, jugar con el teléfono

 6.12 Dígale a su compañero(a) tres cosas que debe hacer y tres que no debe hacer, usando los mandatos familiares en estas situaciones: *la clase, el gimnasio, el carro, la tienda...*

6.13 Su compañero(a) quiere preparar un aperitivo: una tortilla *(omelet)*, una salsa *(dip)* u otro plato. Dígale qué ingredientes debe usar y cómo debe proceder, usando los mandatos familiares. Su compañero(a) tiene que escuchar bien porque después él (ella) le va a repetir la receta para verificarla.

 II. El subjuntivo con pedidos

To express indirect commands

A. Verbs have moods to express the speaker's attitude towards an action. Speakers use the indicative mood to report facts or what they deem to be certain. By contrast, they use the subjunctive mood to make indirect commands or requests. In fact, **Ud./Uds.** and **tú** negative commands use the subjunctive verb forms.

Indicative:
reporting or **informing**

Ellos miran el informe.   *They look at the report.*

Subjunctive:

direct command	indirect command	
¡Mire (Ud.)!	Quiero que Ud. mire.	*I want you to look.*
¡Lean (Uds.)!	Queremos que Uds. lean.	*We want you to read.*
¡Siéntense (Uds.) aquí!	Prefiero que Uds. se sienten aquí.	*We prefer that you sit here.*
¡No te sientes!	Preferimos que no te sientes.	*We prefer that you don't sit.*

1. Note that object pronouns come <u>before</u> the verb in both *affirmative* and *negative* indirect commands.

2. To form the subjunctive, again replace the **-o** of the first person singular (present tense) with **-e** for **-ar** verbs, and with **-a** for **-er /-ir** verbs.

Las formas del subjuntivo

	mirar	hacer	venir
stem	mirø	hagø	vengø
	mire	haga	venga
	mires	hagas	vengas
	mire	haga	venga
	miremos	hagamos	vengamos
	miréis	hagáis	vengáis
	miren	hagan	vengan

3. Stem-changing **-ar** and **-er** verbs keep the same pattern of the present indicative (all forms change except **nosotros** and **vosotros**). The **-ir** verbs also keep their pattern, but have a second stem change (**e > i, o > u**) in the **nosotros** and **vosotros** forms.

recordar (ue):	recuerde, recuerdes, recuerde, recordemos, recordéis, recuerden
entender (ie):	entienda, entiendas, entienda, entendamos, entendáis, entiendan
divertirse (ie):	me divierta, te diviertas, se divierta, nos divirtamos, os divirtáis, se diviertan
dormir (ue):	duerma, duermas, duerma, durmamos, durmáis, duerman
decir (i):	diga, digas, diga, digamos, digáis, digan

4. Spelling-changing verbs maintain their changes.

-zar	z > ce	**empezar:**	empiece...	empecemos...	empiecen
-car	c > que	**practicar:**	practique...	practiquemos...	practiquen
-gar	g > gu	**jugar:**	juegue...	juguemos...	jueguen
-ger / -gir	gi > j	**escoger:**	escoja...	escojamos...	escojan
		exigir (to require):	exija...	exijamos...	exijan

5. **Hay** (haber), **saber** and **-oy** ending verbs are also irregular in the present subjunctive.

estar (estoy)	esté, estés, esté, estemos, estéis, estén
dar (doy)	dé, des, dé, demos, deis, den
ir (voy)	vaya, vayas, vaya, vayamos, vayáis, vayan
ser (soy	sea, seas, sea, seamos, seáis, sean
saber (sé)	sepa... sepamos... sepan
haber (hay)	haya... hayamos... hayan

B. The subjunctive generally occurs in sentences with two clauses connected by **que.** The <u>main</u> clause expresses a request that someone do something. Requests are the most frequent cues to the subjunctive in the <u>subordinante</u> clause. If there is no **que** (or change of subject) the infinitive follows.

<u>Request + **que**</u>
Change of subject

Quiero **que** te quedes. *I want you to stay.*
(I)   (you)
Es necesario **que** te quedes. *It's necessary for you to stay.*
(it)   (you)

<u>No **que** or change of subject</u>

Quiero quedarme.   *I want to stay.*
Es necesario quedarme.   *It's necessary for me to stay.*

Verbs or expressions of request that cue the subjunctive include:

querer que
preferir que
desear que
necesitar que
es importante que
es preciso (necesario) que
es urgente que

C. Many request expressions take an indirect object pronoun. This pronoun refers to the subject of the subjunctive verb.

Te recomiendo que lo **hagas.**	*I recommend you do it.*
Le sugiero a él que no lo **haga.**	*I suggest (that) he not do it.*
Me aconsejan que lo **haga.**	*They advise me to do it.*
Nos piden que no lo **hagamos.**	*They ask us no to do it.*

¡OJO!

1. Note above that English has different ways of translating the Spanish subjunctive. The English main verb could cue an infinitive . . . *to do.* . . . or the subjunctive . . . *he (she) do.* . . .

2. Speakers use *decir que + subjunctive* when they request someone to do something. Otherwise they use the indicative to inform or report.

Le dice al hijo que se quede. *He's telling his son to stay.*

Le dice que el hijo se queda. *She's telling him that their son is staying.*

6.14 **La Dra. Franco es muy exigente cuando se trata de sus pacientes.** Haga el papel de la doctora y exprese sus deseos. Use subjuntivo, infinitivo o indicativo según el contexto.

1. Quiero que el paciente _____ (tomar) la medicina tres veces al día.
2. Prefiero que las enfermeras *(nurses)* _____ (cuidar) al señor.
3. Es preciso _____ (revisar) el informe.
4. Es necesario que tú _____ (estar) en casa unos días más.
5. Les pido que _____ (hacer) ejercicios.
6. Te recomiendo que _____ (empezar) una dieta práctica.
7. Tengo que _____ (examinar) al enfermo.
8. Le aconsejo que _____ (dormir) la siesta.

9. ¡Dígale que _____ (ver) al especialista.
10. Escúchame, te digo que tú _____ (tener) fiebre.
11. Les sugiero que _____ (sacarse) unos rayos X.
12. Le pido que _____ (modificar) su rutina.

6.15 **Ud. quiere saber las preferencias de su compañero(a).** Hágale las preguntas a continuación. Use los infinitivos entre paréntesis como sugerencias.

Ud.	**su compañero(a)**
1. ¿Qué quieres que Jacinto compre? (cocinar, traer, servir, organizar, pagar)	Quiero que Jacinto compre (unos refrescos.)
2. ¿Dónde prefieres que Ciro y Adela estudien? (jugar, comer, dormir, quedarse, sentarse)	Prefiero que estudien (en la bilblioteca.)
3. ¿Cuándo me recomiendas que llame por teléfono? (ver al especialista, hacer ejercicios, empezar a trabajar, mudarse, irse)	Te recomiendo que llames (mañana.)
4. ¿A quién nos aconsejas que ayudemos? (conocer, poder ver, buscar, recoger, seguir)	Les aconsejo a Uds. que ayuden (a Rosa.)

Ahora cambien de papel. Su compañero(a) le hace las preguntas a Ud. Trate de no usar las mismas respuestas.

6.16 **Sugerencias.** Ud. quiere saber qué consejos darían dos de sus compañeros en las siguientes situaciones. Complete Ud. las frases y luego compare sus respuestas con ellos para ver cuáles son iguales.

1. A un(a) estudiante nuevo(a) en la universidad—
   a. Para la clase de matemáticas, te aconsejo que _____, _____ y _____.
   b. Para la clase de inglés, te sugiero que _____, _____ y _____.
   c. Para los exámenes, te recomiendo que _____, _____ y _____.
   d. Para divertirte, es mejor que _____, _____ y _____.

2. A dos compañeros que tienen problemas en el trabajo—
   a. Para no llegar tarde al trabajo, quiero que _____, _____ y _____.
   b. Para terminar el trabajo a tiempo, es preferible que _____, _____, y _____.
   c. Para evitar el estrés, te pido que _____, _____ y _____.
   d. Para ganar más dinero, es preciso _____, _____ y _____.

3. A un(a) compañero(a) que se va a casar—
   a. Para la despedida de soltero(a)...
   b. Para la ceremonia...
   c. Para...
   d. ...

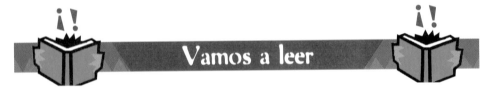

Vamos a leer

Estrategias ·

Por medio de la perspectiva el autor puede controlar cómo el lector reaccionará al leer un cuento. La perspectiva incluye el punto de vista *(point of view)*, el tiempo y el tono. El punto de vista tiene que ver con la persona que narra los sucesos. El usar la primera persona (yo) pone al narrador mismo como participante en el cuento. Éste es el punto de vista que se usa para describir las experiencias personales. La tercera persona (él, ella) establece la distancia entre el narrador y las personas que experimentan *(experience)* los sucesos.

La manera más natural de contar unas experiencias personales es por medio del tiempo pasado. Sin embargo, el autor puede insertar el tiempo presente para darnos la ilusión de que los sucesos están ocurriendo ahora mismo y así tomamos parte en la interpretación de la situación.

El tono nos revela la actitud del autor hacia *(towards)* los sucesos. Es: ¿Formal o informal? ¿Seria o humorística? ¿Amistosa u hostil? ¿Entusiasta o lastimera?

Al leer el cuento *Matiné,* tome Ud. nota de cómo el autor emplea el <u>punto de vista</u>, <u>el tiempo</u> y <u>el tono</u> para demostrarnos su perspectiva. El cuento tiene lugar en Chile, donde ocurren temblores. Un joven ha invitado a una chica a la matiné de un cine. Los dos ven los anuncios y noticiarios *(newsreels)*. Durante el intermedio *(intermission)* compran unos helados y luego regresan a sus asientos para ver la película. ¿Existe esa costumbre o rutina en los cines a que Ud. va? ¿Recuerda Ud. lo que pasó durante su primera cita *(date)* en el cine? ¿Fue divertida, sorprendente o usual?

Matiné
Carlos Ruiz Tagle (1932–1991)

Nacido en Santiago de Chile, Ruiz Tagle estudió agronomía en la Universidad Católica de Chile. Recibió varios premios por sus cuentos innovadores.

had started / curls
estilo de pelo / lamb

esperar
Russian / rompiendo

grupos de corderos
balcony
cursed
spit on us

no curl became undone
no tomé la oportunidad

intermission / invité

donde se compran las entradas
los administradores
la policía

blackheads / novios (en Chile)/
*   annoying (en Chile) / blushed*
dimples
turned off

intrépido

con placer

Nos quedamos

like a soul carried away by the
*   devil/I leaped/temblor pequeño*
very upset . . . deep down/valiente

rápido / I got
pero no quiso

Let go of me

Llegamos cuando ya había empezado° la función. Margarita estaba con rizos° y se veía tan linda como siempre, sólo que ese peinado° le daba una vaga apariencia de cordero° Nos sentamos al lado del pasillo. Lo que menos me importaba eran los noticiarios de actualidad deportiva que daban en esa matiné. Lo que más me importaba era la manera de declararle mi amor a Margarita. Tenía que ser ahora, debía aprovechar la oscuridad. Quizás, me dije, convenga más aguardar° hasta que se inicie la película. Sí, porque era muy difícil conciliar el amor con esa rusa° gigantesca lanzando la jabalina y quebrando° su propio récord olímpico.

En un segundo noticiario aparecieron algunos piños de ovejas° en Tierra del Fuego y toda la platea alta° se puso a gritar "Bee, Beee". Desde abajo, una señora flaca los imprecó° amenazándolos con un paraguas, y les dijo que parecían animales, no niños bien educados. Ante esta reacción, los de arriba comenzaron a escupirnos° y tirarnos monedas.

Margarita puso una mano sobre el brazo del sillón y yo se la tomé. No efectuó ningún movimiento, no se le deshizo ningún bucle° de esa especie de permanente. Fue un gran triunfo de mi parte. Pero después desaproveché° tontamente la erupción de un volcán en la Isla Decepción para declararle mi amor. Cuando se terminaron los noticiarios y empezó el intermedio,° la convidé° a tomar helados. Pero ella no quiso que la llevara de la mano. En la oscuridad sí, pero no en el intermedio: ésa era ley.

La señora flaca que tenía un vestido largo, protestó en la boletería° contra esos maleducados de plata alta. La gerencia° debía hacer algo, reclamaba que llamaran carabineros.°

Terminamos los helados con Margarita y entonces se nos acercaron una niña gordita y otra con espinillas,° acompañadas de sus respectivos pololos.° Eran muy chinchosas,° por todo se enrojaban° y volvían los ojos como actrices de película. A la gorda se le hacían unos hoyitos° en las mejillas cada vez que sonreía.

Volvimos poco antes de que se apagaran° las luces del teatro, y no hallamos asientos mejores que los de antes. Yo le tomé la mano a Margarita. Mientras la película pensé besarla, pero me parecía un proyecto demasiado audaz.° ¿Qué diría Margarita? ¿Qué dirían los que se sentanban en la fila de atrás?

La película era muy vieja y muy romántica. Trataba sobre la vida y los amores de un músico; vida muy larga, amores demasiado breves. Cuando apareció una muchacha esplendorosa que también se llamaba Margarita, observé:

—Es parecida a ti.

Ella sonrío complacida° y se dejó besar por primera vez en mi vida. Creo que también fue su primera vez.

—Dame la otra mano— le dije y me la pasó.

Permanecimos° varias sinfonías del músico, así, tomados de la mano.

Margarita recibía mis besos con cierta complacencia.

—Bésame tú —le ordené.

Y lo hizo suavemente en la mejilla.

—Ahora bésame en la boca —le dije.

Entonces la señora de adelante gritó ¡Temblor, temblor!, y salió como ánima que se lleva el diablo.° Yo también me levanté de un brinco° y corrí hasta la salida. El segundo remezón° fue mucho más suave. Después yo volví sumamente contrariado, odiándome en el fondo,° a sentarme junto a la impávida° Margarita.

—¿Qué te pasó?

Yo dije, confusamente, algo sobre el temblor.

Cuando traté de besarla de nuevo, movió tan ligero° la cara que sólo conseguí° besar el aire. Quise tomarla de la mano, mas ella rehuyó° todo contacto.

—Déjame, ¿quieres?

—Pero, Margarita, mi amor.

—Suéltame,° te digo.

—Margarita,

—No me toques. ¿Y sabes qué, además?

—¿Qué?

Esperó un instante. Con la voz más dura° me dijo:　　　　　　　　　　*harder*

—Que puede venir otro temblor.

6.17 Conteste las preguntas.

1. ¿Cómo estaba Margarita y cómo se veía?
2. ¿Qué era lo que más le importaba al joven?
3. ¿Qué estaba haciendo la atleta rusa en el primer noticiario? ¿Era ese un buen momento para declarar el amor?
4. ¿Qué se pusieron a gritar y hacer los niños de la platea alta *(balcony)?*
5. ¿Cómo describió la señora flaca a los niños?
6. ¿Qué acciones amorosas pudo hacer el joven?
7. ¿De qué trataba *(dealt)* la película?
8. ¿Qué pasó por primera vez en la vida de la pareja *(couple)* joven?
9. ¿Qué gritó la señora flaca? ¿Cómo salió ella del cine?
10. ¿Cómo reaccionó el joven? ¿Tenía miedo o valor él? ¿Y la joven? ¿Cómo reaccionaría Ud.?
11. ¿Cómo se sentía el joven al volver a su asiento?
12. En la opinión de Ud., ¿es cómico o triste el fin del cuento? Explique su respuesta, refiriéndose a líneas específicas en el cuento.

6.18 Con su compañero(a) escriba otro final para el cuento, comenzando con la línea: "Bésame tú —le ordené" El fin puede ser serio / cómico, amistoso / hostil, entusiástico / lamentable. Luego comparen su final con otro grupo y decidan cuál presentarán a la clase.

6.19 Haga Ud. el papel de Margarita y cuente la historia desde su punto de vista (yo). En cambio, su compañero(a) lo hace desde punto de vista del observador(a); por ejemplo, la señora flaca del cuento, usando la tercera persona (él, ella, ellos...). Luego comparen las dos perspectivas.

Vamos a escuchar

6.20 When retelling a conversation you often use the third person; for example: Lidia wants Vicente to do such and such. *(Lidia quiere que Vicente haga tal y tal cosa.)* Recall that Spanish uses **que** + **subjunctive** when giving indirect commands.

Antes de escuchar las dos siguientes conversaciones, lea Ud. las preguntas correspondientes a cada una. Después escuche cada conversación en su disco compacto, escribiendo la información más importante, y finalmente conteste las preguntas.

Ahora escuche mientras Vicente Costa habla con su amiga terapeuta, Lidia.

1. Vicente se lastimó ＿＿＿＿＿＿＿＿.
   a. la pierna　**b.** la rodilla　**c.** el brazo

2. Lidia quiere que Vicente _____.
   a. se saque unos rayos X   b. se ponga hielo   c. se acueste a descansar
3. Ella también le recomienda que _____.
   a. tome aspirinas   b. no camine mucho   c. se ponga una inyección
4. Si Vicente no se mejora, él debe _____.
   a. llamar al médico   b. hacer una cita con el médico   c. a y b
5. Al final Lidia le dice a Vicente que _____.
   a. se quede en cama   b. no vaya al trabajo   c. se mejore

Ahora escuche mientras Diana Tella, terapeuta, habla por teléfono con el Dr. Ortiz respecto a unas órdenes que él dejó para una paciente.

1. ¿Cómo tiene el hombro la paciente?
2. ¿Cuándo quiere el médico que Ma. Luisa empiece los ejercicios?
3. ¿Cuánto peso (weight) prefiere el médico que ella levante?
4. ¿Que le recomienda el médico a Ma. Luisa en cuanto a bañarse?
5. ¿Qué tiene que hacer el médico antes de permitir a Ma. Luisa regresar al trabajo?

Vamos a hablar

6.21 Piense Ud. en cinco o seis mandatos diversos que emplearía en las siguientes situaciones. Después pregúnteles individualmente a dos compañeros qué dirían ellos. Luego comparen sus respuestas para ver cuáles son iguales.

MODELO • • • ▶   un novio con su novia
Dame un abrazo (un beso); no te enojes conmigo, mi amor; sé cariñosa; quiéreme mucho; no te olvides de mí...

1. doctor(a) a un paciente enfermo(a) con resfriado (head cold)
2. abogado(a) a su cliente herido(a) en un accidente de auto
3. padre (madre) a su hijo(a) rebelde
4. entrenador(a) a sus jugadores antes de un partido importantísimo
5. auxiliar de vuelo a un pasajero(a) rudo(a)
6. vecino(a) a sus vecinos ruidosos
7. profesor(a) a sus estudiantes sin ánimo
8. policía a un(a) conductor(a) descuidado(a)
9. ¿... ?

Vamos a escribir

6.22 Su amigo(a) le mandó un e-mail donde le cuenta que tiene mucho trabajo y estrés. Ud. sabe que él (ella) tiene malos hábitos, tales como: fumar *(to smoke)* mucho, tomar café todo el tiempo, irritarse fácilmente, y no seguir un régimen de comida ni ejercicios. Contéstele el e-mail, dándole ánimo y buenos consejos, usando los mandatos familiares. Siga estas sugerencias:

1. Querido(a) / Estimado(a)... nombre de su amigo(a)
2. Pimer párrafo. Expresar saludos y gracias por el e-mail. Ofrecer unas palabras de ánimo.
3. Segundo párrafo. Mencionar los problemas y desventajas de los malos hábitos.
4. Tercer párrafo. Dar buenos consejos, usando los mandatos. Comparar las ventajas de los consejos.
5. Conclusión / Despedida.
   Abrazos, / Recuerdos,
   El nombre de Ud.

http://www.harcourtcollege.com/spanish/saludosrecuerdos

Vamos a explorar el ciberespacio

Hay muchos sitios de interés en la Red Mundial (World Wide Web) que explican mucho sobre la cultura del mundo hispano. Vaya a http://www.harcourtcollege.com/spanish/ saludosrecuerdos, explore la cultura de esta lección y haga las actividades correspondientes.

The World Wide Web offers many fascinating sites throughout the Spanish speaking world dealing with the cultural topics in this lesson. Take a virtual field trip. Go to http://www.harcourtcollege.com/spanish/ saludosrecuerdos to discover more.

EN VIVO – CULTURA

Before viewing the cultura video segment for this lesson, please study the following **Vocabulario** and **Preparación** sections.

Vocabulario para el video

Video vocabularies are simply for recognition purpose to help you more fully understand the segments. You are not expected to produce the vocabulary shown here.

abandonar	*to give up, renounce*	indígena	*indigenous, native*
al fondo	*in the background*		
al lado de	*next to*	el mando	*rule*
animado	*lively, animated*	el mercado	*market*
la artesanía	*handcrafts*	ondear	*to wave*
casi	*almost*	pasearse	*to stroll*
la dictadura	*dictatorship*	el periódico	*newspaper*
el gobierno	*government*	publicar	*to publish*
el golpe de estado	*coup d'état*	el puesto	*stall*
		el río	*river*
el guaraní	*Guarani (language)*	el techo	*roof*
		la teja	*curved roof tile*

Preparación

Trate de adivinar el significado de las siguientes palabras. Al mirar el video, subraye cada una al oírla.

arquitectura	colonial	indio	oficiales	paraguayos	variedad
capital	general	modernos	palacio	presidente	

Comprensión

A. Lea las siguientes frases. Después de ver el video, indique C (Cierto) o F (Falso), según lo que comprendió. Corrija las oraciones falsas.

___ **1.** Andrés Rodríguez abandonó el mando después de un golpe de estado.
___ **2.** Asunción tiene muchos mercados de artesanías indígenas.
___ **3.** Todos los paraguayos hablan guaraní.
___ **4.** Las calles de Asunción son animadas.
___ **5.** En Asunción hay poca variedad de arquitectura.

B. Conteste las preguntas.

1. ¿Cuál es la capital de Paraguay?
2. ¿Qué tipo de gobierno tuvo Paraguay bajo el mando de Stroessner?
3. ¿En qué año fue elegido presidente Andrés Rodríguez?
4. ¿Cuáles son los dos idiomas oficiales del Paraguay?
5. ¿Qué río se ve al fondo?

SELF-TEST

How well have you mastered this lesson? To find out, take the self test found on the *¡Recuerdos!* Web site at http://www.harcourtcollege.com/spanish/saludosrecuerdos.

Lección 7

Reaccionar y dudar

Comunicación

- Reaccionar a las acciones de otros
- Dudar o negar las acciones
- Comparar personas y cosas

Cultura

- Los deportes
- Recuerdos de Argentina y Uruguay

Estructuras

- El subjuntivo con emociones
- El subjuntivo con dudas y negación
- Las comparaciones

Conexiones

- Vamos a leer
  Fusing the real with the unreal
  «Continuidad de los parques» de Julio Cortázar
- Vamos a escuchar
  Distinguishing between fact and fiction
- Vamos a hablar
  Debating the pros and cons
- Vamos a escribir
  Creating a story within a story
- Vamos a explorar el ciberespacio
  Hispanic culture

Visit the Saludos/Recuerdos! World Wide Web site:
http://www.harcourtcollege.com/spanish/saludosrecuerdos

The ¡Recuerdos! CD-ROM offers additional language practice and cultural information.

CD-ROM
CD-ROM

¡Adelante!
El entrenador de deportes ··················

Julián Padilla, entrenador de deportes, le habla a un club de servicio sobre la juventud.° Él espera que los miembros del club participen en los programas para los jóvenes.

youth

Muy buenas tardes miembros del Club Porteño de Buenos Aires. Me alegro mucho de que Uds. me hayan invitado a su reunión esta tarde. Como entrenador de deportes estoy muy interesado en los jóvenes de nuestra ciudad. Creo que el tiempo que nosotros, los adultos, pasamos con los jóvenes es importantísimo. No creo que Uds. malgasten° esos momentos con la la juventud: con nuestro futuro. No es completamente cierto que los jóvenes rechacen° la disciplina y eviten° los buenos consejos. Precisamente, ellos esperan que nosotros les hablemos, les demos buenos consejos y les sirvamos de modelo. Háganse Uds. mismos esta pregunta: ¿Es mejor construir buenas cárceles°...o buenas escuelas? Espero que Uds. escojan buenas escuelas. Es cierto que con mejores programas académicos y atléticos podremos guiar a nuestra juventud hacia un futuro más sano y salvo.°

waste

reject/avoid

jails

safe and sound

¡Ojalá que Uds. participen en las actividades de los colegios de nuestra comunidad! Inviten a los jóvenes interesados a pasar un día en el trabajo con Uds. Déjenles ver y aprender con Uds. También, es bueno que Uds. visiten las escuelas y den charlas, mostrando cómo triunfar en el trabajo y en la comunidad. Finalmente, ojalá que apoyen° los programas deportivos con su presencia y fondos.° No dudo que se divertirán a la misma vez que apoyan una noble causa: nuestra juventud. Espero verlos en nuestros próximos partidos. ¿De acuerdo?

support

funds

The infinitive—not the subjunctive—is more common with indirect object pronouns and these verbs of command: *mandar, dejar, hacer, y prohibir.*

Nos mandan entrar.　　　　　They order us to come in.
(Mandan que entremos.)
¿Me dejas ver?　　　　　　　Will you let (allow) me to see?
¿Dejas que yo vea?

Exprese Ud. de otra manera más común.

1. Prohíben que corras por aquí.
2. Dejan que yo vaya y venga en un día.
3. Hago que ellos entreguen las tarea.

Actividades

7.1 Hágale preguntas a su compañero(a) sobre la presentación del entrenador Julián Padilla. Él / Ella debe contestarle según el contexto. Escoja la palabra interrogativa correcta a continuación.

quién(es)　　　　　cómo　　　　　dónde　　　　　qué　　　　　cuál(es)

1. ¿ _____ le habla al Club Porteño?
2. ¿ _____ es su oficio o trabajo?
3. ¿ _____ está el Club Porteño?
4. ¿ En _____ está interesado el señor?
5. ¿ _____ es el tiempo que los adultos pasan con los jóvenes?
6. ¿ _____ no es cierto que los jóvenes rechacen?
7. ¿ _____ es mejor, construir cárceles o escuelas?
8. ¿ _____ será el futuro de los jóvenes?
9. ¿ En _____ deben participar los miembros?
10. ¿ A _____ espera ver el entrenador en los partidos?

7.2 Indique cuáles de los anuncios, a continuación, usaría un(a) entrenador(a) interesado(a) en los siguientes deportes o servicios.

a. Erika Santander quiere darles unos trofeos a los niños que juegan bien al softbol.
b. Elías Pizarro busca soportes elásticos para las piernas de sus jugadores. También quiere soportes elásticos para las muñecas *(wrists)*. ¿Cuáles son los soportes que se venden allí?
c. Clarita Flores piensa llevar a su familia al campo. ¿Qué artículos podría comprar ella para ir de *camping?*
d. A Lila Jun le interesan los deportes acuáticos, especialmente el *windsurfing.* ¿Para cuáles otros deportes acuáticos venden artículos allí? ¿Qué tipo de música podría escuchar allí?

CULTURA

Los deportes

Para los hispanos los deportes profesionales son sumamente populares. Los países varían en sus preferencias de deportes. El béisbol predomina en el Caribe, que produce excelentes beisbolistas. También en esa zona tropical se hace buceo° y *windsurf,* se nada con esnorquel *(snorkel)* y se practica la vela.° La corrida de toros es un espectáculo que se celebra en España, México, Colombia, Venezuela y Perú. El esquí se

scuba diving

sailing

CULTURA

El fútbol es irresistible para muchos hispanos.

practica en España, Chile y Argentina. Además, a los hispanos les gustan los siguientes deportes: el boxeo, la lucha,° el baloncesto, el ciclismo, el vólibol, el atletismo,° la natación, la pesca,° el tenis, el golf, los bolos y muchos otros.

wrestling
field sports
fishing

El fútbol *(soccer)* es sin duda el deporte con más fanáticos latinos. Hay magníficos equipos en España, México y Sudamérica. En algunos países los mejores jugadores forman un equipo nacional para competir en campeonatos internacionales y participar cada cuatro años en la Copa Mundial. Son increíbles las celebraciones que tienen lugar cuando uno de esos países gana la Copa. No es raro que se cierren las tiendas y los trabajos y que la gente salga a la calle para celebrar el triunfo.

Antes los gauchos argentinos jugaban al «pato».° Era un juego muy agresivo y peligroso, y por esa razón se prohibió por muchos años. Montados a caballo, los jugadores competían por la posesión de una pelota grande y pesada con mangos.° Los jugadores asaltaban a sus adversarios con el látigo°, y con las boleadoras* trataban de derrumbar° al caballo. Para ganar había que llevar la pelota unos seis kilómetros. Hoy día ese juego, menos peligroso, se ha modificado con elementos del polo y del baloncesto. Por eso, no es raro que la Argentina tenga algunos de los mejores jugadores de polo en el mundo.

duck

handles
whip/collapse
boleadoras, rope with balls at both ends, thrown to twist around an animal's leg causing it to fall.

Continued

CULTURA

El *pato* es un antiguo juego argentino parecido al polo.

Otro deporte típico hispano es el jai alai, de origen vasco,° que se practica en España, México y la Florida. Jai alai significa «fiesta alegre» y se parece mucho al *handball*. Los jugadores usan una cesta en la que atrapan la pelota y la lanzan° al frontón, que consiste en tres paredes de concreto. Algunos consideran el jai alai el deporte ideal porque desarrolla la agilidad, la percepción y la resistencia.

Basque

throw

Expand your cultural understanding, visit the ¡Saludos! / ¡Recuerdos! World Wide Web site
http://www.harcourtcollege.com/spanish/saludosrecuerdos

7.3 Indique cierto, falso o no se sabe. Si la frase es falsa, corríjala.

1. El béisbol predomina en Chile y la Argentina. _____
2. En la América Central se celebra la corrida de toros. _____
3. El boxeo y la lucha están prohibidos en Latinoamérica. _____
4. El alpinismo (*mountain climbing*) se practica en Latinoamérica. _____
5. Antes los gauchos jugaban al «pollo», un juego con elementos del polo. _____
6. El fútbol es el deporte número uno de Latinoamérica. _____
7. El jai alai se parece al *handball*. _____
8. Los jugadores de jai alai usan un guante, un bate y una pelota. _____

Curiosidad

El nombre de Argentina se deriva de la palabra latina *argentum,* que significa «plata», el metal que los conquistadores buscaban en esa región pero que nunca encontraron. La capital, Buenos Aires, es uno de los grandes puertos del mundo y por esa razón sus habitantes se llaman «porteños». La Avenida 9 de Julio se considera la más vía ancha del mundo. El tango, el baile más conocido del país, tuvo su origen en los barrios de inmigrantes en la capital. Los ritmos son lentos pero bien definidos y los pasos lánguidos y marcados. Carlos Gardel (1887–1935), compositor, cantante y actor, es la principal figura del tango.

RECUERDOS DE...

Argentina y Uruguay...

Argentina

Área: 2.779.221 km^2

Población: 35.409.000 habitantes

Gobierno: República

Ciudades principales: Buenos Aires, la capital, 2.998.006; Córdoba, 1.197.926; Rosario, 1.095.906

Idioma oficial: español

Unidad monetaria: el peso $

Industria: alimentos y animales ganadería; productos manufacturados

Fiestas públicas: Fiestas cívicas y religiosas, el 9 de julio, Día de la Independencia.

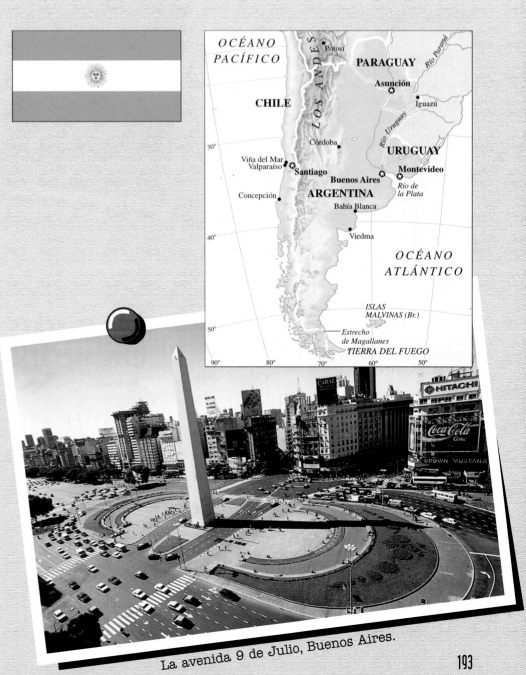

La avenida 9 de Julio, Buenos Aires.

Uruguay

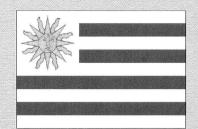

Área: 176.215 km²

Población: 3.185.000 habitantes

Gobierno: República

Ciudades principales: Montevideo, la capital, 1.378.707; Salto, 80.823; Paysandú, 76.191

Idioma oficial: español

Unidad monetaria: el peso $

Industria: la ganadería, cereales y textiles

Fiestas públicas: Fiestas religiosas, el 25 de agosto, Diá de la Independencia; 19 de junio, Aniversario de Artigas

Montevideo, Uruguay: uno de los puertos principales de Sudamérica.

For a companion reading with exercises on the countries covered in this feature, go to Lección 7 in the Student Activities Manual.

Verbos

alegrarse de	*to be happy*	lanzar	*to throw,*
apoyar	*to support,*		*to pitch*
	to back	mandar	*to send, to*
caerse (me caigo)	*to fall down*		*order*
competir (i)	*to compete*	mostrar (ue)	*to show*
construir	*to construct*	molestarle	*bothersome*
(construyo)		negar (ie)	*to deny*
dejar + inf.	*to allow*	prohibir	*to prohibit,*
dudar	*to doubt*	(prohíbo)	*to forbid*
encabezar	*to head*	rechazar	*to reject*
enojarse	*to be annoyed*	sentir (ie)	*to feel,*
evitar	*to avoid*		*to be sorry*
ganar	*to win*	temer	*to fear*
guiar (guío)	*to guide*	tocarle a uno	*to be one's*
jugar (ue) a	*to play a sport*		*turn*

Sustantivos

el (la) árbitro(a)	*referee, umpire*	el equipo	*team*
el campeonato	*championship*	la juventud	*youth*
el (la) entrenador(a)	*trainer*	el partido	*game,*
el (la) deportista	*sportsman (—woman)*		*match*

Deportes

el atletismo	*field sports*	el golf	*golf*
el baloncesto (España)		la natación	*swimming*
el básquetbol (América)	*basketball*	la pelota	*ball, baseball*
el béisbol	*baseball*		*(Caribe)*
los bolos	*bowling*	la pesca	*fishing*
el boxeo	*boxing*	el sóftbol	*softball*
el fútbol	*soccer*	el tenis	*tennis*
el hockey	*hockey*	el vóleibol	*volleyball*

Adjetivos

atlético(a)	*athletic*
lleno(a)	*full*
orgulloso	*proud*
cualquier	*any*

Expresiones

hacer un papel	*to play a role*	sano y salvo	*safe and sound*
ojalá	*I (we) hope*	sino	*but rather*
quizá(s)	*perhaps*	tal vez	*maybe*

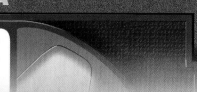

EN VIVO – VIÑETA

Before viewing the video vignette segment for this lesson, please study the following **Vocabulario** and **Preparación** sections.

Jugando al tenis

Antes de ver el video, estudie el **Vocabulario para el video** y la sección de **Preparación.** Luego vea el video (más de una vez si es necesario) y haga los ejercicios de **Comprensión.**

Vocabulario para el video

aguantar	*to hold, to put up with*	estupendo	*wonderful*
		físico	*physical*
el, la atleta	*athlete*	el medio	*middle*
el campeón, la campeona	*champion*	la pelota	*ball*
		la raqueta	*racquet*
la condición	*condition*	el resultado	*result*
la confianza	*confidence*	el, la tenista	*tennis player*
dar	*to hit*		

Preparación

Subraye las cosas que oye y ve en el video.

árbitro   entrenadora
atleta   equipo
campeón   pelota
campeonato   profesora
confianza   raqueta
deportista   resultado

Comprensión

A. Lea las siguientes frases. Después de ver el video, indique C (Cierto) o F (Falso), según lo que comprendió. Corrija las frases falsas.

____ **1.** Andrea es una tenista estupenda.
____ **2.** Andrea está estudiando para un examen.
____ **3.** Lalo se considera buen atleta.
____ **4.** Mónica sabe manipular a Lalo.
____ **5.** Finalmente, Lalo se divierte.

B. Conteste las preguntas.

1. ¿Por qué no quiere jugar al tenis Lalo?
2. ¿Qué deportes practica él?
3. ¿Qué no tiene Lalo?
4. ¿Cómo se resuelve el problema?
5. ¿Con qué parte de la raqueta hay que darle a la pelota?

Estructura I. El subjuntivo con reacciones

To react to another's actions

A. When speakers react to the actions of others, the verb in the subordinate clause is in the subjunctive. The sequence is:

main clause	**+ que +**	subordinate clause
(expressing emotional reaction)		*(verb in the subjunctive)*

Siente que se vaya. *She's sorry (that) he's leaving.*

Siente irse. *He's sorry to leave.*

¡OJO!

> 1. Note that without a change of subject—or no *que*—the infinitive is used.
>
> **Me alegro de estar aquí.**   *I'm glad to be here.*
> **Me alegro de que Uds. estén aquí.** *I'm glad (that) you're here.*
>
> 2. The expression Ojalá *(Here's hoping)* literally means *May Allah grant* and always takes the subjunctive with or without *que.*
>
> **Ojalá (que) vengan al partido.**   *Here's hoping they're coming to the match.*

B. Common verbs that express emotional reactions include:

alegrarse de que	*to be happy that*
enojarse de que	*to be annoyed that*
sorprenderse de que	*to be surprised that*
esperar que	*to hope that*
estar contento (a) de que	*to be happy that*
triste	*sad*
lamentar que	*to lament that*
sentir (ie)	*to be sorry that*
temer que	*to fear that*
tener miedo de que	*to be afraid that*
gustarle que	*to be pleasing that*
molestarle que	*bothersome*

C. Common impersonal expressions **+ que** that express emotion, subjectivity or opinions also take the subjunctive.

es bueno que	*it's good that*
es mejor que	*it's better that*
es conveniente que	*it's convenient that*
es curioso que	*it's curious that*
es difícil que	*it's difficult that*
es raro que	*it's strange that*
es (una) lástima que	*it's a pity that*
es (una) pena que	*it's a shame that*
es ridículo que	*it's ridiculous that*
es sorprendente que	*it's surprising that*
es terrible que	*it's terrible that*
es (in)útil que	*it's use(less) that*

7.4 ¿Reacciona Ud. a otros o no? Complete las frases con la forma correcta del subjuntivo o el infinitivo.

1. Siento que Javier no _____ (tomar) parte en los juegos.
2. Es ridículo que el equipo _____ (tener) tantos malos jugadores.
3. Me sorprende que tú no _____ (jugar) en el partido.
4. Tenemos que _____ (ponerse) el uniforme para jugar.
5. Es inútil _____ (quejarse) del árbitro.
6. Es bueno que Uds. _____ (practicar) un deporte.
7. Ojalá que tú _____ (participar) en el campeonato.
8. Nos gusta _____ (correr y nadar).
9. Es curioso que el entrenador no _____ (decir) nada.
10. Lamentamos que ellos _____ (perder) el partido ahora.

7.5 Ud. quiere saber la reacción de su compañero(a) a las actividades indicadas. Pregúntele, usando la información entre paréntesis.

<u>Ud.</u>

<u>su compañero(a)</u>

a. ¿Te alegras de que Ramón juegue en el partido?

Sí, (No, no) me alegro de que Ramón juegue.

(Rita / ganar, Andy / hacer un gol, Lidia / correr mejor, los jugadores / practicar, los fanáticos / gritar, la entrenadora / ser exigente, la familia / ver el partido)

b. ¿Es mejor que yo me quede aquí?

Sí, (No, no) es mejor que te quedes.

(yo / levantarse temprano, yo / irse, yo / sentarse en otro lugar, yo / callarse yo/ despedirse, yo / ponerse el suéter yo / quejarse menos / yo dormirse ahora

7.6 Ud. quiere expresar sus sentimientos. Añada las palabras necesarias para expresar sus reacciones. Use expresiones personales e impersonales. Luego compare sus reacciones con su compañero(a) para ver si están Uds. de acuerdo o no.

 ● ● ● ► La gente no recoge sus cosas.
Me enoja que la gente no recoja sus cosas.
Es terrible que la gente no recoja sus cosas.

1. Los deportistas ganan mucho dinero.
2. No les pagan mucho a los maestros.
3. Hay nuevas curas para la enfermedades.
4. Los Estados Unidos es un país de oportunidades.
5. Ocurren tantos divorcios.
6. La gente maneja como loco.
7. Las personas fuman menos.
8. Nadie quiere admitir sus errores.
9. Los jóvenes participan más en la sociedad.
10. ¿ ...?

 **II. El subjuntivo con dudas y negación**

To express doubt or denial

A. If speakers *doubt, question,* or *deny* the actions of others, they will use the subjunctive in the subordinate clause. The sequence is:

<u>main clause</u> **+ que +** <u>subordinate clause</u>
(uncertainty, denial) *(verb in the subjunctive)*

Duda que juegue bien. *She doubts (that) he plays well.*

No cree que juegue bien. *She doesn't believe (that) he plays well.*
Niega que juegue bien. *She denies (that) he plays well.*

By contrast, if speakers deem the actions of others to be certain and true, they will use the indicative.

Cree que juega bien. *She believes (that) he plays well.*

No duda que juega bien. *She doesn't doubt (that) he plays well.*
No niega que juega bien. *She doesn't deny (that) he plays well.*
Está segura de que juega bien. *She's sure (that) he plays well.*

B. Below are common verbs and impersonal expressions that can indicate either the subjunctive *(doubt, denial)* or the indicative *(belief, certainty)*.

<u>subjunctive</u>: *(doubt, denial)*
dudar que
negar (ie) que *(to deny)*
no creer que
no pensar que
es increíble que
es dudoso que
no es cierto que
no es verdad que
no es seguro que

<u>indicative</u>: *(believe, certainty)*
no dudar que
no negar que
creer que
pensar que
es creíble que
no es dudoso que
es cierto que
es verdad que
es seguro que

¡OJO!

1. **¿Creer que . . . ?** or **¿Pensar que . . . ?** may take the indicative or the subjunctive, depending on the speaker's desire to express *doubt or certainty*.

¿Crees que él juega bien? | *Do you think he plays well?*
 | *(I certainly do.)*

¿Crees que él juegue bien? | *Do you think he plays well it?*
 | *(I doubt it.)*

2. As an expression of uncertainty the following expressions take the subjunctive both in the affirmative and negative:

es (im)posible que | es (im)probable que
no es posible que | no es probable que

¿Es posible que ellos se queden? | *Is it possible that they're staying?*
Es posible que ella se quede, | *It's possible that she'll stay,*
pero no es probable que él se quede. | *but it's not probable that he'll stay.*

3. The expressiones quizá(s), tal vez *(maybe)* and acaso normally take the subjunctive because they imply doubt. However, speakers will use them with the indicative when implying certainty.

Quizá haya otra oportunidad. | *(Lo dudo.)*
Tal vez hay otra oportunidad. | *(Creo que sí.)*

7.7 **No están de acuerdo.** Ud. hace las siguientes observaciones, pero su compañero(a) no está de acuerdo. Usen el indicativo o el subjuntivo según el contexto.

MODELO • • • ➤ Ud.: Creo que Tomás *es* (ser) un buen jugador.
Compañero(a): No creo que Tomás *sea* un buen jugador.

1. Creo que Martina y Edita _____ (jugar) al baloncesto.
2. Dudo que Emilia _____ (estar) en el gimnasio.
3. Estamos seguros de que los jugadores _____ (saber) las instrucciones.
4. No creemos que los Salas _____ (asistir) a todos los partidos.
5. No es verdad que los Castillo _____ (tener) las entradas.
6. Pienso que Víctor _____ (darse) cuenta de los errores.
7. Es muy dudoso que Ismael _____ (irse) del equipo.
8. No niego que Paula _____ (hacer) varios goles.
9. Es cierto que los entrenadores _____ (pedir) y _____ (demandar) mucho.
10. Niego que los jugadores _____ (quejarse) demasiado.
11. Quizá el equipo _____ (ganar) el campeonato, pero tengo mis dudas.
12. No estamos seguros, pero tal vez _____ (haber) un buen *show* al final del segundo tiempo *(half time)*.

7.8 Menciónele a su compañero(a) ocho actividades o más que Ud. cree que él (ella) hace o no hace frecuentemente. Refiérase a las expresiones a continuación y a las actividades posibles. Luego comparen sus respuestas para ver si Uds. están de acuerdo.

 • • • ► Es imposible que (tú) te olvides de todo.

expresiones		**actividades**
Dudo que...	olvidarse de todo	estudiar todo el día
Niego que...	quedarse en cama	jugar a un deporte
Creo que...	dormirse en clase	pagar con tarjeta de crédito
Pienso que...	despertarse a las cinco	almorzar en la cafetería
Es verdad que...	irse de vacaciones	tocar CDs
Es imposible que...	divertirse mucho	ver videos
Estoy seguro(a) de que...	quejarse del trabajo	oír las noticias
Es increíble que...	¿ ...?	¿ ...?
No creo que...		
No dudo que...		

7.9 Imagínese que Ud. llama por teléfono a su compañero(a) para contarle todo lo que ha pasado esta semana. Cuéntele lo malo y lo bueno y después déjelo a él (ella) hacer lo mismo.

1. Empiece con un saludo: Hola, ¿qué tal? ¿Qué hay de nuevo? ¿Cómo te van las clases? Espero que...
2. Cuéntele las partes malas: Pues, no vas a creer que... No es posible que... Es increíble que... Dudo que... Temo que... Quizá...
3. Cuéntele las partes buenas: Bueno, me alegro de que... Estoy contento(a) de que... Creo que... No dudo que...
4. Despídase de él (ella): Bueno, ojalá que... Hasta...

   III. Las comparaciones

To compare people and things

A. Unequal qualities or quantities.

1. We often compare people and things that are not the same in age, size or appearance. Spanish uses **más... que** and **menos... que** to make unequal comparisons. English uses more / less... than or the ending -er (nic_er_).

Estos pantalones son **más** caros **que** ésos.   *These pants are _more_ expensive _than_ those.*
Notice that the adjective agrees with the first noun mentioned.

Spanish uses negatives when making comparisons.

Beatriz estudia más que _nadie_ (_nunca_). *Beatriz studies more than _anyone_ (_ever_).*

---

2. **De** replaces **que** to specify the most / the least in a group. English also opts for the ending -est (easi_est_). Note here that the definite article precedes **más / menos.**

Rosa es más simpática que Jacinto. *Rosa is nicer than Jacinto.*

Ernesto trabaja **menos que** Irma.	*Ernesto works <u>less than</u> Irma.*
Amanda es **la** más divertida de la familia.	*Amanda is the funniest in the family.*
Sofía y Eugenio son **los** más trabajadores del grupo.	*Sofía and Eugenio are the hardest working in the group.*

De also replaces **que** before a number.

Hay más (menos) de cien dólares. *There's more (less) than a hundred dollars.*

These words change when making comparisons and are not used with **más** or **menos.**

bien o bueno > **mejor**	*better*	**el / la mejor**	*the best*
mal o malo > **peor**	*worse*	**el / la peor**	*the worst*
joven > **menor**	*younger*	**el / la menor**	*the youngest] Refers to a person's age.*
viejo > **mayor**	*older*	**el / la mayor**	*the oldest]*

3. To describe the highest or exceptional qualities Spanish uses **muy + adjective (adverb)** or the ending **-ísimo(a).** Note the typical spelling changes that precede the ending.

drop the final vowel:	tarde > **tardísimo**
z > c	feliz > **felicísimo**
c > qu	poco > **poquísimo**
g > gu	largo > **larguísimo**

Esas canciones son muy populares (**popularísimas**).
El viaje fue muy largo (**larguísimo**).

7.10 Su compañero(a) y Ud. tienen opiniones distintas. Tomen turno en expresarlas.

simpático Ud.:	Yo creo que Irma es más simpática que Simón.
Compañero(a):	Pues, en mi opinión, Irma es menos simpática que Simón. (Simón es más simpático que ella).

divertido, cariñoso, dinámico, listo, mayor, improvisador, musical, sociable, visionario, sensato (*sensible*)

Ahora repitan la actividad previa, pero cambien los nombres a los Medina y a los Godoy.

 • • • ►   Yo creo que los Medina son más simpáticos que los Godoy.
Pues, en mi opinión...

7.11   Piense Ud. en una persona o cosa para cada de las siguientes categorías, y después haga comparaciones de desigualdad. Comparta sus selecciones con sus compañeros hasta encontrar cinco comparaciones como las suyas (*like yours*).

MODELO • • • ►   Para mí, Sammy Sosa es el mejor jugador de béisbol.
Es muy simpático. Es simpatiquísimo.

Categorías:

deportista	auto
actor	restaurante
político	programa de televisión
músico	equipo de béisbol (baloncesto, fútbol. . .)
pintores	lugar de vacaciones
¿...?	¿...?

B. Equal qualities and quantities

Spanish uses the following constructions to make equal comparisons:

1. **... tan +** adjective (adverb) **+ como** *as... as*

Ellas son **tan** cariñosas **como** su mamá.	*They're as affectionate as their mother.*
No corro **tan** rápido **como** tú.	*I don't run as fast as you.*

2. **... tanto(a, os, as) +** noun **+ como** *as much (many)... as*

Sandra tiene **tanto** dinero **como** Lupe.	*Sandra has as much money as Lupe.*
Tú no trabajas **tantas** horas **como** yo.	*You don't work as many hours as I (do).*

...(verbo) + tanto como means *as much as* and does not show agreement.

Nadie ayuda **tanto como** ellos.	*No one helps as much as they.*

3. **... tan** *so* and **tanto** *so much, so many* can be used without a comparison.

¡Eres tan amable!	*You're so kind!*
Él tiene tantos problemas.	*He has so many problems.*
¡No te preocupes tanto!	*Don't worry so much!*

 **7.12** Ud. trabaja para una tienda de artículos deportivos. Hágale estas comparaciones a un cliente.

 los uniformes ... atractivo > Estos uniformes son tan atractivos como ésos.

1. las camisetas ... cómodo
2. los pantalones ... práctico
3. la gorra ... elegante
4. los guantes ... pequeño

5. los artículos deportivos ... caro
6. los zapatos ... incómodo
7. la ropa ... fino
8. las raquetas ... ancho

7.13 Ud. es supervisor(a) en un gimnasio y cree que estos dos empleados trabajan tanto uno como el otro. Haga las comparaciones de igualdad.

 *trabajar días* Mirtha trabaja tantos días como Armando.

1. enseñar clases
2. ayudar a individuos
3. participar en reuniones
4. escribir informes

5. demostrar (ue) iniciativa
6. consultar autoridades
7. atraer a nuevos clientes
8. tener paciencia

 7.14 Piense Ud. en dos personas famosas o cosas que son similares, y después haga no menos de ocho comparaciones de igualdad. Comparta sus selecciones con sus compañeros hasta encontrar cinco comparaciones como las suyas *(like yours)*.

 Para mí, Gloria Estefan es tan buena cantante como Celine Dion.

Vamos a leer

Continuidad de los parques
Julio Cortázar (1914–1984)

Julio Cortázar nació en Bélgica, de padres argentinos, y se crió en la Argentina. Fue maestro de colegio y también dio clases de literatura francesa al nivel universitario. Tradujo la obra completa de Edgar Allan Poe al español. En protesta contra el regimen de Juan Perón, se mudó a Francia, donde trabajó de traductor para la UNESCO. Sus numerosos cuentos y novelas acreditan a Cortázar como uno de los más brillantes escritores de Hispanoamérica.

Continuidad de los parques refleja la preocupación del autor por la fina línea que existe entre la realidad y la ficción. El cuento trata del eterno triángulo amoroso de una manera original. La narración es circular, y poco a poco el mismo personaje principal se hace parte de la novela que está leyendo.

la esposa, recelosa

el esposo, absorbido   *el amante, asesino*

7.15 Cortázar usa un vocabulario culto y preciso en sus cuentos. Cuando Ud. prepare un resumen oral del siguiente cuento quizá prefiera emplear sinónimos que Ud. ya conoce; por ejemplo, las palabras que aparecen en letra cursiva a continuación. Para practicar el vocabulario ponga una palomita ✓ al lado de todas las palabras y sinónimos que ya sabe y repita las que no sabe unas cinco veces, preferiblemente en una frase original.

 • • • ►   *El amante* quería a la mujer. El amante quería...
El amante...

Vocabulario esencial

el, la amante	(lover)
acariciar	*abrazar , besar* (to caress)
anhelante	*ansioso*
el apoderado	*abogado*
el arroyo	*pequeño río*
atados	*unidos*
atardecer	*al ponerse el sol* (at sunset)
el azar	*inesperado* (random)
la cabaña	*casita rústica*
la coartada	(alibi)
entibiarse	(to become lukewarm)
enredar	(to tangle up)
furtivo	*en secreto*
gozar	*divertirse*
el mayordomo	*sirviente principal*
el puñal	*cuchillo* (dagger)
el respaldo	(back of seat)
los robles	(oaks)
el sendero	*camino*
el terciopelo	(velvet)
el testigo	*observador* (witness)

Estrategias para la lectura . . . .

Para apreciar mejor un cuento es práctico identificar a los personajes y resumir en nuestras palabras los sucesos significativos: la trama. Así comprendemos y discutimos la obra con más entusiasmo y facilidad. A continuación aparece un resumen de las primeras cuatro frases del cuento *Continuidad de los parques*. Al leer el cuento, haga Ud. una pausa después de cada 4 ó 5 frases y haga su propio resumen. Después compare su resumen con su compañero(a) y decidan cuáles son los sucesos más importantes.

farm
with his back to

Un señor —sin nombre— regresó de un viaje de negocios a su finca.° Se sentó a leer una novela que empezó a leer unos días antes. Cómodo en su sillón favorito, de espaldas a° la puerta, empezó a leer los últimos capítulos.

Continuidad de los parques

Julio Cortázar (1914–1984)

He had started

Había empezado° a leer la novela unos días antes. La abandonó por negocios urgentes, volvió a abrirla cuando regresaba en tren a la finca; se dejaba interesar lentamente por la trama, por el dibujo de los personajes. Esa tarde, después de escribir una carta a su apode-

sharecropping
Cómodo   5
would have bothered him

rado y discutir con el mayordomo una cuestión de aparcerías,° volvió al libro en la tranquilidad del estudio que miraba hacia el parque de los robles. Arrellanado° en su sillón favorito, de espaldas a la puerta que lo hubiera molestado° como una irritante posibilidad de intrusiones, dejó que su mano izquierda acariciara una y otra vez el terciopelo verde y se puso a leer los últimos capítulos.

10

separando / at the same time
cerca

Su memoria retenía sin esfuerzos los nombres y las imágenes de los protagonistas; la ilusión novelesca lo ganó casi en seguida. Gozaba del placer casi perverso de irse desgajando° línea a línea de lo que le rodeaba, y sentir a la vez° que su cabeza descansaba cómodamente en el terciopelo del alto respaldo, que los cigarrillos seguían al alcance° de la mano, que más allá de los ventanales danzaba el aire del atardecer bajo los robles. Pa-

labra a palabra, absorbido por la sórdida disyuntiva° de los héroes, dejándose ir hacia las
imágenes que se concertaban° y adquirían color y movimiento, fue testigo del último
encuentro en la cabaña del monte. Primero entraba la mujer recelosa; ahora llegaba el
amante, lastimada la cara por el chicotazo de una rama.°

    Admirablemente restañaba ella la sangre° con sus besos, pero él rechazaba las cari-
cias, no había venido para repetir las ceremonias de una pasión secreta, protegida por un
mundo de hojas secas y senderos furtivos. El puñal se entibiaba contra su pecho, y debajo
latía la libertad agazapada.° Un diálogo anhelante corría por las páginas como un arroyo de
serpientes, y se sentía que todo estaba decidido desde siempre. Hasta esas caricias que
enredaban° al cuerpo del amante como queriendo retenerlo y disuadirlo, dibujaban abom-
inablemente la figura de otro cuerpo que era necesario destruir. Nada había sido olvidado:°
coartadas, azares, posibles errores. A partir° de esa hora cada instante tenía su empleo mi-
nuciosamente atribuido.

    El doble repaso despiadado° se interrumpía apenas para que una mano acariciara una
mejilla. Empezaba a anochecer.

    Sin mirarse ya, atados rígidamente a la tarea que los esperaba, se separaron en la
puerta de la cabaña. Ella debía seguir por la senda° que iba al norte. Desde la senda opuesta
él se volvió un instante para verla correr con el pelo suelto.° Corrió a su vez, parapetándose
en° los árboles y los setos,° hasta distinguir en la bruma malva° del crepúsculo° la
alameda° que llevaba a la casa. Los perros no debían ladrar° y no ladraron. El mayordomo
no estaría en esa hora, y no estaba.

    Subió tres peldaños° del porche y entró. Desde la sangre galopeando en sus oídos le
llegaban las palabras de la mujer: primero una sala azul, después una galería, una escalera
alfombrada. En lo alto, dos puertas. Nadie en la primera habitación, nadie en la segunda.
La puerta del salón,° y entonces el puñal en la mano, la luz de los ventanales, el alto
respaldo de un sillón de terciopelo verde, la cabeza del hombre en el sillón leyendo una
novela.

---

	dilemma
15	*se unían*
	his face bruised by the lash of a tree branch/she stopped the blood
20	
	hidden freedom
	rodeaban
25	*had been forgotten/Starting*
	cruel
30	*camino*
	loose
	protegiéndose /hedges/ purple mist/dusk
	poplar-lined path/bark
35	*steps*
	sala
40	

7.16 El paisaje *(landscape, setting)* tiene un papel significativo en este cuento. Complete las siguientes frases con la mejor respuesta.

1. El hombre estaba en (la ciudad, la finca, la playa).
2. Su estudio miraba hacia (los árboles, el agua, la calle).
3. Era difícil distinguir las cosas por (la lluvia, la neblina o la bruma, el sol).
4. No muy lejos se encontraron los amantes en (una isla, un arroyo, una cabaña).
5. El camino a la casa del hombre estaba (oscuro, claro, cerrado).

7.17 Conteste Ud.

1. ¿En qué habitación estaba el hombre?
2. ¿Qué leía el hombre?
3. ¿Qué retenía el hombre en la memoria?
4. ¿De qué placer gozaba él?
5. ¿A quién besaba la mujer?
6. ¿Qué llevaba junto al pecho el amante?
7. ¿En qué habitación estaba el otro hombre, el lector de la novela?
8. ¿A qué se refiere el símil *(simile)* «...como un arroyo de serpientes...»?
9. ¿Dónde estaba sentada la víctima?

7.18 Interpretación. Ud. y su compañero(a) decidan cuál es la mejor respuesta para las
siguientes preguntas. Después compartan sus respuestas con otros dos compañeros. Finalmente, uno de Uds. le dice a la clase las respuesta con que Uds. están de acuerdo, mientras
otro expresa las opiniones contrarias.

1. ¿Por qué matarían los amantes al hombre?
2. ¿Cómo se imaginan Uds. a los tres personajes del cuento? Describan el cuerpo, los años que tendrían y su personalidad.
3. ¿En qué parte del cuento se convierte la ficción en realidad?
4. ¿Qué significa el título *Continuidad de los parques* y cómo se relaciona con la trama?
5. ¿Será posible que el mayordomo sea el amante asesino? ¿Por qué sí o por qué no?
6. Comparen Uds. el estilo y el ritmo *(rhythm)* del cuento al principio y al fin. Fíjense que las últimas líneas no incluyen verbos. ¿Qué ilusión sugiere esa técnica?

7.19 En grupos de tres preparen un resumen oral del cuento *Continuidad de los parques*. Identifiquen a los personajes, mencionen el conflicto y expliquen cómo el autor intercambia la realidad con la ficción. Incluyan cómo el paisaje influye en la trama. Háganse estas preguntas para identificar los datos principales: *¿qué pasó? ¿ quién hizo...? ¿cuándo ocurrió...? ¿dónde tuvo lugar...? y ¿por qué motivo...?* También fíjense en el resumen inicial de las primeras cuatro frases. Finalmente, túrnense para presentarle partes del resumen a la clase.

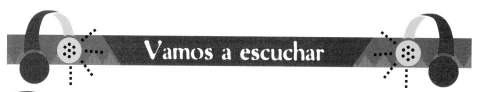

Vamos a escuchar

7.20 Raymundo López, un joven bilingüe, quiere compartir una experiencia que ha tenido recientemente con el béisbol. ¿Será realidad o fantasía? Aunque el vocabulario del béisbol es en inglés, algunas palabras se han traducido al español. Practique la pronunciación de estas palabras que Ud. escuchará en la charla de Raymundo.

Vocabulario adicional:

carrera	*run*		
estar empatados	*to be tied*	lleno(a)	*full*
tocarle a uno	*to be one's turn*	sino	*but rather*
caerse (me caigo)	*to fall down*		

Antes de escuchar el siguiente cuento, lea Ud. las preguntas a continuación. Después escuche el cuento en su disco compacto y finalmente escoja la mejor respuesta para cada pregunta.

1. ¿Cómo se sentía Raymundo?
    a. afortunado
    b. orgulloso
    c. a y b

2. ¿Dónde creía Raymundo que jugaba?
    a. en los Juegos Panamericanos
    b. en los Juegos Olímpicos
    c. en la Serie Mundial

3. ¿Cuál era el otro equipo?
    a. los Mets de Nueva York
    b. los Yankees de Nueva York
    c. los Delfines de Miami

4. ¿Qué posición tenía Raymundo en el juego?
    a. catcher
    b. bateador
    c. lanzador

5. ¿A cuántas carreras estaba el partido?
    a. dos carreras a una
    b. tres carreras a dos
    c. cuatro carreras a cinco

6. ¿Cuántos strikes tenía el bateador?
    a. ninguno
    b. uno
    c. dos

7. ¿Qué le pasó a Raymundo al lanzar la pelota?
    a. se hirió
    b. se cayó
    c. ni a ni b

8. ¿A qué se refiere ¡Pum cataplum! ?
    a. a la victoria de Raymundo
    b. a los gritos de los fanáticos
    c. a caerse de la cama

9. ¿Qué no cree ahora Raymundo?
    a. que todo sea un sueño
    b. que el árbitro grite strike tres
    c. que el otro equipo gane el partido

10. ¿Por qué se enoja Raymundo?
    a. por perder el partido
    b. por darle un hit al bateador
    c. por no saber quién ganó el partido

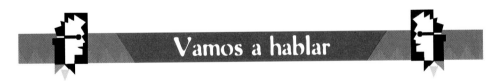

Vamos a hablar

7.21 Prepare una charla donde se discuta «*Los deportes y la juventud*». Siga la siguiente estructura:

1. Presente el tema: El papel de los deportes en la juventud es muy discutido hoy día...
2. Resuma los pros y los contras: Por una parte algunas personas temen que...No creen que...Por otra parte, otros creen que...

3. Hágase Ud. mismo(a) 3 ó 4 preguntas: ¿Qué debemos hacer para evitar los abusos? ¿Quiénes deben servir de atleta modelo?...

4. Concluya con posibles soluciones: Creo que...Espero que...Es importante que...

Vamos a escribir

7.22 Escriba un cuento similar a *Continuidad de los parques,* pero más breve, donde se combine una trama dentro de otra trama. La víctima puede absorberse con un programa de televisión, una película, un libro o un sueño que tuvo. Al escribir hágase las preguntas: ¿Qué?, ¿Quién?, ¿Cuándo?, ¿Dónde? y ¿Por qué?

http://www.harcourtcollege.com/spanish/saludosrecuerdos

Vamos a explorar el ciberespacio

7.23 Hay muchos sitios de interés en la Red Mundial (World Wide Web) que explican mucho sobre la cultura del mundo hispano. Vaya a http://www.harcourtcollege.com/ spanish/saludosrecuerdos, explore la cultura de esta lección y haga las actividades correspondientes.

EN VIVO – CULTURA

Before viewing the cultura video segment for this lesson, please study the following **Vocabulario** and **Preparación** sections.

Buenos Aires

Antes de ver el video, estudie el **Vocabulario para el video** y las secciones de **Preparación**. Luego vea el video (más de una vez si es necesario) y haga los ejercicios de **Comprensión**.

Vocabulario para el video

albergar	*to shelter*
la avenida	*avenue*
bellas artes	*fine arts*
la calle	*street*
el colorido	*color*
europeo	*European*
la fama	*fame*
el, la habitante	*inhabitant*
hoy por hoy	*today*
mundial	*world*
el museo	*museum*
la ola	*wave*
el parque	*park*
el pasado	*past*
el puerto	*port*
el resultado	*result*
el río	*river*
el ritmo	*rhythm*
seguro	*secure*
situar	*to situate*
el teatro	*theater*
el tesoro	*treasure*

Preparación

Subraye las palabras que oye y ve en el video.

artistas	immigración
baile	inspiración
campeonato	itinerario
casas	monumentos
cosmopolitismo	presente
fracaso	retrato
futuro	tango
historia	

Comprensión

A. Lea las siguientes frases. Después de ver el video, indique C (Cierto) o F (Falso), según lo que comprendió. Corrija las frases falsas.

___ **1.** Buenos Aires es conocida como «el puerto» por estar situada sobre el mar.

___ **2.** Los porteños son el resultado de muchas olas de inmigración europea.

___ **3.** El barrio La Boca es famoso por sus casas llenas de colorido y tradición española.

___ **4.** Jorge Luis Borges es un escritor de fama mundial.

___ **5.** El futuro de Buenos Aires será próspero y seguro.

B. Conteste las preguntas.

1. ¿Qué combina Buenos Aires?
2. ¿Quiénes son los porteños?
3. ¿Por qué se conoce a Buenos Aires como "el París de Sudamérica?"
4. ¿Qué lugares de Buenos Aires han sido inspiración de artistas de fama mundial?
5. ¿Qué tesoros culturales tiene Buenos Aires?

ELF-TEST

How well have you mastered this lesson? To find out, take the self test found on the ¡*Recuerdos*! Web site at http://www.harcourtcollege.com/spanish/saludosrecuerdos.

Realidad o irrealidad

Comunicación
- Hacer preguntas y conectar expresiones relacionadas
- Hablar de cosas o condiciones indefinidas o negativas
- Usar las preposiciones *por* y *para*
- Expresar enfáticamente posesión

Cultura
- La prensa latinoamericana
- *Recuerdos* de El Salvador, Honduras y Guatemala

Estructuras
- Las palabras interrogativas y los pronombres relativos
- El subjuntivo después de antecedentes indefinidos o negativos
- Usos de *por* y *para*
- Los adjetivos y los pronombres posesivos

Conexiones
- *Vamos a leer*
  Presenting another perspective on history
  «*El eclipse*» de Antonio Monterroso
- *Vamos a escuchar*
  Interpreting a radio newsbreak
- *Vamos a hablar*
  Reporting and interviewing
- *Vamos a escribir*
  Critiquing a television program
- *Vamos a explorar el ciberespacio*
  Hispanic culture

Visit the ¡Saludos/Recuerdos! World Wide Web site:
http://www.harcourtcollege.com/spanish/saludosrecuerdos

The ¡Recuerdos! CD-ROM offers additional language practice and cultural information.

¡Adelante!

El periodista ....

interviews / game show

Rafael Robles, reportero de prensa, entrevista° a un célebre ganador de concurso.°

viewers / glued / in front of

one moment to the next

Anoche, unos 30 millones de televidentes° quedaron clavados° ante° su televisor mirando la posibilidad de que otro participante afortunado del concurso más popular del año se convierta de un momento a otro° en millonario. Después de contestar correctamente las primeras 11 preguntas, llegó por fin el momento de la verdad. La respuesta correcta cambiaría para siempre la vida no solamente de ese joven de 22 años, sino también de toda su familia. Bueno, Uds. ya saben lo que pasó. Y ahora...

Estimados televidentes, tenemos el gran gusto de presentarles una entrevista exclusiva con el último ganador del fabuloso programa, *¿Quién quiere ser millonario?*

REPORTERO: Buenas tardes, Carlitos Casavieja. Soy Rafael Robles, reportero especial de *Excelsior,* el periódico de mayor circulación en toda la república. Gracias por hablar con nosotros.
Dígame algo de Ud. Creo que nuestros lectores querrán saber lo que piensa de todo esto.

could
No way!

CARLOS: Bueno, me llamo Carlos Casavieja, estudio en la universidad, tengo 22 años y soy soltero. Nunca pensé que tal cosa pudiera° ocurrir en mi vida. ¡Ni soñarlo!°

REPORTERO: ¿Por qué decidió Ud. participar en este concurso?

encouragement

CARLOS: Pues, mis amigos me dieron mucho ánimo° porque creen que yo sé mucho de las cosas que preguntan en el programa.

REPORTERO: ¿Cuál de las categorías fue más difícil?

puzzled

CARLOS: Yo no sé mucho sobre la literatura y el arte. Y había dos o tres preguntas que en verdad me tenían bastante perplejo.° Pero las preguntas sobre la música y los deportes, especialmente las que me dieron al final, eran fáciles.

REPORTERO: ¿Cómo se sintió cuando se dio cuenta de que había ganado?°   *had won*

CARLOS: Me sentía un poco nervioso al principio, pero después me calmé mucho y pude pensar con bastante claridad. Lo que más sentía al final era un gran alivio.°   *relief*

REPORTERO: ¿Qué planes tiene ahora para el dinero?

CARLOS: Primero, tengo que pagar los préstamos° estudiantiles que tengo, y me quiero comprar un coche que no tenga tantos problemas mecánicos como el que tengo ahora. También, quiero dar un viajecito para descansar un poco.   *loans*

REPORTERO: ¿Adónde quiere ir?

CARLOS: Estoy pensando en la playa o tal vez algún sitio en el Caribe. Necesito buscar un lugar muy tranquilo donde yo pueda tomar unas decisiones. Además, debo consultar con los miembros de mi familia, que seguramente tienen algunas ideas también.

REPORTERO: Bueno, ¿tiene Ud. algunos comentarios finales para nuestros lectores?

CARLOS: Pues, sólo quiero decirles que todo esto me parece un sueño. Ojalá que no me despierte y vea que nada de esto sea cierto. ¿Quién sabe? Así como viene, también se va.°   *easy come, easy go*

Compare estas expresiones para no confundirlas y complete las frases con el verbo correcto.

ponerse + adjetivo	to become (change in emotional state): Se puso roja. *She blushed*
hacerse + sustantivo	to become (result of personal effort): Estudió, trabajó y se hizo médico. *He studied, worked and became a doctor.*
llegar a ser + sustantivo	to become (gradual change): Poco a poco llegó a ser administradora. *Gradually she became an administrator.*
convertirse (ie) en	to become (change in the basic nature of person or thing): La lluvia se convirtió en nieve. *The rain turned to snow.*

¡OJO!

De la noche a la mañana Juanita _____ en una joven atractiva.
¡No te _____ nervioso!
Después de varios años en el trabajo, Raúl _____ supervisor.
Ellos se sacrificaron mucho para _____ buenos actores.

Actividades

8.1 Conteste las preguntas sobre la entrevista entre Rafael y Carlos.

1. ¿Cuándo se presentó el programa en la televisión?
2. ¿Cuántos televidentes lo miraron?
3. ¿Cuánto dinero ganó el concursante con la respuesta correcta?
4. ¿Cuáles de los temas le resultaron más difíciles en el concurso? ¿Cuáles menos?
5. ¿Qué va a hacer primero con una parte del dinero que ganó?
6. ¿Adónde quiere ir de vacaciones?

7. ¿Por qué quiere buscar un lugar tranquilo?

8. ¿Qué teme el joven cuando piensa en su experiencia?

8.2 Hágale preguntas a su compañero(a) basadas en el diálogo anterior. Prepare las respuestas para compartirlas con los otros miembros de la clase.

 ● ● ● ● ▶ —¿Te gustaría participar en un programa de concursos?
—Sí, (No, no) me gustaría...
—A mi compañero(a) (no) le gustaría...

1. ¿Qué programa de concursos te interesa más?

stunts **2.** ¿Prefieres contestar preguntas o hacer hazañas° físicas como parte del programa?

3. ¿Cuáles son los temás más fáciles para ti? ¿Cuáles son los más difíciles?

4. Si ganas una gran cantidad de dinero, ¿lo vas a compartir con otras personas? ¿Con quién(es)?

5. ¿Qué quieres comprar si ganas el premio gordo?

6. ¿Lo gastas todo o haces inversiones?

7. ¿Haces donativos a una organización caritativa? ¿A cuál de ellas?

CULTURA

La prensa°
latinoamericana

press

La prensa latinoamericana sigue una rica y larga tradición con raíces° en los movimientos de independencia al comienzo del siglo XIX. Con casi doscientos años de historia, los periódicos de hoy tienen mucha influencia y mucho impacto en sus lectores.°

roots, origin

readers

Una cosa notable de los grandes periódicos latinoamericanos es la calidad intelectual y cultural. Por ejemplo, los domingos se incluye un suplemento dedicado a la crítica literaria o artística, muchas veces con entrevistas° a escritores o artistas famosos, o con artículos escritos por ellos mismos. Hay cuentos cortos, poesía y ensayos escritos por personajes de gran fama y también por los jóvenes más prometedores.° Además se presta mucha atención a los adelantos médicos o científicos. Esos suplementos son verdaderos tesoros de información cultural.

interviews

promising

Otra característica muy aparente es el tema de la política. Al igual que en otros países del mundo, los periódicos de Latinoamérica tienen afiliaciones económicas e ideológicas con los partidos políticos. Por supuesto, los sucesos nacionales y locales reciben la intrepetación que corresponda mejor con las creencias y perspectivas del partido afiliado. En las ciudades más grandes es muy común encontrar periódicos afiliados con el punto de vista conservador, el marxista, el católico y el progresivo o liberal.

La profesión de periodista ha visto muchos cambios en los últimos · años. Antes, el periodista típico no tenía estudios profesionales; lo hacía solamente por vocación.° Para ganarse la vida, casi siempre tenía que trabajar en otra actividad. Había pocas mujeres periodistas en aquel entonces. Ahora la situación ha cambiado. Los jóvenes se preparan con programas de estudios universitarios que incluyen una formación en todos los aspectos de la profesión: entrevistas, el reportaje investigador, responsabilidades éticas, informática,° etc.

he felt like it

computer skills

Con toda la tecnología actual, ahora hay oportunidad para los periodistas profesionales en la televisión, la radio, los periódicos electrónicos y más.

Expand your cultural understanding. Visit the ¡Saludos! / ¡Recuerdos! World Wide Web site
http://www.harcourtcollege.com/spanish/saludosrecuerdos

8.3 Conteste cierto o falso y corrija las frases falsas.

1. La prensa latinoamericana tiene sus raíces en las guerras civiles del siglo XX.
2. Los suplementos culturales publicados los domingos se dedican sólo a los deportes y el turismo.
3. Muchos periódicos tienen afiliación ideológica y económica con partidos políticos.
4. Antes había muchas mujeres periodistas en Latinoamérica.
5. Hoy día los estudios universitarios para periodistas incluyen informática, entrevistas y el reportaje investigados.
6. Ahora hay oportunidad para los periodistas en el cine y el teatro.

8.4 Indique en qué página buscará Ud. la siguiente informacion:

los programas de televisión	las noticias internacionales
la temperatura	el béisbol
las últimas elecciones	las tiras cómicas de Ziggy y Daniel el Travieso° *Dennis the Menace*
el comercio	los editoriales

índice

4 El País	**100** Horóscopo
22 Política	**102** TV/No se pierda
28 Policía y Tribunales	**104** Cine/Cartelera
36 Pueblo por Pueblo	**106** Tirillas
42 Estados Unidos	**108** Opiniones
46 Mundiales	**109** Perspectivas
52 Ultima Hora	**114** El Día en Acción
55 Por Dentro	**115** Tiempo
76 Gentío	**116** Negocios
88 Espectáculos	**123** Deportes

Curiosidad

Los mayas de Centroamérica y México crearon un calendario más exacto que el de los cristianos medievales. Además constuyeron impresionantes centros religiosos o ceremoniales. Sus sacerdotes *(priests)* estudiaban matemáticas y conocían el concepto del cero *(0)*. Sus códices o manuscritos contienen una escritura jeroglífica parecida a la de Egipto.

RECUERDOS DE...

El Salvador, Honduras y Guatemala ....

El Salvador

Área: 20.752 km^2

Población: 5.900.000 habitantes

Gobierno: República

Ciudades principales: San Salvador, la capital, 493.000; Soyapango, 265.000; Santa Ana, 210.000

Unidad monetaria: Colón (C)

Industria: café, azúcar, algodón

Fiestas públicas: 5-6 de agosto, El Salvador del Mundo; 12 de diciembre la virgen de Guadalupe; 15 de septiembre, Día de la Independencia; y otras fiestas religiosas.

MAR CARIBE

Palenque

❂Belmopan
BELICE

HONDURAS

Guatemala
✪

Tegucigalpa
✪

GUATEMALA

San
Salvador
✪

EL SALVADOR

El volcán Izalco, El Salvador.

Las ruinas mayas de Copán, Honduras.

Honduras

Área: 112.492 km²

Población: 5.800.000 habitantes

Gobierno: República

Ciudades principales: Tegucigalpa, capitol, 785.000; San Pedro Sula, 385.000

Unidad monetaria: Lempira (L)

Industria: café, bananas, azúcar, carne

Fiestas públicas: 15 de septiembre, Día de la Independencia; 3 de octubre, Día de Morazán, 12 de octubre, descubrimiento de América y otras fiestas religiosas.

Madres e hijas maya-quiché de Guatemala.

Guatemala

Área: 109.000 km²

Población: 11.000.000 habitantes

Gobierno: República

Ciudades principales: Ciudad de Guatemala, 2.000.000; Mixco, 440.000

Unidad monetaria: Quetzal (Q)

Industria: café, azúcar, plátanos

Fiestas públicas: 12 de octubre, Día de la Raza; 15 de septiembre, Día de la Independencia; fiestas religiosas.

For a companion reading with exercises on the countries covered in this feature, go to Lección 8 in the Student Activities Manual.

Verbos

calmarse	*to calm down*
cambiar	*to change, exchange, trade*
comprobar (ue)	*to check, to prove*
consultar	*to consult, to look up*
convertirse en (ie)	*to turn into*
decidir (se)	*to decide (to make up one's mind)*
descansar	*to rest*
despertarse (ie)	*to wake up*
encontrar (ue)	*to find, come across*
ganar	*to win, to earn, to gain*
informar	*to inform, to report*
ocurrir	*to occur, to happen*
opinar	*to have an opinion, to think*
parecer	*to seem*
quedar	*to remain, to be left*
soñar (ue)	*to dream*

Sustantivos

el alivio	*relief*	la entrevista	*interview*
el ánimo	*encouragement*	el préstamo	*loan*
el concurso	*competition, contest, game show*	el sitio	*place*
		el (la) televidente	*TV viewer*

Adjetivos

afortunado(a)	*fortunate, lucky*	extenso(a)	*extended*
clavado(a)	*stuck, fixed, "glued"*	perplejo(a)	*puzzled, perplexed*
estudiantil	*student*		

Otras expresiones

así como viene, también se va	*"easy come, easy go"*	para siempre	*forever*
de un momento a otro	*from one minute to the next*	por fin	*at last*
ni soñarlo	*"no way", "in your dreams"*	darse cuenta de que	*to realize that*
no solamente... sino también	*not only. . . . but also*	seguramente	*certainly, surely*
		tal cosa	*such a thing*
		tener mucho cuidado	*to take a lot of care*

EN VIVO – VIÑETA

> Before viewing the video vignette segment for this lesson, please study the following **Vocabulario** and **Preparación** sections.

La vida diaria

Antes de ver el video, estudie el **Vocabulario para el video** y la sección de **Preparación.** Luego vea el video (más de una vez si es necesario) y haga los ejercicios de **Comprensión.**

Vocabulario para el video

Video vocabularies are simply for recognition purposes to help you more fully understand the segments. You are not expected to produce the vocabulary shown here.

la cita	*appointment*	maquillarse	*to put on makeup*
despedirse	*to say goodbye*	perezoso	*lazy*
el despertador	*alarm clock*	primero	*first*
ducharse	*to take a shower*	el sobrino	*nephew*
en vivo	*live*	sonar	*to ring, go off*
enfrente de	*in front of*	todas las	*every morning*
la escuela	*(elementary) school*	mañanas	
levantarse	*to get up*		

Preparación

Haga una lista de las cosas que hace por la mañana antes de salir para la universidad o el trabajo y subraye las que oye o ve al ver el video.

Comprensión

A. Lea las siguientes frases. Después de ver el video, indique C (Cierto) o F (Falso), según lo que comprendió. Corrija las oraciones falsas.

___ **1.** Teresa se levanta cuando suena el despertador.
___ **2.** A Sofía le gusta que Ramón se afeite antes de desayunar.
___ **3.** Generalmente, Teresa desayuna con la familia.
___ **4.** Sofía se peina antes de hacer el desayuno.
___ **5.** Hoy, Lucas va a jugar al fútbol con sus amigos.

B. Conteste las preguntas.

1. ¿Qué presenta Lucas en el video?
2. ¿Quién se levanta primero?
3. ¿Qué es muy difícil para Teresa?
4. ¿Cuándo se baña Sofía?
5. ¿Qué hace Lucas después de quitarse el pijama?

I. Las palabras interrogativas y los pronombres relativos

To ask questions and connect related thoughts

A. Las palabras interrogativas

Interrogative words begin a question and ask for a specific type of information. Interrogatives always carry a written accent.

¿qué?	*what?*	¿cuándo?	*when?*
¿quién?(es)	*who? (all)*	¿cómo?	*how? what?*
¿de quién?(es)	*whose?*	¿dónde?	*where?*
¿cuál?(es)	*which? (ones)*	¿adónde?	*(to) where?*
¿cuánto?	*how much?*	¿de dónde?	*(from) where?*
¿cuántos?	*how many?*	¿por qué?	*why?*

¡OJO!

Spanish uses ¿Qué + noun...? and ¿Qué + ser...? to ask for a definition or identification.

¿Qué periódico lees?   *What newspaper do you read?*

By contrast, it uses ¿Cuál(es) + ser...? to ask for a specific choice.

¿Cuáles de estas cosas te gustan más?   *Which of these things do you like more?*

¿Qué es sangría? Es una bebida. *What is sangría? It is a drink.*

¿Cuál es el sangría? *Which (one) is the sangría?*

8.5 Ud. está en el almacén haciendo unas compras cuando alguien entra de repente y roba una gran cantidad de cosas. Ud. lo ve todo. Cuando el policía llega, Ud. tiene que hacer una declaración y contestar las preguntas que le hace. Hágale a su compañero(a) las preguntas, usando las palabras interrogativas, y apunte las respuestas.

1. ¿ ———————— se llama Ud.?
2. ¿ ———————— es su profesión?
3. ¿ ———————— es su dirección y número de teléfono?
4. ¿ ———————— hora era cuando ocurrió el robo?
5. ¿ ———————— exactamente tuvo lugar este incidente?
6. ¿ ———————— apariencia tiene el ladrón?
7. ¿ ———————— son los artículos robados?
8. ¿ ———————— son los otros testigos de este crimen?
9. ¿ ———————— se escapó (se fue) el ladrón?

8.6 Entreviste a una persona de la clase que Ud. no conoce bien. Use las palabras interrogativas apropiadas. Pregúntele:

el nombre, el origen, el cumpleaños, la dirección, las comidas y deportes favoritos

B. Los pronombres relativos

¿Cuáles son los pronombres relativos en el anuncio de teléfono? ¿A qué se refiere cada uno?

> **Todas las llamadas que recibes en Puerto Rico son GRATIS, sin importar los minutos que duren ni de donde vengan.**

- Relative pronouns connect two clauses that have a person or thing in common. The most frequently used relative pronouns are:

  que   *that, which, who*
  quien   *who, whom*

  Quiero ver los <u>libros.</u> <u>Los libros</u> están en la mesa.

  Quiero ver los libros <u>que</u> están en la mesa.
  I want to see the books that are on the table.

  ¿Es esa <u>la chica</u>? ¿<u>La chica</u> preguntaba por mí?

  ¿Es esa la chica <u>que</u> preguntaba por mí?
  Is she the girl who was asking for me?

- After a preposition, **quien(es)** is used to refer to people.

  La chica <u>con quien</u> yo hablaba es de El Salvador
  The girl with whom I was speaking is from El Salvador

  Los señores <u>a quienes</u> me refería acaban de irse.
  The men to whom I was referring have just left.

- To avoid confusion in long sentences, speakers may use other relative pronouns that indicate gender and number. These relative pronouns are:

  el que, la que, los que, las que
  el cual, la cual, los cuales, las cuales

  Los estudiantes de la profesora García, <u>los que</u> siempre sacan buenas notas, nunca tienen tiempo para las fiestas.

  Professor Garcia's students, the ones who always make good grades, never have time for parties.

  El edificio desde <u>el cual</u> podemos ver toda la ciudad es una verdadera maravilla.
  The building from which we can see the whole city is truly a marvel.

- **Lo que** and **lo cual** (what, which) refer back to something already mentioned or about to be said. To begin a sentence, **lo que** is always preferred.

  <u>Lo que</u> quiero hacer con mi dinero es comprar una casa.
  What I want to do with my money is buy a house.

  Ellos llegaron tarde, lo que (lo cual) causó varios problemas.
  They arrived late, which caused several problems.

- The relative pronoun cuyo (a, os, as) indicates possession and agrees in number and gender with the noun it precedes, not with the possessor. In questions, use ¿de quién(es)? instead of cuyo.

Compare: ¿De quién son las llaves?   *Whose keys are these?*
          Carlos, cuyos hermanos trabajan para el gobierno, te puede ayudar.
          Carlos, whose brothers work for the government, can help you.

8.7 Identifique las siguientes personas o lugares.

 • • • ►   Manolo / el estudiante / trabajar / en la librería
                                Manolo es el estudiante que trabaja en la librería.

1. Maricarmen / la joven / enseña gimnasia
2. El Dr. Ramos / el médico / examinar a los pacientes
3. La profesora Guzmán / la maestra/ enseñar mejor la gramática
4. El Salvador / el país / tener más habitantes en Centroamérica.
5. El quiché / la lengua/ hablar los mayas.

8.8 **El apartamento ruidoso** *(noisy)*. Llene los espacios del siguiente párrafo con *que, quien, quienes o lo(s)/la(s) que* para describir el problema del estudiante.

Anoche, mientras yo estudiaba en mi apartamento, oí mucho ruido _____ venía del apartamento al otro lado del pasillo. Decidí levantarme y hablar con los estudiantes _____ estaban en el otro apartamento.

   Perdón. ¿Con _____ tengo que hablar en cuanto al ruido? Ya son las 11:30 y hay muchas personas aquí _____ están estudiando o están durmiendo. _____ les pido es un poco de consideración para _____ tienen que levantarse temprano mañana. ¿No?

   De acuerdo. Mira, soy Roque. Estos amigos _____ están pasando un rato agradable conmigo no tienen la culpa. _____ pasa es _____ no sabíamos que era tan tarde. Tu compañero de cuarto, con _____ hablé ayer, me dijo que tú ibas a pasar la noche afuera. ¿Qué pasó? Pero, ya que estás aquí, ¿por qué no entras? ¡La fiesta apenas comenzó!

8.9 **Lo que me enoja y lo que me agrada** *(pleases)*. Haga una lista de cinco cosas que le enojan a Ud. y cinco que le agradan. Después pregúntele a su compañero(a) si le enojan y agradan las mismas cosas mucho o poco.

 • • • ►   Lo que me enoja es:
                                El chofer que maneja muy despacio.
                                Las personas a quienes siempre hay que esperar
                                La gente que habla mal de todos

Después

 • • • ►   ¿Te enoja mucho o poco el chofer que maneja despacio ?

II. El subjuntivo después de antecedentes indefinidos y negativos

To describe what is indefinite or nonexistent

Spanish speakers use the subjunctive in the subordinate action or clause when referring back to a noun or pronoun (the antecedent) that is indefinite or negative.

Indefinite antecedent *(unknown, hypothetical):*

¿Conoces a una persona que trabaje para el gobierno? *(unknown)*
Do you know a person who works for the government?

Sí, conozco a una persona que trabaja para el gobierno. *(known)*
Yes, I know a person who works for the government.

Negative antecedents (nonexistent):

No conozco a nadie que trabaje para el gobierno. *(negative)*
I don't know anyone who works for the government.

Note: • The personal **a** is omitted when the direct object is indefinite.

• As direct objects, **nadie, alguien, ninguna persona,** and so on, require the personal **a.**

8.10 **Mario Molina quiere trabajar para el periódico.** Complete sus observaciones con el subjuntivo si el antecedente es negativo o indefinido. Use el indicativo para los antecedentes definidos o conocidos.

1. Quiero trabajar para un periódico que (poner) _____ mucho énfasis en la política.

2. Estoy buscando un puesto donde yo (poder) _____ tener mucha flexibilidad.

3. Yo sé que (existir) _____ muchas posibilidades para personas como yo.

4. Lo que prefiero es comenzar en una oficina que (tener) _____ un gran interés en los asuntos locales.

5. Mi profesor me dice que él conoce a alguien que (trabajar) _____ para el diario Excelsior.

6. El problema es que están buscando empleados que (tener) _____ experiencia previa.

7. Pero yo prefiero tener un trabajo que me (permitir) _____ comenzar sin experiencia.

8. En los anuncios clasificados, vi varias oportunidades que sólo (requerir) _____ mucho entusiasmo.

9. Necesito ponerme en contacto con alguien que me (explicar) _____ los requisitos.

10. Si tengo suerte, no habrá nada que (ser) _____ imposible para mí en el futuro.

8.11 Hágale preguntas a su compañero(a), utilizando siempre el subjuntivo cada vez que hablen de antecedentes indefinidos o negativos.

 • • • • ► ¿Qué tipo de novio(a) estás buscando? Quiero un novio (una novia) que...o
Ya tengo un novio (una novia) que...

1. ¿Qué clase de coche quieres ahora?
2. ¿Qué tipo de profesor de español buscas?
3. ¿Qué tipo de trabajo quieres después de graduarte?
4. ¿Qué tipo de película te interesa?
5. ¿Qué clase de comida prefieres para la cena?

 **Estructura** III. Por y para

To indicate destination, reason. . . .

Por and **para** generally mean «for», but have specific uses and meanings in Spanish. Notice their differences.

Todo por su hijo

Por Juan Carlos Pérez-Duthie

Especial para El Nuevo Día

¿Cuáles de estas palabras en inglés: *by, because, (intended) for,* relaciona Ud. con «por o para» en este titular *(headline)?*

Use **para** to indicate:

1. destination

Salieron para Centroamérica.	*They left for Central America. (headed for)*
El regalo es para ti.	*The gift is for you. (intended for you)*

2. purpose

Rosario estudia para (ser) periodista.	*Rosario is studying to be a journalist. (in order to)*
Uso este diccionario para traducir.	*I use this dictionary to translate. (in order to)*

3. deadline

La tarea es para mañana.　　　　　　*The homework is for tomorrow. (due by)*

4. comparison

Miguelito sabe mucho para su edad.　　*Miguelito knows a lot for his age. (considering)*

Use **por** to indicate:

1. motion *(through, around, along)*

Caminamos por la plaza.　　　*We walked along the plaza.*
¡Crucen la calle por aquí!　　*Cross the street over here!*

2. cause or reason

Llegué tarde por el tráfico.　　　　*I arrived late because of the traffic.*
No vine a clase por estar enfermo.　　*I didn't come to class because I was sick.*

3. in exchange, per

Pagué más de mil dólares por la computadora.　　*I paid more than a thousand dollars for the computer.*

Andamos a ochenta kilómetros por hora.　　*We're going eighty kilometers per hour.*

4. by, by means of

Don Quijote fue escrito por Cervantes.　　*Don Quixote was written by Cervantes.*
Te mando el paquete por correo.　　*I'm sending you the package by mail.*
Los llamo por teléfono.　　*I'll call you on the phone.*

5. in certain common expressions:

por favor　　　　　por fin
por lo general　　　por supuesto *of course*
por ejemplo　　　　por la mañana (la tarde . . .)
　　　　　　　　　　　during the morning . . .

Notice that *para* expresses the recipient of an action; *por* express the reason for the action.

Trabajo para el periódico.　　*I work for the newspaper. (my employer)*
Trabajo por Mario mientras él está de vacaciones.　　*I work for (in place of, instead of) Mario while he's on vacation.*

Lo hago para Uds.　　*I'll do it for you. (your benefit)*
Lo hice por ti.　　*I did it for (because, in place of) you.*

Remember that *buscar, esperar* and *pedir* include the meaning of "for."

Busco esta dirección.　　*I'm looking for this address.*
Esperamos una llamada.　　*We're waiting for a call.*
¿Qué me estás pidiendo?　　*What are you asking me for?*

¡OJO!

8.12 Ud. es espléndido(a) y reparte quinientos dólares entre su familia, dándoles más dinero a los más allegados *(closest.)* Escoja cinco miembros y especifique cuánto dinero le va a dar a cada uno. Luego compare su lista con su compañero(a) para ver quién es más esplendido(a) con quien.

MODELO • • • ► cien dólares para mi madre
veinte dólares para mi prima

8.13 Dé una excusa para cada situación. Luego compare sus razones con otros dos compañeros y decidan quién tiene las excusas más originales.

MODELO • • • ► No vine a clase por estar enfermo(a).

1. No hice la tarea...
2. No llegué a tiempo...
3. No traje el libro de español...
4. No escuché la pregunta...
5. No terminé el informe...

8.14 Complete con *por, para* o nada.

1. Los paquetes y las cartas salen hoy _____ Nueva York _____ avión.
2. Ellos nos van a llamar _____ decirnos que los padres van a llegar _____ la tarde.
3. Nosotros tuvimos que caminar _____ el parque _____ llegar a la iglesia.
4. Es necesario estudiar toda la noche _____ completar la tarea _____ mañana.
5. _____ un estudiante sofisticado, el pagó demasiado _____ este libro.
6. _____ no perder el programa, tenemos que manejar a 90 kilómetros _____ hora.
7. _____ supuesto, quiero trabajar _____ una compañía internacional.
8. _____ cumplir todos los requisitos, Manuel tiene dos clases _____ la tarde.
9. Ellos no esperaron _____ el autobús _____ ir al teatro.
10. _____ fin recibimos una carta de ellos _____ correo electrónico.
11. Me mandaron a la biblioteca _____ recoger un artículo escrito _____ Monterroso.

8.15 Imagínese que su compañero(a) es su profesor(a). Hágale las siguientes preguntas.

1. ¿Qué tengo que hacer para salir bien en esta clase?
2. ¿Adónde tengo que ir para hacer un cambio en el horario de clases?
3. ¿Por qué tengo que estudiar tanto el subjuntivo?
4. ¿Cuál de los dos idiomas es más difícil de aprender por lo general, el inglés o el español?
5. ¿Puedo viajar por distintas partes de México con los programas de la universidad?
6. ¿En qué mes son las vacaciones de primavera?
7. ¿Puedo comunicarme con Ud. por correo electrónico?
8. ¿Cuánto tengo que pagar por los libros de esta clase?
9. ¿Qué tarea hay para mañana?
10. ¿Para quiénes son las notas buenas?

El Dr. Hugo Martínez, personalmente ha ayudado a 3,200 ojos a ver mejor

El **Doctor Hugo E. Martínez**, experto en oftalmología por más de 15 años, le ofrece el tratamiento láser conocido como **LASIK** para problemas de miopía, astigmatismo e hipermetropía. Este procedimiento es ambulatorio, rápido y virtualmente indoloro. Llame hoy para una consulta y verá como va a ver mejor.

HUGO E. MARTINEZ M.D

OFTALMOLOGIA

CLINICA LAS AMERICAS

767-4350

oficina 303, abierto de lunes a viernes

¿Por cuántos años practica el Dr. Martínez su profesión?
¿Para qué es el tratamiento LASIK?
¿Para qué debe llamar Ud. hoy?
¿Tiene Ud. miopía o astigmatismo?

Estructura — IV. Los adjetivos y los pronombres posesivos

To indicate possession

Spanish has two sets of possessive adjectives: short (unstressed) and long (stressed)

Unstressed		Stressed	
mi(s)	*my*	mío (-a, -os, -as)	*mine*
tu(s)	*your*	tuyo (-a, -os, -as)	*yours*
su(s)	*his, her, your*	suyo (-a, -os, -as)	*his, hers, yours*
nuestro(s) nuestra(s)	*our*	nuestro (-a, -os, -as)	*ours*
vuestro(s) vuestra(s)	*your*	vuestro (-a, -os, -as)	*yours*
su(s)	*your, their*	suyo (-a, -os, -as)	*theirs*

The long forms are used for emphasis or contrasts and follow the noun. Note that possessives agree in gender and number with the item possessed and not with the owner.

mis amigos   unos amigos míos
nuestra casa   la casa nuestra

To clarify the possessor, **su / suyo(a, os, as)** can be replaced: **de él, de ella. de Ud., de ellos** and so on.

Estas cosas son de ella y no de él.   *These things are hers and not his.*

The stressed forms become pronouns by adding the definite article. Generally the article is omitted after the forms of **ser.**

¿La carta? Es mía. Aquí está la tuya. No veo la de él.

8.16 Usted quiere dar énfasis a la posesión. Haga los cambios según el modelo.

 • • • ► Son mis llaves. Son las llaves mías. Son mías.

1. Son mis cartas.
2. Son nuestros libros.
3. Es nuestra casa
4. Es su disco compacto

5. Era mi cartera.
6. Eran mis cosas.
7. Son tus periódicos.
8. Son sus papeles.

8.17 Hágale estas preguntas a su compañero(a). Él/Ella debe contestarle con un posesivo enfático.

 • • • ► Ud.: ¿Quieres comer en mi casa o en la tuya?
Compañero(a): Quiero comer en la mía (la tuya).

1. ¿Quieres dar un paseo en mi carro o en el tuyo?
2. ¿Prefieres usar mi computadora o la tuya?
3. ¿Cuáles son más difíciles, mis clases o las tuyas?
4. ¿Quiénes son más amables, mis profesores o los tuyos?
5. ¿Cuál te gusta más, la camisa mía o la tuya?
6. ¿Cuáles te gustan más, los pantalones míos o los tuyos?
7. ¿El dinero? ¿Es mío o tuyo?
8. ¿Las llaves? ¿Son nuestras o tuyas?
9. ¿De quiénes son los libros, de nosotros o de ellos?
10. ¿De quién es la foto, de Gabriel o es mía?

8.18 Haga una lista de ocho compañeros de clase y de cosas que ellos podrían olvidar al salir. Después hágale las preguntas a su compañero(a) más inmediato según el modelo.

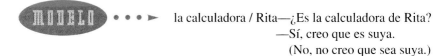 • • • ► la calculadora / Rita—¿Es la calculadora de Rita?
—Sí, creo que es suya.
(No, no creo que sea suya.)

El eclipse
Augusto Monterroso (1921–)

Monterroso nació en Honduras, pero hace mucho años que reside en México. Escribe con humor y sátira. Sus personajes reflejan las ironías en la vida. El fin inesperado de sus cuentos provoca una sonrisa de complacencia. Sus cuentos y ensayos se han publicado en varios periódicos y revistas.

Estrategias para la lectura . . . .

Frecuentemente los escritores usan sinónimos para no repetir la misma palabra muchas veces dentro de la misma frase o el mismo párrafo. Por ejemplo, si tenemos una descripción de Guatemala, también podemos usar país, nación, región, tierra, lugar y muchas otras palabras para referirnos a Guatemala. A veces, los sinónimos nos dan información adicional u otra perspectiva relacionada con la palabra original. También, es muy común el uso de pronombres relativos y posesivos para evitar la repetición. En el cuento *El eclipse,* vemos un buen ejemplo de esto en las distintas referencias al protagonista: un fraile *(friar).* «Entonces floreció en <u>él</u> una idea <u>que</u> tuvo por digna de <u>su</u> talento y de <u>su</u> cultura universal y de <u>su</u> arduo conocimiento de Aristóteles.» Todos los pronombres y posesivos tienen relación con el fraile, aunque esta palabra no aparece en la frase.

Cuando los primeros europeos llegaron a América en los siglos XV–XVI, los mayas tenían una avanzada cultura y eran expertos en astronomía. El fray *(friar)* Bartalomé Arrazola—es un ser imaginario en el siguiente cuento—que irónicamente no se daba cuenta de los vastos conocimientos que poseían los mayas.

El eclipse
Augusto Monterroso (1921–)

friar
had captured

1 Cuando Fray° Bartolomé Arrazola se sintió perdido aceptó que ya nada podría salvarlo. La selva poderosa de Guatemala lo había apresado,° implacable y definitiva. Ante su ignorancia topográfica se sentó con tranquilidad a esperar la muerte. Quiso morir allí, sin ninguna esperanza, aislado con el pensamiento fijo en la España distante, particularmente en el convento de Los Abrojos, donde Carlos Quinto° condescendiera° una vez a bajar de su eminencia para decirle que confiaba en el celo° religioso de su labor redentora.°

Rey de España, siglo XVI /
condescended
5
zeal / redeeming
surrounded / countenance
death bed

 Al despertar se encontró rodeado° por un grupo de indígenas de rostro° impasible que se disponían a sacrificarlo ante un altar, un altar que a Bartolomé le pareció como el lecho° en que descansaría, al fin, de sus temores, de su destino, de sí mismo.

modest ability
10

 Tres años en el país le habían conferido un mediano dominio° de las lenguas nativas. Intentó algo. Dijo algunas palabras que fueron comprendidas.

blossomed / took as worthy
was expected
take advantage of
deceive
15
kill / become dark
intently
meeting, council / disdain
was spurting

 Entonces floreció° en él una idea que tuvo por digna° de su talento y de su cultura universal y de su arduo conocimiento de Aristóteles. Recordó que para ese día se esperaba° un eclipse total de sol. Y dispuso, en lo más íntimo, valerse de° ese conocimiento para engañar° a sus opresores y salvar la vida.

 —Si me matáis° —les dijo— puedo hacer que el sol se oscurezca° en su altura.

 Los indígenas lo miraron fijamente° y Bartolomé sorprendió la incredulidad en sus ojos. Vio que se produjo un pequeño consejo,° y esperó confiado, no sin cierto desdén.°

20
 Dos horas después el corazón de fray Bartolomé Arrazola chorreaba° su sangre vehemente sobre la piedra de los sacrificios (brillante bajo la opaca luz de un sol eclipsado), mientras uno de los indígenas recitaba sin ninguna inflexión de voz, sin prisa, una por una, las infinitas fechas en que se producirían eclipses solares y lunares, que los astrónomos de la comunidad maya habían previsto° y anotado en sus códices° sin la valiosa° ayuda de Aristóteles.

predicted/
sacred writings/valuable

8.19 Conteste las preguntas.

1. ¿Por qué se sentía perdido Fray Bartolomé Arrazola?
2. ¿Qué hizo cuando vio que no había esperanzas?
3. ¿En qué estaba pensando más que nada?
4. ¿Quiénes rodeaban al fraile cuando se despertó de repente?
5. ¿Qué actitud tiene el fraile hacia su destino inescapable?
6. ¿De qué se acordó de golpe?
7. ¿Qué reacción tienen los indígenas a lo que les ha dicho el fraile?
8. ¿Qué recitaba uno de los indígenas?
9. ¿En qué aspectos creía Fray Bartolomé que los europeos eran superiores? ¿Por qué?

8.20 En grupos de tres vuelvan a contar esta historia desde el punto de vista de los indígenas. Piensen en la actitud de ellos al encontrarse con un español perdido en la selva y lo que sufrían a manos de aquellos que invadieron su tierra. Incluyan la reacción de ellos cuando el fraile les dice que él tiene el poder de hacer oscurecerse al sol.

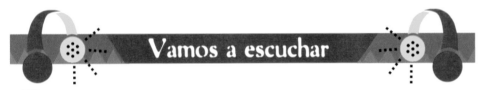

8.21 Antes de escuchar la narración, lea las siguientes preguntas. Después escuche la narración en el disco compacto que acompaña al libro de texto, y finalmente conteste las preguntas. No es necesario reconocer todas las palabras. Por ejemplo, al hablar de la fuerza destructiva de un huracán, podemos inferir que algo malo ocurrió en esta frase: «...todo se había convertido en montones de lodo, rocas y árboles desgarrados.» (. . . *had turned into piles of mud, . . . uprooted trees*)

Escuchen bien mientras José Calderón, reportero corresponsal, nos relata lo que vio durante las horas más terribles del huracán Mitch que azotó *(battered)* horriblemente a su pueblo el 25 de octubre de 1998.

1. José dice que llovía tanto que era imposible ver _____.
   a. los campos de cultivo
   b. las casas de los vecinos
   c. los animales de sus amigos
2. En cuestión de minutos, los ríos _____.
   a. empezaron a correr en dirección opuesta
   b. cambiaron de color
   c. crecieron y se desbordaron
3. José dice que ante su vista todo se había convertido en montones de _____.
   a. lodo, rocas y árboles
   b. escuelas, cines y puentes
   c. animales muertos
4. José y su familia tuvieron mucha _____ porque pudieron escapar.
   a. prisa
   b. razón
   c. suerte
5. Antes de salir de su casa, José dice que ellos oyeron _____.
   a. un ruido horrendo
   b. un avión en el cielo
   c. los gritos de los vecinos
6. José y su familia decidieron buscar refugio _____.
   a. en la casa de unos tíos
   b. en la iglesia
   c. al otro lado del río
7. No había manera de reunir a los niños separados de sus padres porque _____.
   a. nadie tenía un coche disponible
   b. el puente se había caído
   c. estaba muy oscuro
8. Al día siguiente, se dieron cuenta de que el problema más serio era la falta de _____.
   a. comida y agua limpia
   b. teléfonos
   c. transporte público
9. Era enorme el riesgo de contraer enfermedades tales como _____.
   a. el apendicitis
   b. el dolor de cabeza y las tos
   c. el cólera y las infecciones

10. José dice que van a poder seguir adelante porque _____.
    a. no han perdido sus animales ni sus cultivos
    b. todavía tienen a sus amigos y familiares
    c. pronto podrán volver a su casa

Vamos a hablar

8.22 Ud. acaba de comenzar un trabajo nuevo de reportero para el periódico principal de su ciudad. Tiene que hacer varias entrevistas a personas que están en las noticias ahora.

1. Identifique a una figura en las noticias con quien le gustaría hablar. Puede ser una figura política, atleta, actor o actriz, criminal, etc. Comparta con la clase los datos siguientes:

   Nombre de la persona
   Por qué quiere entrevistarla
   Dónde va a ser la entrevista
   Cuándo va a ser la entrevista
   4 ó 5 de las preguntas que quiere hacerle
   Por qué cree que los lectores van a tener interés en la entrevista

2. Describa un episodio o experiencia donde Ud. haya estado en mucho peligro o tenido mucho miedo.

3. Describa en detalle lo que hacen los participantes en su concurso favorito en la televisión.

4. Con un compañero, haga la entrevista para la clase que Ud. ha preparado según las instrucciones de la parte 1.

Vamos a escribir

8.23 Escoja una de las siguientes situaciones y escriba un informe de no menos de 125 palabras.

1. Mire uno de los concursos populares en la televisión. Después, escriba una reseña *(review)* corta para publicarla en el periódico de la universidad. No se olvide de mencionar detalles como la manera de portarse de los participantes, la personalidad del presentador *(host)*, lo que hay que hacer para ganar, los tipos de premios o la cantidad de dinero, etc.

2. Escriba los resultados de una entrevista imaginaria que Ud. acaba de tener con alguna figura histórica de cualquier época. En esta entrevista Ud. tendrá la oportunidad de hacer preguntas que nunca se han hecho antes.

3. Ud. se acordará de que al principio de esta lección, Carlos Casavieja se ganó un millón de dólares en el programa *¿Quién quiere ser millonario?* El pobre no sabe lo que debe hacer con su dinero. Escríbale una carta explicando lo que debe hacer con su fortuna. Es muy importante que Ud. le dé muchas opciones diferentes.

http://www.harcourtcollege.com/spanish/saludosrecuerdos

Vamos a explorar el ciberespacio

Hay muchos sitios de interés en la Red Mundial (World Wide Web) que explican mucho sobre la cultura del mundo hispano. Vaya a http://www.harcourtcollege.com/spanish/saludosrecuerdos, explore la cultura de esta lección y haga las actividades correspondientes.

EN VIVO - CULTURA

Before viewing the cultura video segment for this lesson, please study the following **Vocabulario** and **Preparación** sections.

Univision

Antes de ver el video, estudie el **Vocabulario para el video** y las secciones de **Preparación**. Luego vea el video (más de una vez si es necesario) y haga los ejercicios de **Comprensión**.

Vocabulario para el video

Video vocabularies are simply for recognition purposes to help you more fully understand the segments. You are not expected to produce the vocabulary shown here.

a través de	*throughout*
las altas y bajas	*ups and downs*
apelar	*to appeal*
la cadena	*network*
el campo	*field*
el canal	*channel*
el compositor, la compositora	*composer*
durar	*to last*
la edad	*age*
la empresa emisora	*broadcasting station*
entregarse	*to surrender oneself to*
gigante	*giant*
filmar	*to film*
el, la intérprete	*singer*
el, la joven	*young person*
juvenil	*youthful*
lanzar	*to launch*
el lema	*motto*

la imagen	*image*
la novela	*soap opera*
la pachanga	*rowdy celebration*
el personaje	*character*
el sinnúmero	*endless number*
el, la solista	*soloist*
la sorpresa	*surprise*
tener que ver con	*to have to do with*
el título	*title*
último	*latest*

Preparación

Trate de adivinar el significado de las siguientes palabras. Al mirar el video, subraye cada una al oírla.

afiliada
audiencia
conexión
corporación
dinámicas
directora
escape
incluyendo
locales
populares
programación
proyectos
videos

Comprensión

A. Lea las siguientes frases. Después de ver el video, indique C (Cierto) o F (Falso), según lo que comprendió. Corrija las oraciones falsas.

___ **1.** Dolores Calaf trabaja para una estación independiente afiliada a Univisión.

___ **2.** Univisión llega a trece países latinoamericanos.

___ **3.** Univisión comenzó hace 24 años.

___ **4.** Univisión tiene como lema llegar sólo a los jóvenes.

___ **5.** El programa «*¿Qué pasa?*» trata de presentar una imagen positiva de los latinos en Estados Unidos.

B. Conteste las preguntas.

1. ¿A cuántas personas llega Univisión a través del mundo?

2. ¿Qué es «Control»?

3. ¿Dónde se ve el programa «Sábado gigante»?

4. ¿Con qué tienen que ver los temas de las novelas de Univisión?

5. ¿Qué se puede ver en «Pachanga latina»?

SELF-TEST

How well have you mastered this lesson? To find out, take the self test found on the ¡*Recuerdos*! Web site at http://www.harcourtcollege.com/spanish/saludosrecuerdos.

Hacer planes

Comunicación

- Expresar relaciones de tiempo y propósito
- Indicar acciones sin indicar el sujeto específico
- Relatar sucesos accidentales o inesperados

Cultura

- El Canal de Panamá
- Recuerdos de Nicaragua, Costa Rica y Panamá

Estructuras

- El subjuntivo con expresiones adverbiales
- **Se** impersonal
- **Se** con sucesos inesperados

Conexiones

- Vamos a leer
  Comparing three poems (generations) of Nicaraguan poets: «*Lo fatal*» de R. Darío; «*Como latas de cerveza vacías*» de E. Cardenal; «*Desafío a la vejez*» de G. Belli
- Vamos a escuchar
  Sorting out details
- Vamos hablar
  Debating what kind of housing to live in
- Vamos a escribir
  Planning a subdivision
- Vamos a explorar el ciberespacio
  Hispanic culture

Visit the *¡Saludos!* / *¡Recuerdos!* World Wide Web site:
http://www.harcourtcollege.com/spanish/saludosrecuerdos

The *¡Recuerdos!* CD-ROM offers additional language practice and cultural information.

CD-ROM

¡Adelante!

Hacer planes . . . .

couple
firm

Vicente Vargas y Sarita Saucedo, una joven pareja,° han llegado a las oficinas de Arturo Domínguez y Asociados, una empresa° constructora de casas. Quieren planear la construcción de la casa de sus sueños y por eso tienen una conversación con Javier García, uno de los asociados.

JAVIER:	Buenas tardes. Gracias por su visita. ¿En qué podemos servirles?
VICENTE:	Hemos venido porque nos han dicho que aquí tienen los mejores diseños en casas elegantes, hechas a la orden.°

custom built

JAVIER:	Es cierto. Nosotros tenemos muchos años de experiencia, siempre empleamos a los mejores artesanos° y especialistas en decoración de interiores y prestamos atención a cada detalle hasta que se termine el proyecto entero.

craftsmen

SARITA:	Magnífico. Nosotros queremos construir una casa nueva: la casa de nuestros sueños. ¿Podría ayudarnos?

building site

JAVIER:	Claro que sí, pero antes de que podamos seguir adelante, tengo que saber algunas cosas. ¿Ya tienen el terreno?°
VICENTE:	Sí. El terreno donde queremos construir la casa está en el campo, al lado de un río con muchos árboles frutales. Hay suficiente espacio para una piscina, cancha de tenis y un jardín.

workshop

JAVIER:	Supongo que quieren una casa de dos pisos en vez de uno sólo. ¿Van a necesitar garaje y taller° también?

tiles

fireplace

VICENTE:	Por supuesto. En la planta baja, queremos una cocina moderna con los mejores electrodomésticos y un comedor formal. Vamos a poner azulejos° en la entrada principal, a menos que cuesten demasiado. Nos gustaría una chimenea° de piedra en un rincón del salón familiar y que éste dé a una terraza.

JAVIER: Y, ¿qué prefieren para la planta alta?

SARITA: Ya hemos pensado en el número de dormitorios que necesitamos. Por ahora, un dormitorio principal y otro más pequeño en caso de que los amigos vengan a visitarnos. El baño principal tiene que ser muy contemporáneo, con espejos° grandes, una ducha doble y una bañera jacuzzi. Los armarios° tienen que ser enormes.

                                                    mirrors
closets

JAVIER: No hay problema. Podemos ofrecerles un plano muy bonito con exterior de ladrillo y todas las comodidades° que Uds. quieran. Solamente se necesita firmar el contrato y verificar las finanzas.° ¿Cuándo quieren que empecemos el proyecto?

                                                    amenities, comfort
financing

VICENTE: No hay ningún apuro.° Todavía tenemos que terminar los estudios en la universidad, encontrar un buen trabajo, casarnos, y juntar el pago inicial. ¿Podríamos volver dentro de unos diez años?

                                                    rush

Compare estas expresiones para no confundirlas y complete las frases con el verbo correcto.

- **encender (ie)**   *to light, to switch on, to start (motor), to ignite*
- **prender**   *to light, to switch on, to set fire to*
- **poner**   *to turn on, to set*

All three of these verbs can be used to express «to turn on» in the context of a light, a television, etc. Arrancar is also used for *starting up* an engine. Prender fuego a and encender are used to express *to start a fire*. Poner has dozens of additional meanings, including *to set something*, such as an alarm clock or the table.

Miguel siempre _____ el televisor cuando llega a casa por la noche.
Los chicos malos trataron de _____ la casa vieja anoche.
Quiero que tú _____ el despertador para las seis.
El auto no anda. El motor no quiere _____.

¡OJO!

Actividades

9.1 Hágale preguntas a su compañero(a) sobre la conversación anterior.

1. ¿Qué tipo de empresa es Domínguez y Asociados?
2. ¿Qué quieren hacer Vicente y Sarita durante su visita a las oficinas de Domínguez y Asociados?
3. ¿Por qué han venido a esta empresa en vez de a otra?
4. ¿Por qué dice Javier que su empresa es la más capacitada para este tipo de proyecto?
5. ¿Cómo describe Vicente el terreno de ellos?
6. ¿Cuáles son dos o tres de las comodidades que quieren tener en la planta baja de la casa?
7. ¿Qué tipo de cocina quieren?
8. ¿Qué quieren Vicente y Sarita para el baño principal de la planta alta?
9. ¿Qué tienen que hacer antes de poder comenzar con la construcción?
10. ¿Por qué no hay ningún apuro para Vicente y Sarita en este momento?

9.2 Imagínese que Ud. ya ha terminado sus estudios, tiene un trabajo bueno y está listo(a) para comprar una casa. Ud. va a una empresa de construcción de casas para reunir información sobre las posibilidades disponibles. Prepare un diálogo de no menos de 15 líneas. Túrnese con su compañero(a) para representar los papeles de cliente y constructor. Mencionen el dinero que quieren gastar, los pisos de la casa, los cuartos, los muebles, los electrodomésticos y otras cosas que les interesen.

SAN DIEGO HOMES

Bellas casas nuevas de 3 y 4 dormitorios desde solamente

$93,900

Nosotros les ofrecemos lo mejor de todo, calidad en la construcción, bella terminación y precios bajos!! Estamos cerca de tiendas, escuelas, el turnpike y calles principales del Sur de Kendall. Vengan y vean las casas más bellas y económicas del Sur de Kendall!!

SEPARE SU CASA NUEVA CON SOLO $200.00

Su casa nueva incluye todo lo siguiente!!

- FAMILY ROOM
- TRACK LIGHTING
- CUARTO DE LAVANDERIA
- DORMITORIOS ALFOMBRADOS
- LOSA CERAMICA EN TODA LA CASA
- PATIOS COMPLETAMENTE CERCADOS

- PANELES CONTRA HURACANES
- BIDET EN EL BAÑO PRINCIPAL
- TECHOS CATEDRALES
- PUERTAS DOBLES
- NO MANTENIMIENTO
- Y MUCHO MAS

¡¡COMPRAR UNA CASA ES MAS FACIL DE LO QUE USTED PIENSA!!

MUDESE A SU CASA NUEVA DE 3 ó 4 DORMITORIOS CON 2 BAÑOS Y FAMILY POR SOLO $2,800*

COMPRE ESTE FIN DE SEMANA Y RECIBA **GRATIS**, LAVADORA Y SECADORA

***Ciertas opciones no estan incluídas en ciertos modelos. Precios y opciones están sujetos a cambios sin previo aviso.

14340 S.W. 172 St, Miami
• Telef: 254-8696

9.3 Ud. y su compañero(a) se deben alternar para hacer las siguientes preguntas y contestarlas según el anuncio anterior.

1. ¿Cuánto dinero se necesita para una casa nueva?
2. ¿Cuál es el precio mínimo de una de estas casas?
3. ¿Qué puede recibir gratis si Ud. compra una casa este fin de semana?
4. ¿En qué zona de la ciudad se encuentran estas casas?
5. Para Ud., ¿qué es lo más atractivo de las casas que se anuncian?

9.4 ¡Vamos de compras! Después de comprar la casa de sus sueños, les queda dinero para comprar muebles y accesorios. Supongamos que tienen unos 30 mil dólares que deben gastar con mucho cuidado. Miren los anuncios de muebles y decidan qué muebles pondrían en cada cuarto.

Aporte estilo y distinción
a su hogar

Una sencilla unidad de entretenimiento en madera, como ésta de THE TABLE AND CHAIR SHOP, se ajusta fácilmente a sus necesidades, sin dejar de lucir moderna y atractiva.

Lo clásico y lo moderno se combinan para crear una sala con gran estilo. Esta creación de ANGELIQUE Y MARÍA ELENA muestra que el espacio siempre es clave en la decoración.

El Canal de Panamá

Una de las hazañas° más impresionantes° de la ingeniería del siglo XX fue el Canal de Panamá. Aunque este sitio es uno de los más conocidos del mundo, hay muchos detalles interesantes que casi nadie sabe.

feats / impressive

El Canal de Panamá.

La historia de Panamá es la historia del canal. El ingeniero francés Ferdinand de Lesseps empezó la construcción en 1880, cuando Panamá era todavía parte de Colombia. Diez años después los franceses tuvieron que abandonar el proyecto por los 22.000 obreros muertos de malaria, cólera o fiebre amarilla, además de los enormes gastos financieros. En 1903 los Estados Unidos trató de comprar la concesión del proyecto, pero Colombia rehusó. Tuvo lugar una rebelión, y los Estados Unidos apoyó a los rebeldes que luego les garantizaron a los norteamericanos el derecho de construir el canal. Se necesitaron 75 mil hombres para la construcción que le costó 398 millones de dólares a Francia y 530 millones a los Estados Unidos. En el año 1913 el Presidente Woodrow Wilson dio fin a la obra. El canal mide 80 kilómetros de largo y tiene un sistema de esclusas (*locks*) que eleva las naves a los diferentes niveles de los dos océanos. También tiene un gran lago artificial, el Gatún. En 1999 el canal pasó a manos de Panamá.

Expand your cultural understanding. Visit the *¡Saludos! / ¡Recuerdos!* World Wide Web site

http://www.harcourtcollege.com/spanish/saludosrecuerdos

9.5 Conteste las siguientes preguntas.

1. ¿Quién era Ferdinand de Lesseps?
2. ¿Porqué abandonó Francia la construcción del canal?
3. ¿De qué país era Panamá?
4. ¿Qué les garantizaron los rebeldes a los norteamericanos?
5. ¿Cuándo tomó Panamá posesión del canal?

RECUERDOS DE...

Nicaragua, Costa Rica y Panamá ....

Nicaragua

Área: 129.494 km^2

Población: 4.725.000 habitantes

Gobierno: República

Ciudades principales: Managua, la capital, 935.000; León, 125.000

Unidad monetaria: Córdoba nueva

Industrias principales: café, algodón, azúcar, bananas

Fiestas públicas: 15 de septiembre, Día de la Independencia; las típicas fiestas religiosas

Managua, capital de Nicaragua.

Costa Rica

Área: 51.100 km²

Población: 3.533.000 habitantes

Gobierno: República

Ciudades principales: San José, la capital 300.000, Limón, 58.000

Unidad monetaria: el colón

Industrias principales: café, bananas, textiles, azúcar, turismo

Fiestas públicas: 2 de agosto, Virgen de los Ángeles; 12 de octubre, Día de la Raza; 15 de septiembre, Día de la Independencia

San José, capital de Costa Rica.

Panamá

Área: 78.000 km²

Población: 2.611.000 habitantes

Gobierno: República

Ciudades principales: la capital, Ciudad de Panamá 610.000; San Miguelito, 300.000

Unidad monetaria: Balboa

Industrias principales: la banca, el transporte, la agricultura

Fiestas públicas: 28 de noviembre, Día de la independencia de España; 3 de noviembre, 1903 Día de la independencia de Colombia

La ciudad de Panamá.

For companion readings with exercises on the countries covered in this feature, go to Lección 9 in the Student Activities Manual.

Para asegurar que su compañero ha comprendido bien la información sobre estos tres países, hágale unas preguntas sobre las capitales, la unidad monetaria, las industrias principales y la población de cada uno.

Verbos

acabar	*to run out of*
añadir	*to add*
caer (caigo)	*to drop, to fall*
construir (construyo)	*to build, construct*
cortar el césped	*to mow the lawn*
emplear	*to employ, hire*
hacer falta	*to need*
juntar	*to put together, to save up*
ocurrir	*to occur*
olvidar	*to forget*
perder (ie)	*to lose*
planificar	*to draw up a plan*
prestar atención	*to pay attention*
quedar	*to leave behind*
regar (ie) el jardín	*to water the garden*
romper	*to break*
seguir (i) adelante	*to proceed ahead, go forward*
verificar	*to check on, verify*

Sustantivos

los artesanos	*craftsmen*
los árboles frutales	*fruit trees*
el armario	*clothes closet*
la cancha de tenis	*tennis court*
el césped	*grass, lawn*
el comedor	*dining room*
los electro-domésticos	*kitchen appliances*
la aspiradora	*vacuum cleaner*
la estufa eléctrica	*electric range*
el horno	*oven*
la lavadora	*washing machine*
el lavaplatos	*dishwasher*
el microondas	*microwave oven*
el refrigerador	*refrigerator*
la secadora	*clothes dryer*
la entrada del coche	*driveway*
el espejo	*mirror*
el jardín	*garden*
el ladrillo	*brick*
la piscina	*swimming pool*
el plano del terreno	*site plan*
la planta alta	*upstairs, top floor*
la planta baja	*downstairs, ground floor*
el sótano	*basement*
el taller	*workshop*
la terraza	*terrace, deck*

Otras expresiones

hecho a la orden	*custom built*
la casa de nuestros sueños	*the house of our dreams*
al lado de	*next to*
que da a	*that faces*
contemporáneo	*up to date*

EN VIVO – VIÑETA

Before viewing the video vignette segment for this lesson, please study the following **Vocabulario** and **Preparación** sections.

En la tienda de videos

Antes de ver el video, estudie el **Vocabulario para el video** y la sección de **Preparación**. Luego vea el video (más de una vez si es necesario) y haga los ejercicios de **Comprensión**.

Vocabulario para el video

Video vocabularies are simply for recognition purposes to help you more fully understand the segments. You are not expected to produce the vocabulary shown here.

afuera	*outside*	enamorarse	*to fall in love*
el ajedrez	*chess*	imaginarse	*to imagine*
la ayuda	*help*	la lluvia	*rain*
las cartas	*cards*	¡Oye!	*Hey!*
la cena	*dinner*	pasar	*to stop by*
cenar	*to have dinner*	pasearse	*to stroll*
el cine	*movies*	la playa	*beach*
la cita	*date*	el sonido	*sound*
¿De veras?	*Really?*	la suerte	*luck*

Preparación

Trate de adivinar el significado de las siguientes palabras. Al mirar el video, subraye cada una al oírla.

fabuloso	magnífica
favoritas	perfecta
horror	romántico
huracán	tímido
importante	

Comprensión

A. Relacione el nombre de la persona con lo que dice en el video.
a. Andrea **b.** Mónica **c.** Nico

___ **1.** Necesitamos tu ayuda para elegir una buena película.
___ **2.** ¡Oye! ¿No sugeriste una película en caso de que lloviera?
___ **3.** Se trata de un hombre que se enamora de una amiga suya.
___ **4.** Pasaré mañana y te diré si me gustó.
___ **5.** Es una de mis favoritas.

B. Conteste las preguntas.

1. ¿Qué tiempo dicen que va a hacer esta noche?
2. ¿Qué buscan Andrea y Mónica en la tienda?
3. ¿Quién sabe todo sobre el cine?
4. ¿Por qué no quiere alquilar Andrea la primera película que escoge Mónica?
5. ¿Por qué tiene prisa Andrea?

I. El subjuntivo con
expresiones adverbiales

To express time and purpose relationships

A. Spanish uses the subjunctive after the following adverbial conjunctions because they refer to indefinite, future actions. Think of the acronym, E-S-C-A-P-A to help you remember them.

en caso de que	*in the case that*
sin que	*without*
con tal (de) que	*provided that*
antes de que	*before*
para que	*so that, in order that*
a menos (de) que	*unless*

Iremos en taxi <u>para que</u> no **llegues** tarde. *We'll go in a taxi so (that) you won't arrive late.*

No pueden construir la casa <u>sin que</u> los padres los **ayuden.**

They can't build the house without their parents helping them.

If there is no change in subject, Spanish omits **que.** *Then, the adverbial conjunctions become prepositions and take the infinitive.*

Iremos en taxi <u>para</u> no **llegar** tarde.   *We'll go in a cab so <u>we</u> won't arrive late.*
No pueden hacer la casa <u>sin</u> **pedir** un préstamo.   <u>*They*</u> *can't build the house without <u>their</u> taking out a loan.*

9.6 Mencione estos eventos futuros o indefinidos.

1. No vamos a la playa mañana a menos que tú (venir) _____ con nosotros.
2. Ella va a terminar toda su tarea temprano esta noche en caso de que Paco (llamar) _____ .
3. Carmen siempre lo explica todo para que nosotros lo (entender) _____ perfectamente.
4. Podemos comprar el coche nuevo con tal de que el banco nos (dar) _____ el dinero.
5. Él trabaja día y noche para que su familia (tener) _____ todas las necesidades.
6. Queremos comprar una casa en el campo antes de que el precio (subir) _____ mucho.
7. Juan siempre sale por la noche con los amigos sin que sus padres lo (saber) _____ .
8. No quiero caminar por estas calles por la noche a menos que Ud. me (acompañar) _____ .
9. Los estudiantes van a terminar el examen antes de que el profesor (volver) _____ .

9.7 **A.** Ud. va al banco para pedir un préstamo grande porque quiere comprar un coche nuevo. El banquero le da muchos documentos y le hace muchas preguntas. Complete las respuestas usando la forma correcta del verbo en paréntesis.

1. No puedo firmar estos documentos sin que mi abogado los (leer) _____ primero.

2. Tengo que pensar en las provisiones del contrato en caso de que (ser) _____ muy difíciles de cumplir.

3. No habrá ningún problema con tal de que Ud. me (conceder) _____ un poco de tiempo adicional.

4. ¿Podría Ud. esperar unos momentos para que yo (consultar) _____ con mis padres?

5. ¿Dónde tengo que firmar antes de que Ud. me (escribir) _____ el cheque?

6. Necesito el dinero para mañana a menos que Ud. (poder) _____ dármelo ahora.

B. The following adverbial conjunctions take the subjunctive or the indicative, depending on the context. Speakers use the subjunctive when referring to *future*, *non-experienced* actions—but use the indicative with *habitual*, *experienced* actions.

cuando	*when*
hasta que	*until*
tan pronto como	*as soon as*
mientras	*while*
aunque	*although*
después de que	*after*

Hablaré con Julia cuando la vea. *I'll talk with Julia when I see her.*

Siempre hablo con Julia cuando la veo. *I always talk with Julia when I see her.*

Va a pagar las cuentas cuando tenga dinero. *She is going to pay the bills when she has the money.*

Pagó las cuentas cuando tuvo dinero. *She paid her bills when she got money.*

9.8 Decida cuáles de estas actividades son habituales y cuáles futuras.

1. Yo quiero que Marta me ayude con este problema cuando ella (poder) _____.

2. Después de que tu amiga (escribir) _____ los mensajes, iremos al cine.

3. Tendremos dará esperar en la cafetería hasta que esos estudiantes (terminar) _____ la cena.

4. Tan pronto como ella me (dar) _____ las instrucciones, yo comenzaré a trabajar.

5. Él corre cinco millas cada día mientras que su esposa (hacer) _____ ejercicios aeróbicos.

6. Sus padres lo mandarán a la universidad aunque ellos (tener) _____ que pedir un préstamo.

7. Siempre comemos en casa después de que mis hermanos (volver) _____ de clases.

8. El jefe me tendrá las malas noticias esta mañana cuando yo (llegar) _____ al trabajo.

9. Aquellos estudiantes me van a reconocer en cuanto ellos me (ver) _____.

10. Antonio se levantará esta mañana tan pronto como yo lo (llamar) _____ por teléfono.

9.9 **Ud. está pensando en el futuro y en todas las cosas que quiere hacer.** Complete las frases usando la forma correcta del verbo.

1. Yo voy a comprarme una computadora nueva cuando...

2. Yo no podré mudarme de esta ciudad hasta que...

3. Yo quiero casarme tan pronto como...

4. Yo voy a seguir viviendo en el mismo apartamento hasta que...

5. Este verano, yo pienso salir de vacaciones en cuanto...

6. Mi jefe me va a ofrecer un trabajo permanante después de que...

II. Se impersonal

To express actions with no specific subject stated

A. When it is not important to identify the doer of the action, Spanish frequently uses **se**, followed by the verb in the third-person singular. This impersonal **se** is equivalent to the English *one*, *people*, *they*, *you*, or *a passive construction* and appears often in ads or warnings.

¿Cómo se dice...?	*How does one say . . .? How is it said?*
Se cree que...	*It's believed (People believe) that . . .*
No se fuma aquí.	*No smoking here.*
Se prohibe entrar.	*No trespassing.*

B. In addition, the impersonal **se** can be used with a noun subject. The verb will be singular or plural depending on the noun. English resorts to the passive voice (*to be + past participle*) to express these sentences.

Olga enciende la luz. *Olga turns on the light.*

Las luces se encienden. *The lights turn on.*

Se necesitan obreros.	*Workers (are) needed.*
Se alquila un cuarto.	*Room for rent.*
Las casas se construyeron en 1999.	*The houses were built in 1999.*

9.10 Ud. quiere expresar varias ideas de otra manera impersonal. Cambie estas frases al *se* impersonal.

 • • • • ► Viven bien aquí. Se vive bien aquí.

1. Comen rápido aquí.
2. Trabajan mucho.
3. Juegan al fútbol.
4. Dicen «coche» en España.
5. Hablan portugués en Brasil.

6. Ven perfectamente.
7. No abren hasta las nueve.
8. ¿Permiten fumar?
9. Deben esperar.
10. Creen que es un accidente.

 9.11 Imagínese que Ud. es un estudiante nuevo(a). Use la siguiente información para hacerle preguntas a su compañero(a).

 • • • • ► estacionar el carro

Ud: ¿Dónde se estaciona el carro?

Compañero(a): Se estaciona cerca de la biblioteca (del gimnasio...)

1. estudiar después de clase
2. comer buena pizza
3. lavar la ropa
4. jugar al ráquetbol
5. comprar estampillas

6. vender discos compactos
7. cambiar cheques
8. poder bailar
9. nadar
10. hacer fotocopias

III. Se con sucesos inesperados

To express unplanned or accidental events

To express unintentional actions, Spanish uses **se** plus the corresponding indirect object pronoun and the verb in the third-person. Note the differences in the following sentences.

For unplanned occurrences use:

Se + indirect object pronoun + verb (3rd person singular or plural)

The verb is singular or plural, depending on the noun subject that follows the verb. To clarify the indirect object pronoun, add the phrase *a* + *(pro)noun*.

Se nos olvidó el paquete.	*We forgot the package. (unintentionally or*
Se le olvidaron las fotos a Tere.	*Tere forgot the pictures. accidentally)*

Rompí los pantalones. *I tore the pants. (intentionally)*

Se me rompieron los pantalones. *My pants tore. (accidentally)*

Some of the more common verbs to indicate accidental actions are:

acabar	to run out of	Se me acabó la gasolina.	*I ran out of gas.*
caer	to drop, slip	Se te caen los lentes.	*Your eyeglasses are slipping.*
escapar	to run away	Se nos ha escapado el gato.	*Our cat has run away.*
manchar	to stain	Se les va a manchar la ropa.	*You're going to stain your clothes.*
ocurrir	to occur	Se me ocurrió una idea.	*I got an idea.*
olvidar	to forget	¿Qué se te olvidó?	*What did you forget?*
perder	to lose	Se le perdieron los apuntes a él.	*He lost his notes.*
quedar	to leave behind	Se te quedaron las llaves.	*You left your keys behind.*

9.12 **A su compañero(a) se le olvidan las cosas frecuentemente.** Pregúntele si se le olvidaron las siguientes cosas.

 ● ● ● ➤ la tarea—¿Se te olvidó la tarea?
—Sí, (No, no) se me olvidó.

el libro de español	los cuadernos
los apuntes	las tarjetas
la calculadora	el lápiz
los CDs	las llaves
	¿ ... ?

9.13 **Ud. y sus compañeros han pasado un día fatal.** Todo ha salido mal y al día siguiente tienen que contestarle al profesor las siguientes preguntas, usando el verbo en paréntesis según el modelo.

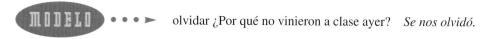 ● ● ● ➤ olvidar ¿Por qué no vinieron a clase ayer? *Se nos olvidó.*

1. ¿Qué pasó con el coche de Ernesto? (acabar la gasolina) _____.
2. ¿Qué hizo Ud. con el libro que le presté? (quedar en casa) _____.
3. ¿Por qué no trajo Anita su tarea ayer? (perder) _____.
4. ¿Por qué no tienen Uds. un despertador? (romper) _____.
5. ¿Por qué no pidió prestado otro despertador? (no ocurrir) _____.

9.14 Hay que inventar excusas para las siguientes circunstancias. Después, hagan una lista en la pizarra de las mejores excusas para usarlas en el futuro.

1. Es la primera vez que sales con una chica de la clase de español. De repente, descubres que no tienes dinero suficiente para pagar la cena.
2. Pediste prestado el coche de tu mejor amigo(a) y cuando sales del cine con los compañeros, encuentras que el coche no está donde lo estacionaste. Tienes que explicárselo a tu amigo.
3. Tienes un examen importantísimo a las ocho de la mañana pero no te despiertas hasta las nueve. Tienes que llamar al profesor y convencerlo de que necesitas la oportunidad de tomar el examen.
4. Estás en el restaurante y tienes que ir al cuarto de baño, pero no estás prestando mucha atención y entras en el cuarto equivocado. Tienes que pedir disculpas a las personas que están allí.

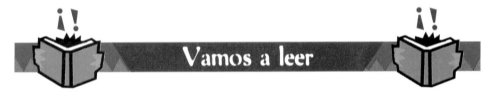

Tres poetas de Nicaragua

Estrategias para la lectura . . . .

Para entender y apreciar la poesía, es necesario reconocer que las palabras son símbolos para expresar experiencias y emociones. Lo que quiere hacer el poeta es compartir con el lector los sentimientos personales que ha experimentado y así hacer una conexión emocional con otra persona. La responsabilidad del lector es contribuir sus propias memorias, experiencias y emociones a lo que está leyendo. Los adjetivos son especialmente importantes. Muchas veces el poeta se describe a sí mismo, tratando de captar emociones de su pasado. Si el lector también ha tenido una experiencia similar, el resultado puede ser una comunicación poderosa e inolvidable.

Dichoso el arbol que es apenas sensitivo... (Rueben Dario)
Como latas de cerveza vacias... (Ernesto Cardenal)
Cuando yo llegue a vieja... (Giocanda Belli)

I. Rubén Darío es el pseudónimo de Félix Rubén García Sarmiento. Nació en el pequeño pueblo de Metapa, pero pasó gran parte de su vida adulta en el extranjero. Fue un escritor prolífico con miles de páginas de poesía y prosa. Se le considera el inciador del Modernismo, que combina la musicalidad, inovaciones métricas e imágenes muy refinadas. Además de sus poemas más conocidos sobre el arte, el placer y el amor, sus reflexiones sobre la existencia desesperada del hombre y el pasar del tiempo son sus temas más destacados.

9.15 Preste atención especial al título de este poema. ¿Qué tono se establece de inmediato con este título? Después de haber leído la información biográfica sobre Darío, ¿qué actitud va a tener el narrador de este poema hacia la vida?

Lo fatal°

(De Cantos de vida y esperanza)
Rubén Darío (1867–1916)

The Unfortunate

fortunate, happy

Dichoso° el árbol que es apenas sensitivo,
y más la piedra dura, porque ésta ya no siente,
pues no hay dolor más grande que el dolor de ser vivo,
sorrow   ni mayor pesadumbre° que la vida consciente.

sure direction   Ser y no saber nada, y ser sin rumbo cierto,°
y el temor de haber sido y un futuro terror...
terror   Y el espanto° seguro de estar mañana muerto,
y sufrir por la vida y por la sombra y por
lo que no conocemos y apenas sospechamos.
flesh / entices / bunches (of grapes)   Y la carne° que tienta° con sus frescos racimos,°
mournful bouquet   y la tumba que aguarda con sus fúnebres ramos,°
¡y no saber a dónde vamos,
ni de dónde venimos...!

9.16 Conteste las preguntas sobre el poema anterior.

1. ¿Cuáles son los dos objetos inanimados que menciona el poeta en el primer verso?
2. ¿Cómo lo caracteriza? ¿Por qué?
3. ¿Cuál ha sido el dolor más grande en esta vida para el poeta?
4. ¿Cuáles son las preguntas de la vida que él no puede contestar?
5. ¿Cuál es el único elemento seguro en su vida?
6. ¿A qué se refiere el poeta cuando habla de «la carne que tienta con sus frescos racimos?»

9.17 Temas para pensar y comentar.

1. ¿Cree Ud. que el poeta ya es muy viejo o es posible tener estos pensamientos siendo joven?
2. ¿Cuál es la ironía entre el título del poema y el título de la colección?
3. ¿Es preferible saber con seguridad las respuestas a las preguntas que tiene el poeta o es mejor no saber exactamente lo que nos espera en esta vida?

II. Ernesto Cardenal nació en Granada, Nicaragua, en 1925 pero estudió en México, Estados Unidos y partes de Europa. Desde los años 50, su obra literaria ha tenido como tema principal la dictadura de la familia Somoza en Nicaragua y los efectos desastrosos del capitalismo en la sociedad. Después de muchos años de estudios religiosos y preparación intelectual, se hizo sacerdote radical y activista político al volver a Nicaragua. Durante los años 80 tuvo un papel activo en el gobierno sandinista como Ministro de Cultura. Casi todas sus obras tienen una forma clara de expresión e imágenes accesibles a todos los lectores. El poema a continuación fue escrito durante sus estudios en un monasterio en Kentucky.

Como latas de cerveza vacías°

Ernesto Cardenal (1925–)

Like empty beer cans

cigarette butts

Como latas de cerveza vacías y colillas°
de cigarrillos apagados, han sido mis días.
screen   Como figuras que pasan por una pantalla° de televisión
y desaparecen, así ha pasado mi vida.
Como los automóviles que pasaban rápidos por las carreteras
con risas de muchachas y música de radios...
Y la belleza pasó rápida, como el modelo de los autos
went out of style   y las canciones de los radios que pasaron de moda.°

Y no ha quedado nada de aquellos días, nada
más que latas vacías y colillas apagadas,
risas en fotos marchitas,° boletos rotos,   *withered*
y el aserrín° con que al amanecer barrieron° los bares.   *sawdust / swept*

9.18   Conteste las preguntas sobre el poema

1. ¿Cuáles son los objetos comparados con la vida del poeta en la primera línea?
2. ¿Qué adjetivo describe mejor cómo ha pasado su vida?
3. ¿Cuáles son las imágenes asociadas con los «automóviles que pasaban»?
4. ¿Qué le ha quedado de sus días anteriores al poeta?

9.19   Temas para pensar y comentar

1. ¿Cuál es el tono de este poema: nostálgico, amargo, triste, sentimental o un poco de todo?
2. ¿Quiénes serán las figuras que se ríen en las «fotos marchitas?»
3. ¿Cuál es la última imagen mencionada por el poeta para describir su vida? ¿Le parece una imagen fuerte? ¿Por qué?

III. Gioconda Belli nació en Managua en 1948. Cursó estudios de periodismo y publicidad pero también ha participado mucho en la política, especialmente en los años 70 y 80 como delegada del Partido Sandinista. Además de sus cinco libros de poesía, ha publicado varias novelas y otras narrativas que han ganado premios literarios importantes. Su novela *La mujer habitada* es una de las obras de ficción más importantes en los últimos veinte años y ha sido traducida a más de veinte idiomas. El poema que sigue es parte de su colección *Truenos y arco iris* (1982).

Desafío° a la vejez
Gioconda Belli (1948–)   *Challenge to old age*

Cuando yo llegue a vieja
—si es que llego—
y me mire al espejo
y me cuente las arrugas°   *wrinkles*
como una delicada orografía°   *geography of peaks and valleys*
de distendida° piel.   *distended, saggy*
Cuando pueda contar las marcas
que han dejado las lágrimas
y las preocupaciones,
y ya mi cuerpo responda despacio
a mis deseos,
cuando vea mi vida envuelta°   *enveloped*
en venas azules,
en profundas ojeras,°   *bags under the eyes*
y suelte blanca mi cabellera°   *head of hair*
para dormirme temprano
—como corresponde—,
cuando vengan mis nietos
a sentarse sobre mis rodillas
enmohecidas° por el paso de muchos inviernos,   *rusty*
sé que todavía mi corazón
estará rebelde— tictaqueando°   *ticking*
y las dudas y los anchos horizontes
también saludarán°   *will greet*
mis mañanas.

9.20 Conteste las preguntas sobre el poema.

1. ¿Qué tono nos sugiere el título de este poema?
2. ¿A qué se refiere cuando habla de su «delicada orografía»?
3. ¿Qué le han dejado marcas en la cara y el cuerpo a la poeta?
4. ¿Cuáles son los elementos de esperanza que menciona la poeta?
5. ¿Cómo describe su corazón?

9.21 Temas para pensar y comentar

1. ¿Cuáles son algunas de las diferencias entre este poema y los dos anteriores?
2. ¿Con qué tipo de imagen termina este poema? ¿Cuál es la emoción producida en los lectores?
3. ¿Está más interesada la poeta en su pasado o en su futuro? ¿Por qué?

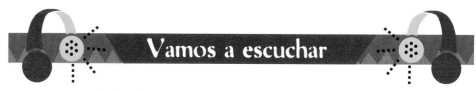

Vamos a escuchar

Many terms used in Spanish are cognates, that is, words that closely resemble their English counterparts. Listen carefully to the many cognates contained in the following passage and try to visualize each element.

9.22 Antes de escuchar la narración, lea las siguientes preguntas. Después, escuche la descripción de las casas del futuro en el disco compacto que acompaña el libro de texto y conteste las preguntas.

1. Para Felipe, la casa es el lugar donde nosotros preferimos _____.
   a) dormir
   b) pasar mucho tiempo
   c) hacer los quehaceres domésticos
2. El elemento más importante para la casa del futuro será _____.
   a) tener una cocina grande
   b) integrar espacio con función
   c) crear un medio ambiente óptimo
3. En la casa del futuro, todos los electrodomésticos estarán conectados por
   a) una computadora central
   b) teléfono
   c) el Internet
4. Estos aparatos serán activados por
   a) botones manuales
   b) luces infrarrojas
   c) mandatos orales
5. La pantalla central de control servirá para
   a) mirar programas de televisión
   b) conectarse con otras personas y el Internet
   c) ambos
6. Las habitaciones sentirán la presencia de personas por medio de
   a) sensores en las paredes
   b) sensores en la alfombra
   c) cámaras electrónicas en el techo

7. Las paredes tendrán una capa electrónica con la capacidad de
   a) extenderse
   b) cambiar de colores
   c) desaparecer

8. En las puertas y las ventanas no vamos a usar
   a) vidrio y madera
   b) controles electrónicos
   c) llaves y cerraduras

9. Según el constructor, la casa del futuro será casi
   a) transparente
   b) antiséptica
   c) automática

10. Es posible que las innovaciones tecnológicas den como resultado una vida
   a) más ocupada
   b) más interesante
   c) más larga

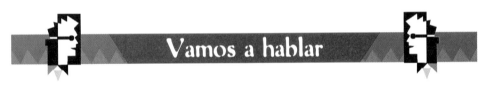

Vamos a hablar

9.23

1. Hace varios años que Ud. y su esposo(a) viven en un apartamento. Ud. cree que ya es hora de buscar una casa pero su esposo(a) piensa que deben quedarse en el apartamento más tiempo. Prepare por lo menos cinco razones por las que deben mudarse a una casa y cinco razones por las que deben permanecer en el apartamento. Entonces, con un compañero(a), pueden presentar un pequeño debate ante la clase.

2. Ud. tiene un terreno en el campo y quiere construir una casa muy aislada. En cambio, su esposo(a) prefiere un apartamento en el centro de la ciudad. Ud. está convencido(a) de que la vida en el campo es mucho más agradable que la de la ciudad. Prepare una lista de los beneficios de vivir en una casa en el campo en vez de vivir en un apartamento en la ciudad.

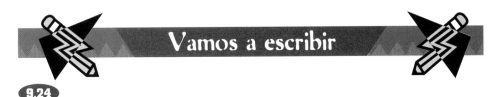

Vamos a escribir

9.24

1. Describa en detalle la casa o el apartamento donde Ud. quiere vivir en el futuro. Debe mencionar también el lugar y el número de personas que van a vivir allí.

2. Ud. es un(a) gran arquitecto(a) y acaba de recibir un contrato para diseñar una ciudad planificada para cien mil personas. No hay ningún límite a lo que puede hacer. Escriba un ensayo explicando los detalles de esta ciudad, incluyendo elementos tales como el transporte público, oportunidades recreativas, zonas verdes, la apariencia de la ciudad en general, etc. No se olvide de destacar el aspecto más importante de esta ciudad nueva.

http://www.harcourtcollege.com/spanish/saludosrecuerdos

Vamos a explorar el ciberespacio

Hay muchos sitios de interés en la Red Mundial (World Wide Web) que explican mucho sobre la cultura del mundo hispano. Vaya a http://www.harcourtcollege.com/spanish/saludosrecuerdos, explore la cultura de esta lección y haga las actividades correspondientes.

EN VIVO – CULTURA

Before viewing the cultura video segment for this lesson, please study the following **Vocabulario** and **Preparación** sections.

Costa Rica

Antes de ver el video, estudie el **Vocabulario para el video** y la sección de **Preparación.** Luego vea el video (más de una vez si es necesario) y haga los ejercicios de **Comprensión.**

Vocabulario para el video

Video vocabularies are simply for recognition purposes to help you more fully understand the segments. You are not expected to produce the vocabulary shown here.

adornar	*to decorate, adorn*
el bosque	*forest*
el campo	*countryside*
la carreta	*cart*
la cascada	*waterfall*
el esfuerzo	*effort*
la fachada	*façade*
la finca	*farm*
la gira	*tour*
la iglesia	*church*
hermoso	*beautiful*
el letrero	*sign*
la mariposa	*butterfly*
el medio	*means*
el mundo	*world*
la muralla	*wall*
el país	*country*
el peligro	*danger*
proteger	*to protect*

el pueblo	*town*
el río	*river*
la riqueza	*wealth*
la selva	*jungle*
el tesoro	*treasure*
la tierra	*land*
el valle	*valley*
valorar	*to value*

Preparación

Trate de adivinar el significado de las siguientes palabras. Al mirar el video, subraye cada una al oírla.

ángeles
áreas
centroamericano
costarricences
extinción
fauna
fisionomía
flora
metamorfosis
multicolores
proceso
símbolo
transporte
variedad
volcanes

Comprensión

A. Lea las siguientes frases. Después de ver el video, indique C (Cierto) o F (Falso), según lo que comprendió. Corrija las oraciones falsas.

___ **1.** Costa Rica tiene una gran variedad de plantas y animales exóticos.
___ **2.** Los costarricenses conservan sus tradiciones culturales y artísticas.
___ **3.** En Sarchi hay muchos talleres donde fabrican carretas multicolores.
___ **4.** La iglesia de Sarchí está adornada de mariposas.
___ **5.** Costa Rica es uno de los países de más actividad turística en todo el mundo.

B. Conteste las preguntas.

1. ¿Dónde está Costa Rica?
2. ¿Qué han establecido los costarricenses para proteger su riqueza natural?
3. ¿Por qué es famoso el pueblo de Sarchi?
4. ¿Cuál era el medio principal de transporte en los tiempos coloniales?
5. ¿Qué se puede admirar en La Guácima?

SELF-TEST

How well have you mastered this lesson? To find out, take the self test found on the ¡*Recuerdos*! Web site at http://www.harcourtcollege.com/spanish/saludosrecuerdos.

¡Adelante!

El artista . . . .

Andrés Morales, pintor de arte abs-
tracto, está discutiendo el arte y una
de sus obras con un grupo de estudiantes que han venido a su exposición.

ANDRÉS: Bienvenidos a mi exposición de arte contemporáneo. Espero que les gusten
           los cuadros que se presentan aquí.

ROBERTO: Algunos son muy bonitos pero otros son muy extraños. ¿Podría explicarme
           el significado de los cuadros?

ANDRÉS: Bueno, antes de que les diga mis opiniones, me gustaría que supieran algo
           sobre los motivos para la expresión artística. ¿Quién me pudiera decir por
           qué pintan los artistas?

ELENA: Supongo que querrán expresar su manera muy personal de ver las cosas y
           las personas.

JAVIER: Para mí, los artistas quieren inventar una nueva realidad, crear un mundo
           que corresponda a sus propias percepciones y no reproducir simplemente
           el mundo visible.

attempt   PABLO: Yo creo que la pintura es un intento° de expresar las emociones sin usar
           palabras. El artista trata de captar un sentimiento por medio de figuras, co-
           lores y líneas.

           ANDRÉS: ¡Exactamente! El arte es todo eso y mucho más. Sobre todo es una visión
others   que tiene el artista y que quiere comunicar a los demás.° Es creativo,
at the same time   dinámico, intenso, pero a la vez° puede ser íntimo, misterioso, a veces
           ridículo.

           MARÍA: Sr. Morales, aquí estamos frente a una obra suya. En mi opinión no es nada
           más que un montón de cosas desconectadas; hay curvas, triángulos,

cuadrados, líneas, manchas,° y quién sabe qué. Para mí, no representa nada.

blotches

ANDRÉS: Ay, señorita, si usara un poco de imaginación, estoy seguro de que vería unas cosas muy bonitas. El arte es una actividad de mucha técnica, pero yo siempre he tratado de representar elementos espontáneos. Un concepto nace° dentro de mí y de repente me pongo a elaborar los detalles, uno por uno.

sprouts

MARCOS: ¿Está diciendo que quiere organizar todo dentro de una estructura original? ¿Qué pasa si nadie entiende la nueva estructura?

ANDRÉS: Eso no tiene gran importancia. Lo que quiero lograr° más que nada es una reacción por parte de los que vean mis obras. Si puedo provocar una emoción, presentar una perspectiva nueva o lograr unos momentos de contemplación, estoy feliz.

achieve

MANOLO: Está bien, Sr. Morales, pero, lo que quiero contemplar ahora es una concreta y sabrosa hamburguesa. Perdone, todo esto me ha dado mucha hambre.

There are several ways possible to express the word «*painting*». The most common are

una pintura	*a painting (also, the art of painting, paint (material))*
un cuadro	*a painting (also, a description or scene)*
una obra de arte	*a work of art*

Aquí hay una lista de algunos de los estilos típicos de pintura. A ver si puede adivinar lo que significan los términos.

a la acuarela _____   a. *painting with inlaid materials*
al pastel _____   b. *portrait painting*
al fresco _____   c. *oil painting*
al óleo _____   d. *watercolor painting*
embutida _____   e. *painting on moist plaster*
de retrato _____   f. *painting with soft, delicate colors*

¡OJO!

Actividades

10.1 Hágale preguntas a su compañero(a) sobre la conversación anterior.

1. ¿Quién es Andrés Morales?
2. ¿Dónde están los estudiantes?
3. ¿Qué tipo de arte están presentando en la exposición?
4. ¿Qué problema tiene Roberto en este momento?
5. ¿Qué pregunta les hace Andrés a los estudiantes antes de decirles sus opiniones?
6. Según Pablo, ¿qué quiere captar el artista en sus obras?
7. ¿Cómo describe María la obra del Sr. Morales? ¿A ella le gusta o no le gusta?
8. ¿Qué quiere representar el Sr. Morales como elemento fundamental en su obra?
9. ¿Cómo logra sentirse feliz el artista con su obra?
10. ¿Cuál es la reacción de Manolo ante el arte del Sr. Morales?

10.2 **Una encuesta sobre las artes.** Hágale las preguntas a su compañero(a) según las siguientes categorías. Después, haga una compilación de los resultados con los otros estudiantes.

a. la arquitectura   ¿Prefieres los edificios modernos o los edificios antiguos y clásicos?

b. la escultura   ¿Prefieres las estatuas clásicas de Grecia y Roma o las obras abstractas de líneas y ángulos?

c. la ópera   ¿Prefieres las óperas trágicas y sentimentales o las óperas cómicas y ligeras?

d. el cine   ¿Prefieres las películas extranjeras con subtítulos o las películas habladas en inglés?

e. la música   ¿Prefieres la música clásica con orquesta o la música popular de conjuntos pequeños?

f. la literatura   ¿Prefieres las novelas del siglo XIX o las novelas modernas?

C U L T U R A

La herencia hispana en los Estados Unidos

Muchos años antes de que llegaran los primeros ingleses a las costas orientales del continente norteamericano, los conquistadores y colonizadores españoles ya estaban explorando la parte sur, desde la Florida hasta California. Fueron ellos quienes establecieron las primeras poblaciones y comu-

nidades en lo que hoy llamamos los Estados Unidos. Los cuatro viajes de Cristóbal Colón al Nuevo Mundo, culminando en 1503, dieron como resultado la fundación° de varias colonias en el Caribe que sirvieron como punto de partida° para las exploraciones que luego llegarían a la Florida, el Golfo de México y partes del suroeste del continente norteamericano. Juan Ponce de León hizo el primero de estos viajes, saliendo de Puerto Rico en abril de 1513.

founding
departure

Tocó tierra en la costa oriental de Florida y luego circunnavegó la península hasta el Golfo de México, posiblemente en busca de° la famosa «fuente de la juventud.» Regresó a la Florida varios años después con la intención de establecer una colonia, pero ésta no prosperó y fue abandonada. En 1526 Lucas Vásquez de Ayllón llegó a la costa de Georgia con 600 personas y fundó San Miguel de Guadalupe, una colonia que solamente duró cuatro meses, debido a las enfermedades, el hambre y la muerte de Ayllón. Dos años más tarde, Alvar Núñez Cabeza de Vaca y tres compañeros que habían sobrevivido un naufragio° en la costa del Golfo de México, emprendieron° un viaje a pie durante ocho años que los llevaría por el territorio de Texas y los desiertos del suroeste, hasta ser rescatados° por soldados españoles en el norte de México. Pero la expedición más ambiciosa de todas fue la de Hernando de Soto, que comenzó en 1539 y durante tres años exploró territorios en Georgia, las Carolinas, Tennessee, Alabama y Arkansas hasta las orillas del río Mississippi.

in search of

rescued
to embark ondeparture

shipwreck

La exploración del oeste comenzó en 1540 cuando Francisco de Coronado salió de la capital de México con unos 250 soldados en busca de las Siete Ciudades de Oro y descubrió el Gran Cañón. El descubrimiento de California vendría 2 años más tarde con la llegada de Juan Rodríguez de Cabrillo a la bahía° de San Diego. En 1610 Pedro de Peralta fundó la ciudad de Santa Fe en Nuevo México, la capital más antigua de los Estados Unidos.

bay

La ciudad más antigua y la primera colonia permanente fue San Agustín de la Florida, fundada en 1565. Durante los próximos 250 años los españoles construirían fortalezas, iglesias y misiones, recuerdos permanentes de la presencia hispana en los Estados Unidos.

Expand your cultural understanding. Visit the *¡Saludos! / ¡Recuerdos!* World Wide Web site
http://www.harcourtcollege.com/spanish/saludosrecuerdos

10.3 Indique si son ciertas o falsas las siguientes frases. Si hay frases falsas, corríjalas.

1. Los ingleses llegaron muchos años antes que los españoles al territorio norteamericano.
2. Las primeras exploraciones de los españoles en el continente fueron por la región de la Florida y el Golfo de México.
3. El resultado de los cuatro viajes de Cristóbal Colón fue la fundación de varias colonias en el Caribe.
4. En el primer viaje a la costa de la Florida, Juan Ponce de León estableció allí una colonia que prosperó mucho.
5. Los primeros españoles en explorar el territorio de Texas y el suroeste estuvieron perdidos unos ocho años.
6. La expedición de Hernando de Soto solamente llegó hasta las orillas del río Ohio.
7. Se cree que Francisco de Coronado y sus soldados fueron los primeros europeos que vieron el Gran Cañón.
8. El descubrimiento de California ocurrió cuando los españoles llegaron a la bahía de Los Ángeles en 1542.
9. La capital más antigua de los Estados Unidos es Santa Fe, Nuevo México.
10. Hoy día, queda muy poca evidencia de la presencia de los primeros exploradores y colonizadores españoles en los Estados Unidos.

RECUERDOS DE...

los Estados Unidos y la comunidad hispana ....

Población: 31 millones de hispanos en los Estados Unidos, 11.5% de la población total.
- Méxicoamericanos (chicanos) 63%
- Puertorriqueños 11%
- Cubanos 4%
- Otros grupos hispanos 22%

Centros de población:

California	9.9 millones
Texas	5.7 millones
Nueva York	2.6 millones
Florida	2.1 millones
Illinois	1.2 millones

Fiestas importantes: Cinco de mayo – Batalla de Puebla, 1862 (México); Día de los Muertos (Difuntos) – 2 de noviembre; Día Puertorriqueño de Nueva York – primeros días de junio; Día de la Independencia de Cuba – 20 de mayo; Día de la Raza – 12 de octubre

La Pequeña Habana, Miami, Florida.

La calle Misión, San Francisco, California.

Mural del artista puertorriqueño Dzime, en Chicago.

Desfile dominicano en Nueva York.

For a companion reading with exercises on the countries or area covered in this feature, go to Lección 10 in the Student Activities Manual.

V O C A B U L A R I O

Verbos

aburrir	*to bore*	inventar	*to invent, to make up*
actuar	*to act*	lograr	*to accomplish,*
(actúo)			*to achieve*
apreciar	*to appreciate*	meditar	*to meditate*
captar	*to capture, to grasp*	nacer (nazco)	*to be born*
	(the meaning)	provocar	*to provoke, to cause*
crear	*to create*	representar	*to perform*
elaborar	*to produce, to devise*	reproducir	*to reproduce,*
fascinar	*to fascinate*	(reproduzco)	*to repeat*
intentar	*to try, to attempt*		

Sustantivos

la arquitectura	*architecture*	la función	*performance*
las artes	*painting,*	la imagen	*image*
plásticas	*architecture,*	la mancha	*spot, mark, stain*
	sculpture, etc.	el montón	*pile, load*
el baile	*dance*	la música	*music*
el cuadrado	*square*	la obra	*work, opus*
el cuadro	*painting*	la ópera	*opera*
el entretenimiento	*entertainment*	el paisaje	*landscape*
la escultura	*sculpture*	la pintura	*painting*
el estilo	*style*	el retrato	*portrait*
el éxito	*success*	el sentimiento	*feeling*
la exposición	*exhibition,*	el significado	*meaning*
	showing	el taller	*workshop, studio*
el fracaso	*failure, «flop»*	la técnica	*technique*

Adjetivos

abstracto(a)	*abstract*	extraño(a)	*strange*
clásico(a)	*classical*	íntimo(a)	*intimate*
contemporáneo(a)	*contemporary*	tradicional	*traditional*
espontáneo(a)	*spontaneous*		

Otras expresiones

a la vez	*at the same time*	más que nada	*more than anything*
de repente	*all of a sudden*	por medio de	*by means of*
dentro de	*within*	por parte de	*on behalf of*
en frente de	*in front of*	sobre todo	*above all*

EN VIVO – VIÑETA

Before viewing the video vignette segment for this lesson, please study the following **Vocabulario** and **Preparación** sections.

En el hotel

Antes de ver el video, estudie el **Vocabulario para el video** y la sección de **Preparación**. Luego vea el video (más de una vez si es necesario) y haga los ejercicios de **Comprensión**.

Vocabulario para el video

Video vocabularies are simply for recognition purposes to help you more fully understand the segments. You are not expected to produce the vocabulary shown here.

la ayuda	*help*
el desayuno	*breakfast*
el empleo	*job*
de negocios	*on business*
la noche	*night*
pagar	*to pay*
el recibo	*receipt*
solamente	*only*
la tarifa	*the rate*
la tarjeta de crédito	*credit card*
tener suerte	*to be lucky*

Preparación

Haga una lista de palabras o frases que esperaría oír o decir en la recepción de un hotel y subraye las que oye al mirar el video.

Comprensión

A. Lea las siguientes frases. Después de ver el video, indique C (Cierto) o F (Falso), según lo que comprendió. Corrija las oraciones falsas.

___ **1.** Diego está de vacaciones.
___ **2.** Diego trabaja para una compañía de informática.
___ **3.** Diego prefiere un cuarto cerca de la piscina.
___ **4.** El comedor abre a las siete de la mañana.
___ **5.** Diego necesita ayuda con las maletas.

B. Conteste las preguntas.

1. ¿Cuántas noches va a quedarse Diego en el hotel?
2. ¿Cómo paga Diego?
3. ¿Qué está incluido en la tarifa?
4. ¿Cuántas maletas tiene Diego?
5. ¿Por qué le desea suerte el empleado?

Estructura   I. El imperfecto del subjuntivo

To express requests or uncertainty in the past

A. The past subjunctive is used for past actions, generally under the same rules that apply to the present subjunctive, that is, after:

1. expresssions of request and emotion

Quiero (Espero) que Uds. llamen.   *I want you to call. (I hoped you call.)*
Quería (Esperaba) que Uds. llamaran.   *I wanted you to call. (I hoped you would call.)*

2. adverbial conjunctions implying future actions

Te daré dinero para que pagues.   *I'll give you the money for you to pay.*
Te di el dinero para que pagaras.   *I gave you the money for you to pay.*

3. Buscan una persona que los ayude.   *They're are looking for a person who'll help them.*

   Buscarían una persona que los ayudara.   *They were probably looking for a person who would (might) help them.*

The imperfect subjunctive can be translated with the helping verbs *would* or *might* depending on context. Notice that in Spanish when the main clause is in the *past* or *conditional* the subordinate clause (with the subjunctive) is also in the past.

B. To form the imperfect subjunctive, take the third-person plural (**Uds.**) form of the preterite and change the **-o** in the ending to **-a.** Note that the **nosotros** forms have an accent.

llamar		poder		ir / ser	
llamarøn		pudierøn		fuerøn	
llamara	llamáramos	pudiera	pudiéramos	fuera	fuéramos
llamaras	llamarais	pudieras	pudierais	fueras	fuerais
llamara	llamaran	pudeira	pudieran	fuera	fueran

Here are some verbs with irregular third-person preterite stems. Can you say their imperfect subjunctive forms?

andar	anduvieron > anduvieran
construir	construyeron
dar	dieron
decir	dijeron
dormir	durmieron
estar	estuvieron
haber	hubieron
hacer	hicieron
leer	leyeron
oír	oyeron
poner	pusieron
querer	quisieron
sonreírse	se sonrieron
saber	supieron

tener	tuvieron
traer	trajeron
venir	vinieron
ver	vieron

C. The use of the imperfect subjunctive with the verbs **querer, poder,** and **deber** implies a polite request or assertion.

¿Pudieras prestarme veinte dólares?   *Would you be able to loan me twenty dollars?*

Quisiera comprar un disco compacto nuevo.   *I would really like to buy a new CD.*

Debieran pasar más tiempo en la biblioteca.   *You really should spend more time at the library.*

10.4 **Ud. es una persona muy cortés.** Los padres de su novio(a) le han dado una invitación a cenar con ellos en un restaurante elegante. En vez de usar las siguientes frases, cámbielas para expresar la cortesía.

1. Quiero ver la lista de vinos en el menú.
2. ¿Puedo ofrecerles una recomendación de postre?
3. Debemos esperar hasta las diez antes de salir.
4. ¿Quieren probar unos entremeses antes del plato principal?
5. ¿Podemos discutir política mientras comemos?

10.5 Ud. está contándole a su compañero(a) la conversación telefónica que tuvo anoche con sus padres. Hay que cambiar los infinitivos al imperfecto de subjuntivo.

1. Mis padres me dijeron que no (gastar) _____ tanto dinero cada mes.
2. Mi mamá pidió que yo le (escribir) _____ una carta de vez en cuando.
3. Mi padre recomendó que yo (ir) _____ a clases cada día.
4. Mi hermanita no creía que mis clases (ser) _____ muy difíciles.
5. Ellos también me mandaron que no (salir) _____ mucho por la noche.
6. Era necesario que yo les (prometer) _____ sacar buenas notas.
7. Ellos me dijeron que buscaban una casa nueva que (tener) _____ una terraza.
8. Ojalá que yo (poder) _____ pasar el fin de semana con ellos.
9. Tuvimos que cortar la conversación antes de que yo les (decir) _____ adiós.
10. Era una lástima que no (haber) _____ tiempo para hablar con mi hermanita.

10.6 Ud. no está seguro(a) de algunas cosas en el pasado. Hágale estas preguntas a su compañero(a).

 • • • ►   leer: —¿Qué querías que yo leyera?
                        —Quería que leyeras esta página.

1. ¿Qué querías que yo (estudiar, revisar, ver, escribir, traer, hacer,...)?
2. ¿Dudabas que yo (regresar, manejar, cocinar, bailar, mudarse, preocuparse por ti...)?
3. ¿Hablarías con la profesora antes de que yo (terminar, empezar, llegar, irse, venir, poder, decir algo...?

10.7 Situaciones.

1. Su compañero(a) no asistió a la última clase. Dígale todo lo que la profesora quería que Uds. hicieran en clase y de tarea.
2. Su compañero(a) está triste y piensa irse de la universidad. ¿Qué le diría Ud. para que él (ella) no hiciera eso?
3. Su compañero(a) pensaba irse de vacaciones a Latinoamérica. ¿Qué le recomendaría antes de que él (ella) se fuera de viaje?

Estructura   II.   Las cláusulas con si

To express hypothetical or contrary-to-fact situations

Speakers also use the past subjunctive in **si** *(if)* clauses to express situations that are contrary to fact or unlikely to happen. The verb in the clause expressing the result is in the *conditional*.

Iría si tuviera tiempo. *I'd go if I had the time.*

¡OJO!

To express contrary-to- fact situations, use:

Si + imperfect subjunctive + conditional
(contrary-to-fact clause)   (result clause)
Si pudiera, te lo diría   *If I could, I would tell you.*

However, when speakers consider the situation to be true or likely to happen, they use the indicative.

Iré si tengo tiempo. *I'll go if I have the time.*

10.8 Dígale a su compañero(a) lo que haría en las siguientes situaciones. Comparen sus respuestas para ver quién tiene las más originales.

1. Si pudiera hacer un viaje a Perú...
2. Si tuviera un día libre sin clases...
3. Si estuviera en la playa en este momento...
4. Si supiera cocinar...
5. Si pudiera comprar el coche de mis sueños...
6. Si quisiera casarme el mes próximo...

10.9 Si yo fuera otra persona. Dígale a su compañero(a) lo que haría si fuera otra persona. Su compañero(a) responde con otra posibilidad.

Si yo fuera el presidente de la universidad...
Si yo fuera Bill Gates...
Si yo fuera el presidente de EE. UU...
Si yo fuera mi padre (madre)...
Si yo fuera el (la) profesor(a) de español...
Si yo fuera un novelista famoso como Stephen King...

10.10

1. Su compañero(a) es agente en el aeropuerto. ¿Qué le diría a él (ella) si Ud. perdiera la conexión de un vuelo con otro? ¿Qué le recomendaría el (la) agente a Ud.?
2. Su compañero(a) es dependiente en una tienda de ropa. ¿Qué le diría Ud. a él (ella) si Ud. quisiera devolver unas ropas defectuosas y no tuviera los recibos? ¿Qué le contestaría el (la) dependiente?

 **Estructura**   III. **Los otros tiempos compuestos**

To recognize actions that precede other actions

In an earlier chapter you learned that *compound tenses* express actions that have been completed. They are called compound tenses because they combine two verb forms—the auxiliary verb **haber** and the past participle of a second verb—to describe an action or condition viewed as completed with respect to some point in time. For example, the *present perfect* expresses an action completed prior to some point in the present, that is, the tense of the auxiliary verb.

Manuel ha pintado unos cuadros muy simbólicos.
Hemos comprado varias obras de arte para el salón de estar.

Remember that past participles are formed by changing the infinitive endings **-ar** to **-ado** and **-er / -ir** to **-ido.**

llamar > **llamado**   **perder** > **perdido**   **ir** > **ido**

Some irregular past participles include:

ver	visto	hacer	hecho
escribir	escrito	decir	dicho
abrir	abierto	volver	vuelto
romper	roto	devolver	devuelto
poner	puesto	morir	muerto

In addition to the present perfect tense, **haber** may be conjugated in most other tenses to form additional compound tenses. The *past perfect* tense describes actions completed before some other past action. The *future perfect* expresses an action to be completed before another future action and the *conditional perfect* describes what would have happened given certain circumstances. Compound tenses are also associated with the *present* and *imperfect* subjunctive.

The following chart summarizes the compound tenses that are possible:

Present Perfect	**he, has, ha, hemos, han** + past participle	*have, has* **Yo he escrito la carta.**
Past Perfect (Pluperfect)	**había, habías, había, habíamos habían** + past participle	*had* **Tú habías preparado la cena.**
Future Perfect	**habré, habrás, habrá, habremos habrán** + past participle	*will have* **Ella habrá salido antes.**
Conditional Perfect	**habría, habrías, habría, habríamos, habrían** + past participle	*would have* **Yo habría hecho un plan.**
Present Perfect Subjunctive	**haya, hayas, haya, hayamos, hayan** + past participle	*(might) have* **Me alegro que hayas venido.**
Past Perfect Subjunctive	**hubiera, hubieras, hubiera, hubiéramos, hubieran** + past participle	*had* **Si hubiera tenido dinero, habría comprado la casa.**

10.11 Su compañero(a) llegó tarde a una fiesta de despedida. Dígale lo que ya habían hecho estas personas.

MODELO ● ● ● ► Donato / tocar la guitarra.
Donato ya había tocado la guitarra.

1. Matilde / cantar varias canciones
2. Camilo y Ana María / bailar tango
3. los primos / irse
4. Flora / abrir los regalos
5. alguien / sacar unas fotos
6. nosotros / decir unos chistes
7. yo / hacer el ponche
8. los abuelos de Flora / viajar

10.12 Situaciones.

1. Dígale a su compañero(a) las cinco cosas más importantes que Ud. ha hecho este semestre. Luego comparen sus respuetas para ver quién tiene las más originales.

 **MODELO** • • • ► Este semestre me he mudado de apartamento.

2. Comparen los planes que Ud. y su compañero(a) habrán realizado para el año 2015. Piensen en familia, trabajo, vacaciones, compras...

 **MODELO** • • • ► —Yo me habré casado. ¿Y tú?
—Pues, yo (no) me habré casado también (tampoco).
—Ya me he casado.

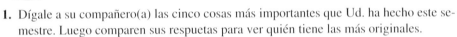

Vamos a leer

Una mural en Los Ángeles.

El arte mural de los chicanos

En muchos barrios chicanos de nuestras ciudades grandes se observa una rica expresión artística que representa las experiencias, ideas, emociones y aspiraciones de la comunidad. Es un arte activista, político y a la vez inspirador, que tiene por objeto captar las frustraciones y también el orgullo de un pueblo cuya historia no se puede ignorar. Es un arte a gran escala,° cuadros murales pintados en el exterior de los edificios y muros° de lugares públicos. Este estilo se originó con los garabatos°, graffiti, y otras representaciones «artísticas» que aparecieron por los barrios. Combinados con la tradición del arte mural tan popular en México, han producido un movimiento artístico de murales que ahora tiene casi 40 años de desarrollo. Los murales se valen de° muchos estilos y técnicas. Hay representa-

large scale / walls
scribblings

make use of

ciones abstractas, dibujos exagerados, caricaturas, imágenes realistas y diseños de inspiración indígena precolombina. Sin embargo, los temas son similares: la historia chicana, las luchas, los sueños y los héroes de «La Raza». Abundan figuras tales como Benito Juárez, Miguel Hidalgo, César Chávez y la Virgen de Guadalupe. Tanto en el contenido como en la forma son siempre expresiones de la identidad chicana y reflejan un vivo interés en la comunidad.

Muchos de los murales más impresionantes se encuentran en California, especialmente Los Ángeles, San Diego y San Francisco. *La gran muralla de Los Ángeles,* por ejemplo, es un mural de media milla de extensión a lo largo de un canal de drenaje° en el *drainage* valle de San Fernando. Dirigida por Judy Baca, la obra llevó 5 años de trabajo a unos 300 participantes. Es una representación en varias etapas de las luchas de diferentes grupos étnicos, desde los indígenas norteamericanos hasta los inmigrantes mexicanos del siglo XX. Otros murales importantes son *460 años de historia chicana,* en el centro de Los Ángeles; *Gerónimo,* de Victor Ochoa, en el Parque Balboa en San Diego; y *La Raza cósmica,* en el Centro Panamericano en Austin, Texas. Este arte mural es una gran inspiración para hoy y mañana.

10.13 Indique cierto o falso y corrija las frases falsas.

1. Uno de los propósitos del arte mural en los barrios chicanos es contar la historia del pueblo de una manera intensamente visual.
2. El arte mural en los EE.UU. tiene mucha influencia de la tradición muralista de México de la primera parte del siglo XX.
3. El estilo del arte mural es siempre muy realista.
4. Los cuadros más impresionantes del arte mural se encuentran en Chicago y Nueva York.
5. Las creaciones del arte mural son obras muy individuales, con poca colaboración.
6. Los temas de este tipo de arte casi nunca incluyen otros grupos étnicos, aparte de los chicanos.
7. El arte mural es un estilo que tiene poca importancia en los barrios chicanos.

10.14 En grupos de 4 ó 5 estudiantes, hagan un plan para hacer un mural grande aquí en la universidad. Deben indicar el lugar, el tema general, el tamaño, los materiales, el número de participantes, la duración del proyecto, y algunos de los detalles que se van a incluir. Hay que explicar también un poco sobre los elementos estilísticos y la reacción que quieren provocar.

Julen Birke hace sus materiales de nylon y plásticos transparentes, entre otros. Usa el color, las sensaciones visuales y el concepto de lo blando. Su obra es coherente y sólida. Ya tiene una personalidad definida.

¿Qué opina Ud. de la escultura moderna? ¿Qué materiales se usan hoy día en la escultura?

Vamos a leer

La estatua
Wilfredo Braschi (1918–)

Wilfredo Braschi nació en Nueva York en 1918. Recibió dos títulos en humanidades de la Universidad de Puerto Rico y luego el doctorado en Filosofía y Letras en la Universidad de Madrid. Es uno de los periodistas más reconocidos de Puerto Rico y también ha sido catedrático de Adminstración Pública en la Universidad de Puerto Rico. Ha publicado varias colecciones de cuentos cortos y estudios críticos sobre la literatura y el teatro. Sus obras más conocidas incluyen *Cuatro caminos* (1963) premiada por el Instituto de Literatura Puertorriqueña y *Metrópoli* (1968) una colección de treinta y un cuentos, inclusive el cuento a continuación.

10.15 Braschi usa un vocabulario poético y artístico en sus cuentos. Combine las siguientes traducciones correctamente. Después cubra una columna y trate de recordar el significado de las palabras en la otra columna y *vice versa*.

A. Sustantivos

1. la gubia y el pincel _____   a. profile
2. el taller _____   b. touch
3. la greda, el barro _____   c. features
4. el perfil _____   d. gouge and chisel
5. las luces y sombras _____   e. clay, mud
6. el matiz _____   f. blow, hit
7. los rasgos _____   g. workshop
8. el toque _____   h. lights and shadows
9. la habilidad _____   i. shade
10. el golpe _____   j. skill

B. Verbos

1. afinar _____   a. achieve
2. pulir _____   b. carve
3. trazar _____   c. scrutinize
4. tocar _____   d. touch
5. colocar _____   e. scold
6. reñir (i) _____   f. veil
7. velar _____   g. polish
8. escrutar _____   h. refine
9. tallar _____   i. place
10. lograr _____   j. trace

Estrategias ....

Muchas veces el artista se vale de distintos medios para comunicar su arte con nosotros. Por ejemplo, el pintor puede contarnos una historia por medio de las imágenes que pone en el cuadro, tal como el escritor intenta pintarnos un cuadro por medio de las palabras y descripciones. En el caso de los poetas, son raras las veces que se expresan directamente, prefieren emplear símbolos o palabras que evocan ideas y emociones.

La idea del cuento que sigue es presentarnos la historia de un escultor por medio de expresiones e imágenes muy poéticas, casi como si fueran pintadas. Es una combinación extraordinaria de varios medios distintos que ha producido un retrato narrado de la ambición artística.

Al leer el cuento, preste atención a los colores, la luz, la sombra, la oscuridad, etc. Fíjese también en los adjetivos que describan directamente al escultor. ¿Hay un momento en particular cuando el artista se da cuenta de que su creación se parece a él? ¿De qué manera cambia el tono del cuento después de ese momento?

Turcio Mirandola, escultor.
¿La estatua? ¿La está mirando Turcio?

Para mejor apreciar un cuento es práctico identificar los personajes y resumir en nuestras palabras los sucesos significativos: la trama. Al leer el cuento haga Ud. una pausa después de cada 15 o 20 líneas y escriba su propio resumen. Después compare su resumen con su compañero(a) y decidan cuáles serán las descripciones y los sucesos más importantes.

A continuación lea el resumen de los primeros párrafos del cuento. Luego compare las frases en el resumen con las frases en el cuento. Refiérase a este resumen para escribir el suyo.

El escultor se sentía igual que un pequeño dios. Se absorbía en su trabajo. Contemplaba una de sus últimas esculturas y de pronto le pareció horrible. La obra todavía necesitaba unos toques, quizá pulir y afinarla un poco más.

Él estaba solo en su estudio. El amplio ventanal abría al sol y al cielo azul. Distintas estatuas llenaban su taller. El barro, la piedra, el bronce, la greda se encendían con brillante luz. El taller del artista daba la impresión de un pequeño mundo de luces y sombras.

El extático escultor estudió de nuevo la piedra que trabajaba—la nariz, los ojos, la frente que tomaban su propio estilo. Aunque la estatua estaba incompleta, Turco la sentía como su propio cuerpo. La estudiaba de diferentes ángulos. Siempre le parecía descubrir un aire severo.

La estatua
(Adaptado)

Con la gubia y el cincel llegaba a sentirse igual que un pequeño dios. Movía las manos con gracia y los dedos cobraban vida propia, ágiles, casi etéreos° en la euritmia creadora.° Iba percibiendo un grato ensimismamiento,° como si el mundo entero, fuese* su argamasa° y pudiese* modelarlo a su gusto lo mismo que hace el viento con las nubes. Contemplaba una de sus últimas esculturas y de pronto le pareció horrible. No la captaba en toda su integridad, en todo su perfil. Aún le faltaban unos toques, acaso un ligero golpe aquí o allá, quizá pulir la piedra un poco más, afinar sus aristas.° 　　　　　5

Se hallaba° solo en el estudio. El amplio ventanal abría a la claridad del sol y al azul del cielo. Las estatuas de diversos tamaños y formas, llenaban el recinto.° El barro, la piedra, el bronce, la greda, se encendían en un reluciente hálito° de vida. El taller del artista 　10　 daba la impresión de un mundillo entretejido° de luces y sombras.

El escultor, rodeado de sus más recientes grupos escultóricos,° se extasiaba° ante aquel universo que le prolongaría en el tiempo.

Estudió de nuevo la piedra en que trabajaba. Los rasgos de la nariz, las cuencas° de los ojos, la amplitud de la frente, acusaban ya su estilo inconfundible.° 　　　　15

Aunque la estatua estaba incompleta, intacta aún la aspereza° de la piedra, Turcio la sentía como su propia carne.° Escrutaba su obra, retirábase para captarla en perspectiva o se alejaba hacia un ángulo del estudio donde se adensaban° las sombras. Siempre le parecía descubrir un aire torvo° en la naciente imagen.

Turcio Mirandola vivía plenamente su experiencia de escultor. Desde el instante en que 　20 trazaba el dibujo de una obra hasta el angustioso segundo de concluirla perdía la noción de sí mismo. Luego, a medida que la idea se transformaba en arte y él la veía encenderse de vida, se iniciaba en su espíritu una rara metamorfosis. Cuando por primera vez tuvo esa sensación le asaltaron unos incontenibles deseos° de gritar que se sentía como un pequeño dios.

Al contemplar su primera obra se creyó tocado por la divinidad. Tarea difícil fue colo- 　25 car en una plaza amplia, con anchas fontanas y frondosa arboleda,° su monumental escultura. Mientras escuchaba discursos laudatorios y el aplauso° de sus colegas, pensaba en su próxima obra y una dulce fiebre le consumía. Sus colegas decían:

—A Turcio Mirandola la piedra se le convierte en vida, en aire, en luz...

—En este genial escultor está viva la gracia de Dios... 　　　　30

Esas y otras palabras se le quedaron aleteando° en la cabeza como golondrinas cegadas° por el sol. Desde aquel día Turcio se propuso superarse, no descansar, vivir plenamente para su obra.

Sus ojos sólo conocían la penumbra° del estudio. Si salía a la calle iba como insomne. Su esposa le reñía enojada: 　　　　35

—¡Solo sueñas con tus estatuas! ¡Por Dios, Turcio! Una ligera miopía le velaba las retinas. Pero no menguaba° su habilidad de escultor. Solía subrayar:°

—Los ojos de los escultores están en sus manos. Al volver a contemplar su estatua se le antojó fea.° Turcio Mirandola percibía un tibio ardor° en los dedos. Había apretado con excesiva fuerza el cincel y estuvo acariciando° la piedra como si se tratara de un pedazo de seda. 　40

Allí se alzaba° el mármol con su forma definitiva, sólo que el rostro se advertía inacabado,° irónico, con un leve° signo de insatisfacción.

El silencio transcurría como una misteriosa y oculta voz. Las piedras desbastadas° y a medio desbastar parecían alentar una inédita vida.°

En el taller el ambiente fantasmal pesaba sobre la cabeza del artista. Convencido de su 　45 genio se sentía a un tiempo mismo, padre e hijo. Desde que tallara la primera cabeza abrigó la sensación de que su quehacer le convertía en esclavo y señor.

heavenly / creative equilibrium
self-absorption / mortar

edges
se veía
taller
10　shining breath
small interwoven world
collection of sculptures /
became ecstatic
sockets
15　sin confusión
harshness
his own flesh
agrandarse
severo
20

irrepressible desires took over
25　him
fountains and leafy grove of
trees
applause

30

fluttering
swallows blinded

medio oscuro
35

diminish / He'd stress

felt ugly to him / warm zeal
40　caressing

se levantaba
seemed unfinished / slight
smoothed
45　vida incompleta

....

* *fuese* and *pudiese* are alternate forms of the past subjunctive: *fuera, pudiera.*

En medio de su estudio, en esa hora de la tarde en que el sol cae el escultor tornó los ojos a su última obra. No lograba saber qué repudiaba° en el enorme mármol. Pero algo en
50 la piedra no correspondía a su concepción preliminar en el barro.

    —¿Qué me ocurre? ¿Habré perdido° mi arte?

    Turcio Mirandola, de pie ante su obra, la observó un largo rato.° Le asaltaban en tropel° los recuerdos. ¡Cuánto tiempo había pasado desde que su primer grupo escultórico le convirtió en símbolo de fama y riqueza! Ahora quería cumplir su mayor encomienda° y de
55 pronto se sentía desfallecer.°

    En la piedra inconclusa se acusaba ya el torso de un hombre. Arriba la cara bruñida,° monstruosa, con un mostrenco° y duro perfil, la nariz escarpada,° los ojos sin lineamiento, las orejas como inmensos caracoles.° Turcio Mirandola se reintegraba a su trabajo y caían las aristas desmayadas° a sus pies.

60   De pronto se vio reflejado en el espejo de su estudio. Allí estaban los mismos rasgos de su obra. Idéntica la cabeza, idénticos los ojos, la misma frente, la misma nariz. No obstante, volvió a sorprender en la estatua aquel extraño signo que antes le enojara: un matiz de incierta gravedad, de lejanía,° de esfinge.° Y percibió en su más íntima realidad, en su yo último, una honda desazón,° como si acabara de descubrirse.

65   Envejecía° y la fama le aislaba.° El estudio era su único refugio, el lugar donde vivía, donde pensaba, donde erguíase° solitario, como un pequeño dios olvidado de todo, incluso de que se le endurecían° las manos y los ojos se le apagaban.

    Aquel día cuando dio el golpe final en el mármol, sobre aquella estatua que reflejaba su propia imagen, pensó que su obra le había impedido vivir y que las figuras de su estudio
70 le acosaban.° Volvió a mirar la estatua inconclusa que la dejaría así, ajena,° mostrenca y dura, como la piedra en bruto.°

Glosses (left margin):
- what he hated
- I wonder if I've lost
- tiempo
- in a mad rush
- obra
- faint
- se veía / burnished
- dull / steep
- snails
- exhaustas
- remoteness / Sphinx-like
- profound discomfort
- se volvía viejo / apartaba
- he stood alone
- se le ponían duras
- pursue / extraña
- as rough stone

10.16 Conteste las siguientes preguntas basadas en el cuento.

1. ¿Cómo se llamaba el escultor? ¿A qué se referiría **-la** en **mirar**: *mirándola*?
2. ¿Con que se sentía Turcio igual a un dios?
3. ¿Cómo le pareció a él una de sus últimas esculturas?
4. ¿Qué le faltaba a él hacer todavía con su creación?
5. ¿Cómo era su taller?
6. ¿A qué se refería: «...la sentía como su propia carne»?
7. ¿Cómo se creyó el escultor al contemplar su primera obra?
8. ¿Cómo era la relación entre Turcio y su esposa?
9. ¿Qué problema tenía él con las retinas de los ojos?
10. ¿Qué dos preguntas se hizo Turcio, refiriéndose a su arte?
11. ¿Cómo eran estos rasgos de la estatua (piedra): la cara, la nariz, los ojos y las orejas?
12. ¿A quién era idéntica la estatua?
13. ¿En qué pensaba el escultor cuando dio el golpe final en el marmol?
14. ¿Por qué dejaría Turcio su estatua inconclusa (sin terminar)?

10.17 Hagan una lista de las palabras o frases que describen la apariencia física del artista y después hagan otra lista de palabras o frases que describen las emociones o características personales del artista. Luego hagan una comparación entre la realidad del artista y el mundo que él ha creado para sí mismo.

10.18 Discutan las siguientes preguntas en grupos de cuatro o cinco. Prepárense a compartir sus reacciones con el resto de la clase.

1. ¿Creen Uds. que Turcio Mirandola es una persona feliz? ¿Por qué?
2. En vez de una profesión o un pasatiempo, ¿en qué se convirtió el arte para Turcio?
3. ¿Cuál es el mensaje principal de este cuento?

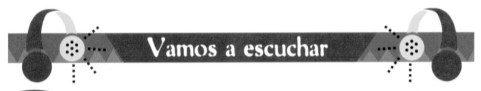

10.19 Antes de escuchar la siguiente conversación, lea las preguntas que siguen. Después, escuche la conversación en su disco compacto, haciendo apuntes sobre los puntos más importantes para poder escoger la respuesta correcta.

Tres amigos, Ernesto, Jorge y Carmen salen del cine después de ver una película en italiano con subtítulos. Los tres tienen opiniones diferentes sobre los actores, la trama, las relaciones personales, etc. Escuche bien, prestando atención a las diversas actitudes expresadas.

1. A Carmen no le gustó nada de la película porque _____.
   a. tiene subtítulos
   b. los actores no son muy buenos
   c. tiene un fin muy trágico
2. Lo que le impresionó más a Ernesto era _____.
   a. el realismo de los actores
   b. el realismo de los diálogos
   c. el realismo de la violencia
3. La actriz que interpreta el papel de la novia rechazada _____.
   a. tiene poca importancia en la película
   b. tiene ojos azules muy bonitos
   c. tiene un secreto horrible
4. Para Jorge, el aspecto más ingenioso de la película es _____.
   a. la trama
   b. el fin
   c. el talento de la actriz
5. Las relaciones personales entre los protagonistas _____.
   a. no tienen importancia
   b. son muy frías
   c. tienen muchas vueltas y sorpresas
6. Carmen dice que los temas de la película _____.
   a. son el aspecto más importante
   b. ya no tienen mucho interés hoy en día
   c. son demasiado complicados
7. Para ella, las relaciones entre el hombre y la mujer _____.
   a. han cambiado mucho
   b. han causado problemas graves
   c. han sido siempre muy difíciles
8. Ernesto dice que las emociones humanas _____.
   a. no existen en las películas
   b. son diferentes para los actores
   c. son universales
9. Carmen protesta de que la película trata de resolver el conflicto por medio de _____.
   a. los celos
   b. la violencia
   c. el honor
10. Al final, los tres estudiantes deciden ir _____.
    a. a la biblioteca
    b. a otra película
    c. al café

Vamos a hablar

10.20 En grupos de cuatro o cinco, piensen en una película reciente que todos en el grupo han visto. Preparen un comentario para compartir con el resto de la clase sobre los siguientes puntos:

categoría de película
los actores principales
contenido de violencia, obscenidad y sensualidad
la trama general
los aspectos técnicos
otras características importantes

Al final del comentario, hagan una recomendación negativa o positiva en cuanto a la película.

10.21 Divídanse en dos grupos para considerar y defender las dos opiniones

1. Las películas no representan la realidad y su único propósito es entretenernos.
2. Las películas tienen mucha influencia en la sociedad y deben tener un propósito educativo o moral.

Presenten sus conclusiones a la clase.

Vamos a escribir

10.22 Ud. acaba de leer un artículo en el periódico sobre una exposición de arte que se va a estrenar la semana próxima en la biblioteca pública de la ciudad donde Ud. vive. El artículo dice que la exposición tiene varias obras controversiales, incluso algunas que pudieran ser de muy mal gusto, o quizás obscenas. También menciona que algunos de los líderes de la ciudad quieren exigir cambios en la exposición mientras otros dicen que hacer eso sería un acto de censura. Ud. tiene una opinión que quiere expresar sobre este asunto. Prepare una carta al director del periódico, explicando por qué Ud. está **a favor** o **en contra** de la exposición. Puede seguir las sugerencias que siguen:

1. Al director del periódico _____ .
2. Identificarse a sí mismo(a), explicando por qué Ud. quiere opinar sobre este asunto.
3. Expresar las dos partes de la controversia.
4. Mencionar las consecuencias o los resultados de otras controversias similares en el pasado.
5. Indicar por qué Ud. tiene la opinión que tiene.
6. Expresar una conclusión fuerte y convincente.

http://www.harcourtcollege.com/spanish/saludosrecuerdos

Vamos a explorar el ciberespacio

Hay muchos sitios de interés en la Red Mundial (*World Wide Web*) que explican mucho sobre la cultura del mundo hispano. Vaya a http://www.harcourtcollege.com/spanish/saludosrecuerdos, explore la cultura de esta lección y haga las actividades correspondientes.

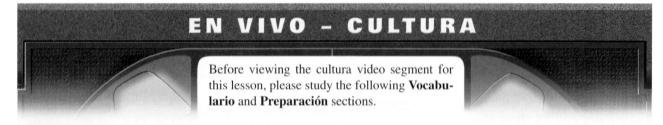

> Before viewing the cultura video segment for this lesson, please study the following **Vocabulario** and **Preparación** sections.

San Diego

Antes de ver el video, estudie el **Vocabulario para el video** y la sección de **Preparación**. Luego vea el video (más de una vez si es necesario) y haga los ejercicios de **Comprensión**.

Vocabulario para el video

Video vocabularies are simply for recognition purposes to help you more fully understand the segments. You are not expected to produce the vocabulary shown here.

al aire libre	*outdoor*	la herencia	*heritage*
el ambiente	*atmosphere*	hermoso	*beautiful*
el atractivo	*attraction*	la iglesia	*church*
el barco	*boat*	la muestra	*sample*
el centro comercial	*shopping center, mall*	la obra teatral	*play*
la cueva	*cave*	el papel	*paper; role*
disfrutar de	*to enjoy*	la playa	*beach*
el extremo	*end*	premiado	*prize-winning*
la flor	*flower*	el pueblo	*town*
la foca	*seal*	la puesta del sol	*sunset*
la frontera	*border*	el recuerdo	*souvenier*
fundar	*to found*	la tienda	*store*
el, la habitante	*inhabitant*	tomar el sol	*to sunbathe*
		el zoológico	*zoo*

Preparación

Subraye las cosas que oye y ve en el video.

arquitectura	exploración
baile	función
colonización	millón
costa	misiones
entretenimiento	Pacífico
espectáculos	pintura
estructuras	talleres
eventos	técnica

Comprensión

A. Lea las siguientes frases. Después de ver el video, indique C (*Cierto*) o F (*Falso*), según lo que comprendio. Corrija las oraciones falsas.

___ **1.** La Casa de Escudillo fue construida en 1929.
___ **2.** Old Town es ideal para comprar recuerdos.
___ **3.** Los habitantes de San Diego van a Balboa Park para practicar deportes.

___ **4.** San Diego de Alcalá es un hermoso pueblo conocido por sus playas.
___ **5.** La Jolla es una misión fundada por Fray Junípero Serra.

B. Conteste las pregúntas.

1. ¿Dónde está situado San Diego, California?
2. ¿Cuántos habitantes tiene San Diego?
3. ¿En qué consiste Old Town?
4. ¿Cuántas misiones fundó Fray Junípero Serra?
5. ¿Cuál es el atractivo más popular de Balboa Park?

S ELF - TEST

How well have you mastered this lesson? To find out, take the self test found on the ¡*Recuerdos*! Web site at http://www.harcourtcollege.com/spanish/saludosrecuerdos.

¡Recuerdos!
Vocabulario Español–Inglés

The number next to each entry refers to the lesson in which the word first appears.

m.	masculine
f.	feminine
pl.	plural
adj.	adjective
fam.	familiar
interrog.	interrogative

A

a cuadros	plaid, checkered 5
a la vez	at the same time 10
a menudo	frequently 3
a rayas	striped 5
a veces	at times 1
abierto(a)	open 2
abrazadera, la	brace 6
abrazar	hug 3
abrigo, el	coat 5
abstracto(a)	abstract 10
aburrido(a)	boring, bored 2
aburrir	bore 10
aburrirse	get bored 4
acá, aquí	here 4
acabar	run out of 9
aconsejar	advise 6
acostarse (ue)	go to bed 4
actualmente	presently 1
actuar	act 10
además	in addition, besides 1
afeitarse	shave 4
afortunado(a)	fortunate, lucky 8
agua, el (*f.*)	water 2
ahí	there 4
al + *inf.*	upon (when) <u>doing</u> something 1
al lado de	next to 9
alegrarse	become happy 4
alegrarse de	be happy 7
algodón, el	cotton 5
alimentos, los	foodstuffs, nourishment 4
aliviar	relieve 6
alivio, el	relief 8
allá, allí	there, beyond 4
allí (allá)	over there 3
alquilar	rent 3
amor, el	love 3

anillo, el (sortija, la), de oro, de plata	ring, gold, silver 5
animarse	cheer up 4
ánimo, el	encouragement 8
anuncio, el	advertisement 2
añadir	add 9
apagar	turn off (light, appliances) 6
apetecerle	crave, be appetizing to someone 4
aplicarse	apply 6
apoyar	support 6, 7
apreciar	appreciate 10
apretado	tight 5
árbitro(a), el (la)	referee, umpire 7
árboles frutales	fruit trees 9
archivos, los, bajar los archivos	files, download files 2
aretes, los	earrings 5
armario, el	clothes closet 9
arquitectura, la	architecture 10
arroz, el	rice 4
arte, el	art 1
artes plásticas, las	painting, architecture, sculpture, etc. 10
artesanos, los	craftsmen 9
así como viene, también se va	easy come, easy go 8
aspiradora, la	vacuum cleaner 9
atar	tie, fasten 5
atender (ie)	attend to 6
Atentamente	Sincerely (in letter closing) 2
atlético(a)	athletic 7
atletismo, el	field sports 7
atraer	attract 6
azúcar, el	sugar 4

B

baile, el	dance 10
baloncesto (España)	basketball 7
banana, la	banana (Spain, southern South America) 4
bañarse	bathe 4
bandera, la	flag 2
básquetbol (América)	basketball 7
batido, el	shake 4
béisbol, el	baseball 7
besar	kiss 3
biología, la	biology 1
bistec, el	steak 4
blusa, la	blouse 5
bolos, los	bowling 7
botón, el	button 5
boxeo, el	boxing 7
brazalete, el (pulsera, la)	bracelet 5
broche, el	ornament pin, brooch 5

C

cacahuate, el	peanut (Spain) 4
cacahuete, el, maní, el	peanut (Caribbean) 4
cadena, la	chain 5
caer (caigo)	drop, fall 9
caerse (me caigo)	fall down 3, 6, 7
calcetines, los	socks 5
callado(a)	reserved, silent 2
calmarse	calm down 8
camarones, los, gambas, las	shrimp, shrimp (Spain) 4
cambiar	change, exchange, trade 8
camiseta, la	T-shirt 5
campeonato, el	championship 7
cancha de tenis	tennis court 9
cansado(a)	tired 2
cansarse	get tired 4
captar	capture, grasp the meaning 10
cariño, el	affection 3
casa de nuestros sueños	house of our dreams 9
casarse	get married 3, 4
casualidad, la	coincidence 3
cereza, la	cherry 4
cerrado(a)	closed 2
césped, el	grass, lawn 9
chaleco, el	vest 5
ciencias políticas, las	political sciences 1

ciencias, las	sciences 1
cierre, el (zíper, el)	zipper 5
cierto(a)	some, sure 2
cinturón, el	belt 5
ciudadano(a), el, la	citizen 2
claro	sure, clear 2
clásico(a)	classical 10
clavado(a)	stuck, fixed, "glued" 8
cobrar	collect (money) 6
coco, el	coconut 4
collar, el, de cuentas, de perlas	necklace, beads, pearls 5
comedor, el	dining room 9
como de costumbre	as usual, customary 3
cómo no	of course 2
competir (i)	compete 7
comprobar (ue)	check, prove 8
computadora, la (el ordenador, España)	computer 2
comunicaciones, las	communications 1
concurso, el, competición, la	competition, contest, game show 8
consejo, el	advice 6
construir (construyo)	build, construct 7, 9
consultar	consult, look up 8
contabilidad, la	accounting 1
contar (ue)	tell (story); count 3
contemporáneo	up to date 9
contemporáneo(a)	contemporary 10
contento(a)	happy 2
contestadora, la	answering machine 2
contribuir (contribuyo)	contribute 3
convenirle(ie)	be convenient, suit 4
convertirse en (ie)	turn into 8
copiadora, la	copy machine 2
corbata, la	tie 5
correo electónico, el, *e-mail, el*	e-mail 2
cortar el césped	mow the lawn 9
corto(a)	short (length) 3, 5
coser	sew 5
crear	create 6, 10
cuadrado(a)	square 3
cuadrado, el	square 10
cuadro, el	painting 10
cualquier	any 7
cuchara, la	spoon 4
cucharita, *la*	teaspoon 4
cuchillo, el	knife 4
cuero, el	leather 5
cuidar	take care of 6
curar	cure 6

D

darse cuenta de	realize 5
darse cuenta de que	realize that 8
de lunares	polka dot 5
de niño(a)	as a child 3
de pronto, de repente	suddenly 3, 10
de un momento a otro	from one minute to the next 8
¿De parte de quién?	Who's calling? 2
deberse a	be due to 5
decidir (se)	decide, to make up one's mind 8
dedicarse	get involved in 7
dejar	leave (something behind) 6
dejar + inf.	allow 7
demostrar (ue)	display 5
dentro de	within 10
deportista, el, la	sportsman(—woman) 7
descansar	rest 8
despertarse (ie)	wake up 8
después de + infinitivo	after + -ing verb form 1
detalles, los	details 5
dieta, la	diet 4
dietista, el, la	dietitian 4
diseño, el	design 2
divertirse (ie)	have fun 4
doler	ache 6
dolor, el	pain 6
dudar	doubt 7
dueño(a), el, la	owner 2
duro(a)	hard 3, 6

E

e	and —before words starting with **hi-** or **i-: padre e hijo** 1
echar	pour 3
el curso	academic term, class 1
el socio, la socia	member 1
elaborar	produce, devise 10
electrodomésticos	kitchen appliances 9
elegir (i) elijo	elect 3
emplear	employ, hire 9
en fin	finally 1
en frente de	in front of 10
En; ¿En qué te (le) puedo servir?	What can I do for you? 2
encabezar	head 7
encaje, el	lace 5
encantarle	be very pleasing; to like a lot 4
encontrar (ue)	find, come across 4, 8

encontrarse (ue)	find, encounter 3
encontrarse con	meet (up with) 4
enderezar (enderezo)	straighten 6
enfermarse	get sick 4
enfermo(a)	sick, ill 2
enojado(a)	angry 2
enojarse	become angry 4
enojarse	be annoyed 7
entrada del coche, la	driveway 9
entrenador(a)	trainer 7
entretenimiento, el	entertainment 10
entrevista, la	interview 8
entrevistar	interview 5
equipo, el	equipment 6
equipo, el	team 7
equivocarse	be mistaken 4
escultura, la	sculpture 10
especializarse	major 1
espejo, el	mirror 9
espontáneo(a)	spontaneous 10
estampado(a)	printed, print 5
estar de acuerdo, buen (mal) humor, pie, vacaciones	agree, be in a good (bad) mood, be standing, be on vacation 2
estar de moda	be in style 5
estar disponible, pendiente de	be available, be on the lookout 2
estilo, el	style 10
estrecho	narrow 5
estudiantil	student 8
estufa eléctrica, la	electric range 9
evitar	avoid 4, 7
exigir (exijo)	require 6
éxito, el	success 10
experimentar	experience 6
exposición, la	exhibition, showing 10
extenso(a)	extended 8
extraño(a)	strange 10

F

falda, la	skirt 5
fascinar	fascinate 10
fascinarle	fascinate 4
fecha, la	date (calendar) 2
fijarse en	notice 4
folleto, el	brochure 3
fracaso, el	failure, "flop" 10
franela, la	flannel 5
fresa, la	strawberry 4
frijoles, los	beans 4
función, la	performance 10
fútbol, el	soccer 7

G

ganar	win, earn, gain 1, 7, 8
geografía, la	geography 1
golf, el	golf 7
gorra, la	cap 5
graduarse en (me gradúo, te gradúas, se gradúa nos graduamos, os graduáis, se gradúan)	graduate from 1
gran(de)	great, big 2
granos, los	grains; pimples 4
grasa, la	fat; grease 4
gritar	shout 6
guantes, los	gloves 5
guiar (guío)	guide 7
gustarle (me gusta)	like, be pleasing 1

H

hace (horas, días...), que (estudio, vivo...)	I've been (studying, living...) for (hours, days...) 1
hace... que... (pretérito)...	ago 3
hacer falta	need 9
hacer juego con	match 5
hacer un papel	play a role 7
hacer un viaje	take a trip 3
harina, la	flour 4
hay > hubo (pretérito), había (imperfecto)	there was, there were 3
hay que + inf.	one must; it's necessary to 1
hecho a la orden	custom built 9
herido(a)	hurt, injured 6
herirse (ie)	injure 6
héroe, el; heroina, la	hero, heroine 2
hielo, el	ice 4, 6
hilo, el (lino, el)	linen cloth 5
historia, la	history 1
hockey, el	hockey 7
hombro, el	shoulder 6
horno, el	oven 9
humanidades, las	humanities 1

I

idioma extranjero, el	foreign language 1
imagen, la	image 10
impermeable, el	raincoat 5
importarle	be important 4
impresora (láser), la	(laser) printer 2

influir en (influyo)	influence 3
informar	inform, report 8
informática	computer science 1
intentar	try, attempt 10
interesado(a)	selfish, interested 2
interesarle	be interesting 4
Internet (la Red), la	Internet 2
íntimo(a)	intimate 10
inventar	invent, make up 10
ir (voy) a + inf.	to be going to 1
itinerario, el	itinerary 3

J

jamón, el, jamón serrano	ham, Spanish ham 4
jardín, el	garden 9
joya, la, de fantasía	jewelry, a precious stone, costume jewelry 5
juego de cubiertos, el	silverware 4
jugar (ue) a	play a sport 7
juntar	put together, save up 9
juventud, la	youth 7

L

la especialización	major 1
ladrillo, el	brick 9
lana, la	wool 5
lanzar	throw, pitch 7
largo(a)	long (length) 3, 5
lastimarse	bruise, hurt 6
lavadora, la	washing machine 9
lavaplatos, el	dishwasher 9
limpio(a)	clean 2
listo(a)	clever, ready 2
liviano(a)	light (weight) 3
llamarse	be named, be called 1
lleno(a)	full 7
llevar	wear, take 1
lo + adjetivo	the . . . part (thing) 2
lo mismo	the same (thing) 2
lo siento	I'm sorry. 2
lograr	accomplish, achieve 3
los pasatiempos	pastimes 1
los recuerdos	remembrance; regards 1
lucir (luzco)	sport, don (a garment) 5

M

maíz, el	corn 4
malo(a)	bad, sick 2
mancha, la	spot, mark, stain 10
mandar	send, order 4, 7
manga corta, larga, sin manga	short-sleeved, long-sleeved, sleeveless 5

máquina, la	machine 2, 6
marca, la	brand 5
más que nada	more than anything 10
matemáticas, las	mathematics 1
matricularse (me matriculo)	register 1
medias, las	stockings 5
meditar	meditate 10
mejorarse	get better 6
melocotón, el, durazno, el (Mexico)	peach 4
merienda, la	snack 4
microondas, el	microwave oven 9
mientras	while 3
mismo(a)	same, —self 2
mojarse	get wet 6
molestarle	bother 4, 7
montar en	ride on 3
montón, el	pile, load 10
morir (ue)	die 3
mostrar (ue)	show 6
movimiento, el	movement 6
música, la	music 1

N

nacer (nazco)	be born 10
naranja, la	orange 4
natación, la	swimming 7
negar (ie)	deny 7
ni soñarlo	no way, in your dreams 8
no solamente...sino también	not only . . . but also 8
nuevo(a)	another, brand new 2

O

obra, la	work, opus 10
ocupado(a)	busy 2
ocurrir	occur, happen 8
ojalá	I (we) hope, here's hoping 7
olvidar	forget 9
ópera, la	opera 10
opinar	have an opinion, think 8
orgulloso	proud 7

P

paisaje, el	landscape 3
pana, la	corduroy 5
pañuelo, el	handkerchief, scarf 5
papa, patata, la (España)	potato 4
para siempre	forever 8

paraguas, el	umbrella 5
parecer(le)	seem 4
partido, el	game, match 7
pavo, el, guajolote, el	turkey, turkey (Mexico) 4
pedido, el	business order 2
pelota, la	ball, baseball (Caribe) 7
pensar (ie) + infinitive, pensar en, pensar de	plan, think about, think of (opinion) 1
perder (ie)	lose 3
perdido(a)	lost 2
permiso, el	permission 2
perplejo(a)	puzzled, perplexed 8
pesado	heavy (weight) 3
pesca, la	fishing 7
pescado, el	fish 4
pescar	fish 3
peso, el	weight; money currency 4
picar	nibble 4
pierna, la	leg 6
pimentero, la	pepper shaker 4
piña, la	pineapple 4
pintura, la	painting 10
piscina, alberca, la (Mexico)	swimming pool 9
planificar	draw up a plan 9
plano del terreno, el	site plan 9
plano, el	plan (city map) 3
planta alta, la	upstairs, top floor 9
planta baja, la	downstairs, ground floor 9
plátano, el	banana (Mexico, Caribbean), plantain 4
platillo, el	saucer 4
plato, el	dish 4
pobre	unfortunate, poor 2
poder ¿Podría dejarle un recado (un mensaje)?	to be able to; Could I leave him (her) a message? 2
poder, el	power 2
pollo, el	chicken 4
por allá	around there 2
por fin	at last 8
por larga distancia	by long distance 2
por medio de	by means of 10
por parte de	on behalf of 10
prenda, la	garment, jewel 5
prender	turn on (appliance) 6
preocupado(a)	worried 2
préstamo, el	loan 8
prestar atención	pay attention 9
probar (ue)	test, taste 4
probarse	try on (clothes) 4
prohibir (prohíbo)	prohibit, to forbid 7

promoción, la	promotion 2
propio(a)	very own, proper 2
provocar	provoke, cause 10
psicología, la	psychology 1
puerco, el	pork 4

Q

que da a	that faces 9
quedar	remain, be left 8
quedar	leave behind 9
quedarle	fit, match 4
quedarle bien (mal)	fit well (badly) 5
quejarse de	complain 4
querer (ie)	want, love 1
queso, el	cheese 4
química, la	chemistry 1
quitar	remove 4
quitarse	take off (clothes) 4
quizá(s)	perhaps 7

R

ratón, el	mouse 2
realizar	accomplish 5
rechazar	reject 7
recomendar (ie)	recommend 6
recordar (ue)	remember 1
redondo(a)	round 3
refrigerador, el	refrigerator 9
regalar	give (a gift) 4
regar (ie) el jardín	water the garden 9
rehabilitación, la	rehabilitation 6
reírse (i) (me río), sonreírse (i)	laugh, smile 3
reloj pulsera, el	wrist watch 5
representar	perform 10
reproducir (reproduzco)	to reproduce, to repeat 10
respirar	breathe 6
retrato, el	portrait 10
rodeado(a)	surrounded 5
rodilla, la	knee 6
romper	break 9
roto(a)	broken 2

S

sacarse	take out 6
sal, la	salt 4
salero, el	salt shaker 4
sano y salvo	safe and sound 7
satén, el	sateen 5

satisfecho(a)	satisfied 2
secadora, la	clothes dryer 9
seda, la	silk 5
seguir (i) adelante	proceed ahead, go forward 9
seguramente	certainly, surely 8
sencillo(a)	simple, plain 5
sentimiento, el	feeling 10
sentir (ie)	feel, be sorry 7
significado, el	meaning 10
silla de rueda, la	wheel chair 6
sino	but rather 7
sitio, el	place 8
sobre	about, over 2
sobre todo	above all 10
sociología, la	sociology 1
sóftbol, el	softball 7
soñar	dream 8
soñar (ue) con	dream about 3
sótano, el	basement 9
suave	soft 3
sucio(a)	dirty 2
sudadera, la	sweatshirt 5
sugerir (ie)	suggest 6

T

tal cosa	such a thing 8
tal vez	maybe 7
talla, la	clothing size 5
taller, el	workshop, studio 9
taza, la	cup 4
Te (Se) lo agradezco.	I'm grateful to you for it. 2
teclado, el	keyboard 2
técnica, la	technique 10
televidente, el, la	TV viewer 8
temer	fear 7
tenedor, el	fork 4
tener (tengo)	have 1
tener (tengo) ganas de + *inf.*	feel like doing something 1
tener lugar, éxito	take place, to succeed 2
tener mucho cuidado	take a lot of care 8
tener que + inf	have to; must 1
tenis, el	tennis 7
terciopelo, el	velvet 5
terraza, la	terrace, deck 9
terapeuta, el, la	therapist 6
tocarle a uno	be one's turn 7
todavía	still 3
torcerse (ue) (tuerzo)	twist 6
tradicional	traditional 10
traducir (traduzco)	translate 3
traje, el, de baño	suit, bathing suit 5
tratamiento, el	treatment 6

tratar de	try to, deal with 6
tratar(se) de	try to (to deal with) 1
tropezar (ie) con	stumble on 3

U

u	or (before **o**-: **uno u otro**) 3
usario(a), el, la	user 2

V

vajilla, la	set of dishes 4
vale	OK (Spain) 3
vaso, el	drinking glass 4
venda, la	bandage 6
ventilador de techo, el	ceiling fan 9
verde	green, not ripe 2
verduras, las	greens; vegetables 4

verificar	check on, verify 9
vestido, el	dress 5
vestirse(i)	get dressed 5
viajar	travel 1
viejo(a)	former, old, antique 2
vivo(a)	alert, alive 2
vóleibol, el	volleyball 7
volver (ue) a + inf.	do again 1

Y

ya no	no longer 3

Z

zapatos, los, deportivos, de tacón	shoes, sports, high heels 5

¡Recuerdos!
Vocabulary English—Spanish

The number next to each entry refers to the lesson in which the word first appears.

m.	masculine
f.	feminine
pl.	plural
adj.	adjective
fam.	familiar
interrog.	interrogative

A

about, over	sobre 2
above all	sobre todo 10
abstract	abstracto(a) 10
academic term, class	el curso 1
accomplish	realizar 5
accomplish, achieve	lograr 10
accounting	contabilidad, la 1
ache	doler 6
achieve	lograr 3
act	actuar 10
add	añadir 9
advertisement	anuncio, el 2
advice	consejo, el 6
advise	aconsejar 6
affection	cariño, el 3
after + -ing verb form	después de + infinitivo 1
ago	hace... que... (pretérito) 3
agree, be in a good (bad) mood	estar de acuerdo, buen (mal) 2
alert, alive	vivo(a) 2
all of a sudden	de repente 10
allow	dejar + inf. 7
and—before words starting with *hi-* or *i-*: *padre* e *hijo*	e 1
angry	enojado(a) 2
another, brand, new	nuevo(a) 2
answering machine	contestadora, la 2
any	cualquier 7
apply	aplicarse 6
appreciate	apreciar 10
architecture	arquitectura, la 10
around there	por allá 2
art	arte, el 1
as a child	de niño(a) 3
as usual, customary	como de costumbre 3
at last	por fin 8
at the same time	a la vez 10
at times	a veces 1
athletic	atlético(a) 7
attend to	atender (ie) 6
attract	atraer 6
avoid	evitar 4, 7

B

bad, sick	malo(a) 2
ball, baseball (Caribe)	pelota, la 7
banana	plátano, el (América) 4
bandage	venda, la 6
baseball	béisbol, el 7
basement	sótano, el 9
basketball	baloncesto (España), básquetbol (América) 7
bathe	bañarse 4
be able to	poder 2
be annoyed	enojarse 7
be available, be on the look out	estar disponible, pendiente de 2
be born	nacer (nazco) 10
be convenient, suit	convenirle(ie) 4
be due to	deberse a 5
be happy	alegrarse de 7
be important	importarle 4
be in style	estar de moda 5
be interesting	interesarle 4
be mistaken	equivocarse 4
be named, be called	llamarse 1
be one's turn	tocarle a uno 7
be standing, be on vacation	estar de pie, vacaciones 2

be very pleasing; to like a lot	encantarle 4
beans	frijoles, los 4
become angry	enojarse 4
become happy	alegrarse 4
belt	cinturón, el 5
biology	biología, la 1
blouse	blusa, la 5
bore	aburrir 10
boring, bored	aburrido(a) 2
bother	molestarle 4
bothering	molestarle 7
bowling	bolos, los 7
boxing	boxeo, el 7
brace	abrazadera, la 6
bracelet	brazalete, el (pulsera, la) 5
brand	marca, la 5
break	romper 9
breathe	respirar 6
brick	ladrillo, el 9
brochure	folleto, el 3
broken	roto(a) 2
bruise, hurt	lastimarse 6
build, construct	construir (construyo) 9
business order	pedido, el 2
busy	ocupado(a) 2
but rather	sino 7
button	botón, el 5
by long distance	por larga distancia 2
by means of	por medio de 10

C

calm down	calmarse 8
cap	gorra, la 5
capture, grasp the meaning	captar 10
ceiling fan	ventilador de techo, el 9
certainly, surely	seguramente 8
chain	cadena, la 5
championship	campeonato, el 7
change, exchange, trade	cambiar 8
check on, verify	verificar 9
check, prove	comprobar (ue) 8
cheer up	animarse 4
cheese	queso, el 4
chemistry	química, la 1
cherry	cereza, la 4
chicken	pollo, el 4
citizen	ciudadano(a), el, la 2
classical	clásico(a) 10
clean	limpio(a) 2
clever, ready	listo(a) 2
closed	cerrado(a) 2

clothes closet	armario, el 9
clothes dryer	secadora, la 9
clothing size	talla, la 5
coat	abrigo, el 5
coconut	coco, el 4
coincidence	casualidad, la 3
collect (money)	cobrar 6
communications	comunicaciones, las 1
compete	competir (i) 7
competition, contest, game show	concurso, el 8
complain	quejarse de 4
computer	computadora, la, el ordenador (España) 2
computer science	informática, la 4
construct	construir (construyo) 7
consult, look up	consultar 8
contemporary	contemporáneo(a) 10
contribute	contribuir (contribuyo) 3
copy machine	copiadora, la 2
corduroy	pana, la 5
corn	maíz, el 4
cotton	algodón, el 5
can (be able to); Could I leave him (her) a message?	poder ¿Podría dejarle un recado (un mensaje)? 2
craftsmen	artesanos, los 9
crave, be appetizing to someone	apetecerle 4
create	crear 6
cup	taza, la 4
cure	curar 6
custom built	hecho(a) a la orden 9

D

dance	baile, el 10
date (calendar)	fecha, la 2
decide, to make up one's mind	decidir (se) 8
deny	negar (ie) 7
design	diseño, el 2
details	detalles, los 5
die	morir (ue) 3
diet	dieta, la 4
dietitian	dietista, el, la 4
dining room	comedor, el 9
dirty	sucio(a) 2
dish	plato, el 4
dishwasher	lavaplatos, el 9
display	demostrar (ue) 5
do again	volver (ue) a + inf. 1
doubt	dudar 7
downstairs, ground floor	planta baja, la 9

draw up a plan — planificar 9
dream about — soñar (ue) con 3
dress — vestido, el 5
drinking glass — vaso, el 4
driveway — entrada del coche, la 9
drop, fall — caer (caigo) 9

E

e-mail — correo electrónico, el, *e-mail, el* 2
earrings — aretes, los 5
easy come, easy go — así como viene, también se va 8
elect — elegir (i) (elijo) 3
electric range — estufa eléctrica, la 9
employ, hire — emplear 9
encouragement — ánimo, el 8
entertainment — entretenimiento, el 10
equipment — equipo, el 6
exhibition, showing — exposición, la 10
experience — experimentar 6
extended — extenso(a) 8

F

failure, "flop" — fracaso, el 10
fall down — caerse (me caigo) 3
fascinate — fascinarle 4
fascinate — fascinar 10
fat; grease — grasa, la 4
fear — temer 7
feel like doing something — tener (tengo) ganas de + inf. 1
feel, be sorry — sentir (ie) 7
feeling — sentimiento, el 10
field sports — atletismo, el 7
files, download files — archivos, los, bajar los archivos 2
finally — en fin 1
find — encontrar (ue) 4
find, encounter — encontrarse (ue) 3
find, come across — encontrar (ue) 8
fish — pescar 3
fish — pescado, el 4
fishing — pesca, la 7
fit; match — quedarle 4
fit well (badly) — quedarle bien (mal) 5
flag — bandera, la 2
flannel — franela, la 5
flour — harina, la 4
foodstuffs, nourishment — alimentos, los 4
foreign language — idioma extranjero, el 1
forever — para siempre 8
forget — olvidar 9

fork — tenedor, el 4
former, old — viejo(a) 2
fortunate, lucky — afortunado(a) 8
frequently — a menudo 3
from one minute to the next — de un momento a otro 8
fruit trees — árboles frutales 9
full — lleno(a) 7

G

game, match — partido, el 7
garden — jardín, el 9
garment, jewel — prenda, la 5
geography — geografía, la 1
get better — mejorarse 6
get bored — aburrirse 4
get dressed — vestirse(i) 5
get involved in — involucrarse en 7
get married — casarse 3
get sick — enfermarse 4
get tired — cansarse 4
get wet — mojarse 6
give (a gift) — regalar 4
gloves — guantes, los 5
go to bed — acostarse (ue) 4
golf — golf, el 7
graduate from — graduarse en (me gradúo, te gradúas, se gradúa nos graduamos, os graduáis, se gradúan) 1
grains; pimples — granos, los 4
grass, lawn — césped, el 9
great, big — gran(de) 2
green, not ripe — verde 2
greens; vegetables — verduras, las 4
guide — guiar (guío) 7

H

ham, Spanish ham — jamón, el, jamón serrano 4
handkerchief, scarf — pañuelo, el 5
happy — contento(a) 2
hard — duro(a) 3
have — tener (tengo) 1
have an opinion, think — opinar 8
have fun — divertirse (ie) 4
have to; must — tener que + *inf.* 1
head — encabezar 7
heavy (weight) — pesado 3
here — acá, aquí 4
heroe, heroine — héroe, el; heroina, la 2
history — historia, la 1
hockey — hockey, el 7
house of our dreams — casa de nuestros sueños 9

hug	abrazar 3
humanities	humanidades, las 1
hurt, injured	herido(a) 6

I

I (we) hope, here's hoping	ojalá 7
I'm grateful to you for it.	Te (Se) lo agradezco. 2
I'm sorry.	Lo siento. 2
I've been (studying, living...)	hace (horas, días...), que 1
ice	hielo, el 4
image	imagen, la 10
in addition, besides	además 1
in front of	en frente de 10
influence	influir en (influyo) 3
inform, report	informar 8
injure	herirse (ie) 6
Internet	Internet (la Red), la 2
interview	entrevistar, la entrevista 5
intimate	íntimo(a) 10
invent, make up	inventar 10
itinerary	itinerario, el 3

J

jewelry, a precious stone, costume jewelry	joya, la, de fantasía 5

K

keyboard	teclado, el 2
kiss	besar 3
kitchen appliances	electrodomésticos 9
knee	rodilla, la 6
knife	cuchillo, el 4

L

lace	encaje, el 5
landscape	paisaje, el 10
laser printer	impresora (láser), la 2
laugh, smile	reírse (i) (me río), sonreírse (i) 3
leather	cuero, el 5
leave (something behind)	dejar 6
leave behind	quedar 9
leg	pierna, la 6
light (weight)	liviano(a) 3

like, be pleasing	gustarle (me gusta) 1
linen cloth	hilo, el (lino, el) 5
loan	préstamo, el 8
long (length)	largo(a) 3
lose	perder (ie) 3
lost	perdido(a) 2
love	amor, el 3

M

machine	máquina, la 2
major	especializarse, la especialización 1
match	hacer juego con 5
mathematics	matemáticas, las 1
maybe	tal vez, quizá(s) 7
meaning	significado, el 10
meditate	meditar 10
meet (up with)	encontrarse con 4
member	el socio, la socia 1
microwave oven	microondas, el 9
mirror	espejo, el 9
more than anything	más que nada 10
mouse	ratón, el 2
movement	movimiento, el 6
mow the lawn	cortar el césped 9
music	música, la 1

N

narrow	estrecho 5
necklace, beads, pearls	collar, el, de cuentas, de perlas 5
need	hacer falta 9
next to	al lado de 9
nibble	picar 4
no longer	ya no 3
no way, in your dreams	ni soñarlo 8
not only . . . but also	no solamente...sino también 8
notice	fijarse en 4

O

occur	ocurrir 9
occur, happen	ocurrir 8
of course	cómo no 2
OK (Spain)	Vale 3
on behalf of	por parte de 10
one must; it's necessary to	hay que + inf. 1
open	abierto(a) 2

opera	ópera, la 10
or (before o-, uno u otro)	u 3
orange	naranja, la; anaranjado(a) 4
order; send	mandar 4
ornament pin, brooch	broche, el 5
oven	horno, el 9
over there	allí (allá) 3
owner	dueño(a), el, la 2

P

pain	dolor, el 6
painting	cuadro, el, pintura, la 10
painting, architecture, sculpture, etc.	artes plásticas, las 10
pastimes	los pasatiempos 1
pay attention	prestar atención 9
peach	melocotón, el, durazno, el (México) 4
peanut	cacahuete, el, maní, el (Caribbean) 4
pepper shaker	pimentero, el 4
perform	representar 10
performance	función, la 10
perhaps	quizá(s), tal vez 7
permission	permiso, el 2
pile, load	montón, el 10
pineapple	piña, la 4
place	sitio, el 8
plaid, checkered	a cuadros 5
plan (city map)	plano, el 3
plan, think about, think of	pensar (ie) + infinitive, pensar 1
plantain	plátano, el 4
play a role	hacer un papel 7
play a sport	jugar (ue) a 7
political sciences	ciencias políticas, las 1
polka dot	de lunares 5
pork	puerco, el 4
portrait	retrato, el 10
potato, potato (Spain)	papa, patata, la 4
pour	echar 3
power	poder, el 2
presently	actualmente 1
proceed ahead, go forward	seguir (i) adelante 9
produce, devise	elaborar 10
prohibit, to forbid	prohibir (prohíbo) 7
promotion	promoción, la 2

proud	orgulloso 7
provoke, cause	provocar 10
psychology	psicología, la 1
put together, save up	juntar 9
puzzled, perplexed	perplejo(a) 8

R

raincoat	impermeable, el 5
realize (that)	darse cuenta de (que) 5
recommend	recomendar (ie) 6
referee, umpire	árbitro(a), el (la) 7
refrigerator	refrigerador, el 9
register	matricularse (me matriculo) 1
rehabilitation	rehabilitación, la 6
reject	rechazar 7
relief	alivio, el 8
relieve	aliviar 6
remain, be left	quedar 8
remember, remembrance; regards	recordar (ue), los recuerdos 1
remove	quitar 4
rent	alquilar 3
require	exigir (exijo) 6
reserved, silent	callado(a) 2
rest	descansar 8
rice	arroz, el 4
ride on	montar en 3
ring, gold, silver	anillo, el (sortija, la), de oro, de plata 5
round	redondo(a) 3
run out of	acabar 9

S

safe and sound	sano y salvo 7
salt	sal, la 4
salt shaker	salero, el 4
same, —self	mismo(a) 2
sateen	satén, el 5
satisfied	satisfecho(a) 2
saucer	platillo, el 4
sciences	ciencias, las 1
sculpture	escultura, la 10
seem	parecer(le) 4
selfish, interested	interesado(a) 2
send, order	mandar 7
set of dishes	vajilla, la 4
sew	coser 5
shake	batido de, el 4
shave	afeitarse 4
shoes, sports, high heels	zapatos, los, deportivos, de tacón 5

short (length)	corto(a) 3, 5
short-sleeved, long-sleeved, sleeveless	manga corta, larga, sin manga 5
shoulder	hombro, el 6
shout	gritar 6
show	mostrar (ue) 6, 7
shrimp	camarones, los; gambas, las 4 (Spain)
sick, ill	enfermo(a) 2
silk	seda, la 5
silverware	juego de cubiertos, el 4
simple, plain	sencillo(a) 5
Sincerely (in letter closing)	Atentamente 2
site plan	plano del terreno, el 9
skirt	falda, la 5
snack	merienda, la 4
soccer	fútbol, el 7
sociology	sociología, la 1
socks	calcetines, los 5
soft	suave 3
softball	sóftbol, el 7
spontaneous	espontáneo(a) 10
spoon	cuchara, la 4
sport, don (a garment)	lucir (luzco) 5
sportsman (—woman)	deportista, el, la 7
spot, mark, stain	mancha, la 10
square	cuadrado(a) 3
square	cuadrado, el 10
steak	bistec, el 4
still	todavía 3
stockings	medias, las 5
straighten	enderezar (enderezco) 6
strange	extraño(a) 10
strawberry	fresa, la 4
striped	a rayas, estampado(a) 5
stuck, fixed, "glued"	clavado(a) 8
student	estudiantil 8
stumble on	tropezar (ie) con 3
style	estilo, el 10
success	éxito, el 10
such a thing	tal cosa 8
suddenly	de pronto, repente 3
sugar	azúcar, el 4
suggest	sugerir (ie) 6
suit, bathing suit	traje, el, de baño 5
support, back	apoyar 6, 7
sure, clear	claro 2
sure, OK	cierto(a) 2
surrounded	rodeado(a) 5
sweatshirt	sudadera, la 5

swimming	natación, la 7
swimming pool	piscina, la, alberca, la (México) 9

T

T-shirt	camiseta, la 5
take a lot of care	tener mucho cuidado 8
take a trip	hacer un viaje 3
take car of	cuidar 6
take off (clothes)	quitarse 4
take out	sacarse 6
take place, to succeed	tener lugar, éxito 2
take; wear	llevar 5
team	equipo, el 7
teaspoon	cucharita, la 4
technique	técnica, la 10
tell (story); count	contar (ue) 3
tennis	tenis, el 7
tennis court	cancha de tenis 9
terrace, deck	terraza, la 9
test, taste	probar (ue) 4
that faces	que da a 9
the . . . part (thing)	lo + adjetivo 2
the same (thing)	lo mismo 2
therapist	terapeuta, el, la 6
there	ahí 4
there was, there were	hay > hubo (pretérito), había (imperfecto) 3
there, beyond	allá, allí 4
throw, pitch	lanzar 7
tie	corbata, la 5
tie, fasten	atar 5
tight	apretado(a) 5
tired	cansado(a) 2
to be going to	ir (voy) a + inf. 1
to reproduce, to repeat	reproducir (reproduzco) 10
traditional	tradicional 10
trainer	entrenador(a) 7
translate	traducir (traduzco) 3
travel	viajar 1
treatment	tratamiento, el 6
try on (clothes)	probarse 4
try to (to deal with)	tratar(se) de 1
try, attempt	intentar 10
turkey	pavo, el; guajolote, el 4 (Mexico)
turn into	convertirse en (ie) 8
turn off (light, appliances)	apagar 6
turn on (appliance)	prender 6
TV viewer	televidente, el, la 8
twist	torcerse (ue) (tuerzo) 6

U

umbrella	paraguas, el 5
unfortunate, poor	pobre 2
up to date	contemporáneo 9
upon (when) doing something	al + inf. 1
upstairs, top floor	planta alta, la 9
user	usario(a), el, la 2

V

vacuum cleaner	aspiradora, la 9
velvet	terciopelo, el 5
very own, proper	propio(a) 2
vest	chaleco, el 5
volleyball	vóleibol, el 7

W

wake up	despertarse (ie) 8
want, love	querer (ie) 1
washing machine	lavadora, la 9
water	agua, el (f.) 2
water the garden	regar (ie) el jardín 9

wear, take	llevar 1
weight; money currency	peso, el 4
what; What can I do for you?	¿En qué te (le) puedo servir? 2
wheel chair	silla de ruedas, la 6
while	mientras 3
who's calling?	¿De parte de quién? 2
win, earn	ganar 1, 7
within	dentro de 10
wool	lana, la 5
work, opus	obra, la 10
workshop, studio	taller, el 9
worried	preocupado(a) 2
wrist watch	reloj pulsera, el 5

Y

youth	juventud, la 7

Z

zipper	cierre, el (zíper, el) 5

Appendix A

Capitalization, punctuation, syllabication, and word stress

Capitalization . . . .

A. Names of languages and adjectives or nouns of nationality are not capitalized in Spanish; names of countries are.

> Robin es inglés, pero habla muy bien el español. Pasó varios años en Panamá.
>
> *Robin is English, but he speaks Spanish very well. He spent several years in Panama.*

B. The first-person singular **yo** is not capitalized, as *I* is in English. Days of the week and names of months are also lowercased in Spanish.

> En enero, durante el verano, yo voy a la playa todos los domingos por la tarde.
>
> *In January, during the summer, I go to the beach every Sunday afternoon.*

C. In Spanish titles, with rare exceptions, only the first word and any subsequent proper nouns are capitalized.

> *El amor en los tiempos del cólera*   Love in the Time of Cholera
> *La casa de Bernarda Alba*   The House of Bernarda Alba

D. **Usted** and **ustedes** are capitalized only when abbreviated: **Ud. (Vd.), Uds. (Vds.).** Similarly, **señor (Sr.), señora (Sra.),** and **señorita (Srta.)** are capitalized only in abbreviations.

Punctuation. . . . .

A. The question mark and exclamation mark appear, in inverted form, at the beginning of a question or exclamation. They are not always placed at the beginning of a sentence but, rather, at the beginning of the actual question or exclamation.

> ¡Hola! ¿Cómo estás?   *Hi! How are you?*
> Si usted pudiera viajar a Sudamérica, ¿a qué país viajaría?   *If you could travel to South America, to what country would you travel?*

B. Guillemets (« ») are used instead of the quotation marks used in English.

> «¡Felicitaciones!» me dijo.   *"Congratulations!" he said to me.*

Syllabication . . . .

1. The most common syllable pattern is a single consonant (including **ch, ll,** and **rr**) plus a vowel or diphthong (the combination of any two vowels that include **i, y** or **u**).

   se-ñor   bue-no   sie-te   mu-cho
   gui-ta-rra   va-lle   fa-mi-lia   es-toy

2. When there are two consonants together, the syllable is divided between the two except in most words where **l** or **r** is the second consonant.

   gus-to   es-pa-ñol   in-ten-so   lec-ción   ar-te   **but:** cua-tro
   pa-dre   no-ble   ha-bla

3. Three consonants are divided between the second and the third, unless the third is **l** or **r.**

   ins-tante   trans-mitir   **but:**   nom-bre   com-pren-der   com-ple-tar

4. A written accent over the **i** or **u** breaks the diphthong.

   dí-a   pa-ís   Ra-úl

   The strong vowels (**a, e** and **o**) are separated.

   i-de-a   le-o

Word stress . . . .

1. Words that end in a vowel, a diphthong, or the consonants **n** or **s** are stressed on next-to-the-last syllable. (Each syllable has one vowel or diphthong.)

   <u>pa</u>-so   a-<u>mi</u>-ga   fa-<u>mi</u>-lia   es-<u>tu</u>-dio   es-<u>tu</u>-dian   <u>tar</u>-des   <u>fe</u>-o

2. Words that end in a consonant other than **n** or **s** are stressed on the last syllable.

   se-<u>ñor</u>   pa-<u>pel</u>   estu-<u>diar</u>   us-<u>ted</u>

3. Words that do not follow the above two patterns have a written accent to indicate the stressed syllable.

   a-<u>diós</u>   mo-<u>cá</u>-ni-co   te-<u>lé</u>-fo-no   es-ta-<u>ción</u>

4. Accents are always used:

   a. with interrogative words and exclamations.

   ¿Cómo?   ¿Cuándo?   ¿Qué?   ¡Qué gusto!

   b. to differentiate words identical is spelling but different in meaning.

   tú *you*   tu *your*   sí *yes*   si *if*
   él *he*   el *the*   sólo *only*   solo *alone*

Appendix B

Numbers, dates, and time

Cardinal numbers . . . .

0	cero	29	veintinueve (veinte y nueve)
1	uno, una	30	treinta
2	dos	31	treinta y un(o), una
3	tres	40	cuarenta
4	cuatro	50	cincuenta
5	cinco	60	sesenta
6	seis	70	setenta
7	siete	80	ochenta
8	ocho	90	noventa
9	nueve	100	ciento (cien)
10	diez	101	ciento un(o, a)
11	once	110	ciento diez
12	doce	200	doscientos(as)
13	trece	300	trescientos(as)
14	catorce	400	cuatrocientos(as)
15	quince	500	quinientos(as)
16	dieciséis (diez y seis)	600	seiscientos(as)
17	diecisiete (diez y siete)	700	setecientos(as)
18	dieciocho (diez y ocho)	800	ochocientos(as)
19	diecinueve (diez y nueve)	900	novecientos(as)
20	veinte	1000	mil
21	veintiún, veintiuno, veintiuna (veinte y un[o, a])	1100	mil ciento (mil cien)
22	veintidós (veinte y dos)	1500	mil quinientos(as)
23	veintitrés (veinte y tres)	2000	dos mil
24	veinticuatro (veinte y cuatro)	100.000	cien mil
		200.000	doscientos(as) mil
25	veinticinco (veinte y cinco)	1.000.000	un millón (de)
26	veintiséis (veinte y seis)	2.000.000	dos millones (de)
27	veintisiete (veinte y siete)	2.500.000	dos millones quinientos(as) mil
28	veintiocho (veinte y ocho)		

Ordinal numbers . . . .

1st	primer(o, a)	5th	quinto(a)	8th	octavo(a)
2nd	segundo(a)	6th	sexto(a)	9th	noveno(a)
3rd	tercer(o, a)	7th	séptimo(a)	10th	décimo(a)
4th	cuarto(a)				

A. Cardinal numbers are invariable...

cuatro hermanas y cinco hermanos   *four sisters and five brothers*

except **ciento** and **uno** and their compound forms:

doscientas personas   *two hundred people*
un viudo y una viuda   *a widower and a widow*
treinta y una familias   *thirty-one families*
veintiún maridos y veintiuna esposas   *twenty-one husbands and twenty-one wives*

B. **Ciento** becomes **cien** before a noun or before **mil** or **millones.**

Cien años de soledad es una novela famosa de Gabriel García Márquez.
One Hundred Years of Solitude is a *famous novel by Gabriel García Márquez.*

Hace cien mil años el hombre neandertal vivía en España.
One hundred thousand years ago Neanderthal man lived in Spain.

C. Above 999 **mil** must be used.

En mil novecientos cincuenta y nueve Fidel Castro llegó al poder en Cuba.   *In nineteen (hundred) fifty-nine Fidel Castro came to power in Cuba.*

D. **Un millón de** (**dos millones de,** etc.) are used for millions.

España tiene unos 40 millones de habitantes.   *Spain has about 40 million inhabitants.*

E. Ordinal numbers have to agree in gender with the nouns they modify.

la décima vez   *the tenth time*
el noveno día   *the ninth day*

F. The final **o** of **primero** and **tercero** is dropped before a masculine singular noun.

¿Es el primer o el tercer día del mes?   *Is it the first or third day of the month?*

G. **El primero** is used in dates for the first of the month; cardinal numbers are used for other days of the month.

El primero de mayo es el Día de los Trabajadores; el cinco de mayo es el día de la batalla de Puebla contra los franceses en México.   *The first of May is Labor Day; the fifth of May is the day of the battle of Puebla against the French in Mexico.*

H. Ordinal numbers are used with names of kings or queens up to **décimo(a),** *tenth;* beyond that cardinal numbers are normally used.

Isabel Primera (I)   Carlos Quinto (V)   Alfonso Doce (XII)

I. Note that ordinal numbers are used for fractions up to *tenth*, except that **medio** is used for *half* and **tercio** for *third*. **La mitad (de algo)** is used for *half of a definite amount*.

una cucharada y media	*a teaspoon and a half*
medio español y medio inglés	*half Spanish and half English*
la mitad de una manzana	*half an apple*
dos tercios del trabajo	*two-thirds of the work*
un cuarto (quinto) del libro	*a fourth (fifth) of the book*

Days of the week . . . .

domingo	*Sunday*	jueves	*Thursday*
lunes	*Monday*	viernes	*Friday*
martes	*Tuesday*	sábado	*Saturday*
miércoles	*Wednesday*		

Months of the year. . . . .

enero	*January*	julio	*July*
febrero	*February*	agosto	*August*
marzo	*March*	se(p)tiembre	*September*
abril	*April*	octubre	*October*
mayo	*May*	noviembre	*November*
junio	*June*	diciembre	*December*

Seasons. . . . .

la primavera	*spring*	el otoño	*autumn*
el verano	*summer*	el invierno	*winter*

Time of day. . . . .

The verb **ser** is used to tell time in Spanish.

¿Qué hora es?	*What time is it?*
Era la una.	*It was one o'clock.*
Son las tres en punto.	*It's exactly three o'clock.*
Son las diez y media.	*It's 10:30.*
Serán las cuatro y cuarto (quince).	*It must be 4:15.*
Son las siete menos diez.	*It's 6:50.*
Eran las nueve y veinte de la noche.	*It was 9:20 at night.*

Appendix C

Use of prepositions

A. Verbs that are followed by **a** before an infinitive:

acostumbrarse a	to get used to	**enseñar a**	to teach (how) to
aprender a	to learn (how) to	**enviar a**	to send to
atreverse a	to dare to	**invitar a**	to invite to
ayudar a	to help to	**ir a**	to go to
bajar a	to come down to	**obligar a**	to force or oblige to
comenzar a	to begin to	**oponerse a**	to oppose
contribuir a	to contribute to	**pasar a**	to go to
correr a	to run to	**salir a**	to go out to
decidirse a	to decide to	**venir a**	to come to
empezar a	to begin to	**volver a**	to do (something) again

B. Verbs followed by **a** before an object:

acercarse a	to approach	**jugar a**	to play
acostumbrarse a	to get used to	**llegar a**	to arrive (at)
asistir a	to attend	**manejar a**	to drive to
bajar a	to come down to	**oler a**	to smell of
contribuir a	to contribute to	**oponerse a**	to oppose
correr a	to run to	**pasar a**	to go to
corresponder a	to correspond to	**referirse a**	to refer to
dar a	to face	**salir a**	to go out to
dirigir a	to direct to	**subir a**	to get on
invitar a	to invite	**venir a**	to come to
ir a	to go to	**volver a**	to return to

C. Verbs followed by **con** before an object:

acabar con	to finish, put an end to	**contar con**	to count on
amenazar con	to threaten with	**encontrarse con**	to run into, meet
casarse con	to marry	**enfrentarse con**	to face
consultar con	to consult with	**romper con**	to break (up) with
		soñar con	to dream about

D. Verbs followed by **de** before an infinitive:

acabar de	to have just	**dejar de**	to stop
acordarse de	to remember to	**haber de**	to be supposed to
alegrarse de	to be happy to	**olvidarse de**	to forget to
cansarse de	to get tired of	**tratar de**	to try to

E. Verbs followed by **de** before an object:

acordarse de	to remember	**equivocarse de**	to (verb) the wrong (noun)*
arrepentirse de	to regret		
bajar de	to get off	**gozar de**	to enjoy
burlarse de	to make fun of	**jactarse de**	to boast about
cansarse de	to get tired of	**olvidarse de**	to forget
constar de	to consist of	**padecer de**	to suffer from
cuidar(se) de	to take care of (oneself)	**preocuparse de**	to worry about
		quejarse de	to complain about
darse cuenta de	to realize	**reírse de**	to laugh at
depender de	to depend on	**salir de**	to leave
despedirse de	to say good-bye to	**servir de**	to serve as
disfrutar de	to enjoy	**sufrir de**	to suffer from
enamorarse de	to fall in love with	**tratar de**	to deal with, be about

F. Verbs followed by **en** before an infinitive:

consentir en	to consent to
insistir en	to insist on
tardar en	to delay in, take (so long, so much time) to

G. Verbs followed by **en** before an object:

confiar en	to trust in, to	**fijarse en**	to notice
convertirse en	to change into	**fracasar en**	to fail
entrar en	to go in, enter	**influir en**	to influence
especializarse en	to major in	**pensar en**	to think about

H. Verbs followed by **por** before an infinitive:

preocuparse por	to worry about

I. Verbs followed by **por** before an object:

estar por	to be in favor of	**preocuparse por**	to worry about; take care of
luchar por	to fight for		
preguntar por	to ask about	**votar por**	to vote for

....

* **Me equivoqué de autobús.** I took the wrong bus. **Me equivoqué de puerta.** I went to the wrong door.

Appendix D

Regular verbs

Simple tenses . . . .

Infinitive	Indicative				
	Present	Imperfect	Preterit	Future	Conditional
hablar	hablo	hablaba	hablé	hablaré	hablaría
	hablas	hablabas	hablaste	hablarás	hablarías
	habla	hablaba	habló	hablará	hablaría
	hablamos	hablábamos	hablamos	hablaremos	hablaríamos
	habláis	hablabais	hablasteis	hablaréis	hablaríais
	hablan	hablaban	hablaron	hablarán	hablarían
comer	como	comía	comí	comeré	comería
	comes	comías	comiste	comerás	comerías
	come	comía	comió	comerá	comería
	comemos	comíamos	comimos	comeremos	comeríamos
	coméis	comíais	comisteis	comeréis	comeríais
	comen	comían	comieron	comerán	comerían
vivir	vivo	vivía	viví	viviré	viviría
	vives	vivías	viviste	vivirás	vivirías
	vive	vivía	vivió	vivirá	viviría
	vivimos	vivíamos	vivimos	viviremos	viviríamos
	vivís	vivíais	vivisteis	viviréis	viviríais
	viven	vivían	vivieron	vivirán	vivirían

Simple tenses . . . .

Subjunctive		Commands
Present	**Imperfect**	
hable	hablara (se)	—
hables	hablaras (ses)	habla (no hables)
hable	hablara (se)	hable
hablemos	habláramos (semos)	hablemos
habléis	hablarais (seis)	hablad (no habléis)
hablen	hablaran (sen)	hablen
coma	comiera (se)	—
comas	comieras (ses)	come (no comas)
coma	comiera (se)	coma
comamos	comiéramos (semos)	comamos
comáis	comierais (seis)	comed (no comáis)
coman	comieran (sen)	coman
viva	viviera (se)	—
vivas	vivieras (ses)	vive (no vivas)
viva	viviera (se)	viva
vivamos	viviéramos (semos)	vivamos
viváis	vivierais (seis)	vivid (no viváis)
vivan	vivieran (sen)	vivan

Perfect tenses

Past Participle	Indicative			
	Present Perfect	Past Perfect	Future Perfect	Conditional Perfect
hablado	he hablado	había hablado	habré hablado	habría hablado
	has hablado	habías hablado	habrás hablado	habrías hablado
	ha hablado	había hablado	habrá hablado	habría hablado
	hemos hablado	habíamos hablado	habremos hablado	habríamos hablado
	habéis hablado	habíais hablado	habréis hablado	habríais hablado
	han hablado	habían hablado	habrán hablado	habrían hablado
comido	he comido	había comido	habré comido	habría comido
	has comido	habías comido	habrás comido	habrías comido
	ha comido	había comido	habrá comido	habría comido
	hemos comido	habíamos comido	habremos comido	habríamos comido
	habéis comido	habíais comido	habréis comido	habríais comido
	han comido	habían comido	habrán comido	habrían comido
vivido	he vivido	había vivido	habré vivido	habría vivido
	has vivido	habías vivido	habrás vivido	habrías vivido
	ha vivido	había vivido	habrá vivido	habría vivido
	hemos vivido	habíamos vivido	habremos vivido	habríamos vivido
	habéis vivido	habíais vivido	habréis vivido	habríais vivido
	han vivido	habían vivido	habrán vivido	habrían vivido

Progressive tenses

Present Participle	Indicative		Present Participle	Indicative
	Present Progressive	Past Progressive		Present Progressive
hablando	estoy hablando	estaba hablando	**comiendo**	estoy comiendo
	estás hablando	estabas hablando		estás comiendo
	está hablando	estaba hablando		está comiendo
	estamos hablando	estábamos hablando		estamos comiendo
	estáis hablando	estabais hablando		estáis comiendo
	están hablando	estaban hablando		están comiendo

Perfect tenses . . . .

Subjunctive	
Present Perfect	**Past Perfect**
haya hablado	hubiera (se) hablado
hayas hablado	hubieras (ses) hablado
haya hablado	hubiera (se) hablado
hayamos hablado	hubiéramos (semos) hablado
hayáis hablado	hubierais (seis) hablado
hayan hablado	hubieran (sen) hablado
haya comido	hubiera (se) comido
hayas comido	hubieras (ses) comido
haya comido	hubiera (se) comido
hayamos comido	hubiéramos (semos) comido
hayáis comido	hubierais (seis) comido
hayan comido	hubieran (sen) comido
haya vivido	hubiera (se) vivido
hayas vivido	hubieras (ses) vivido
haya vivido	hubiera (se) vivido
hayamos vivido	hubiéramos (semos) vivido
hayáis vivido	hubierais (seis) vivido
hayan vivido	hubieran (sen) vivido

Progressive tenses. . . . .

Indicative	Present Participle	Indicative	
Past Progressive		**Present Progressive**	**Past Progressive**
estaba comiendo	**viviendo**	estoy viviendo	estaba viviendo
estabas comiendo		estás viviendo	estabas viviendo
estaba comiendo		está viviendo	estaba viviendo
estábamos comiendo		estamos viviendo	estábamos viviendo
estabais comiendo		estáis viviendo	estabais viviendo
estaban comiendo		están viviendo	estaban viviendo

Appendix E

Spelling-changing, stem-changing, and irregular verbs

Orthographic changes . . . .

Some rules to help you conjugate verbs that have orthographic (spelling) changes are:

1. A **c** before **a, o,** or **u** is pronounced like a *k* in English; a **c** before **e** or **i** is pronounced like *s* (except in certain parts of Spain, where it is pronounced like *th*). A **c** changes to **qu** before **e** or **i** to preserve the *k* sound.
2. A **g** before **a, o,** or **u** is pronounced like a *g* in English, but before **e** or **i** it is pronounced like a Spanish **j** (*h* in English). Before **e** or **i**, **g** is often changed to **gu** to preserve the *g* sound. Similarly, a **g** may be changed to **j** to preserve the *h* sound before **a, o,** or **u.**
3. A **z** is changed to **c** before **e** or **i.**
4. An unstressed **i** between two vowels is changed to **y.**

Examples of orthographic changes are noted in the list of verbs that follows.

Verb index . . . .

In the following list, the numbers in parentheses refer to the verbs conjugated in the charts on pages A14–A25. Footnotes are on page A13.

estar (12)
exigir g *to* j
explicar c *to* qu³
extender e *to* ie (*see* perder)
favorecer c *to* zc (*see* conocer)
gozar z *to* c²
haber (13)
hacer (14)
herir e *to* ie, i (*see* sentir)
hervir e *to* i (*see* pedir)
huir (15) y⁴
impedir e *to* i (*see* pedir)
influir y⁴ (*see* huir)
intervenir (*see* venir)
introducir c *to* zc, j
(*see* conducir)
invertir e *to* ie, i (*see* sentir)
ir (16)
jugar (17) g *to* gu¹
justificar c *to* qu³
juzgar g *to* gu¹
leer i *to* y⁵ (*see* creer)
llegar g *to* gu¹
llover o *to* ue (*see* volver)
mantener (*see* tener)
mentir e *to* ie, i (*see* sentir)
merecer c *to* zc (*see* conocer)
morir o *to* ue, u (*see* dormir)
mostrar o *to* ue (*see* contar)
nacer c *to* zc (*see* conocer)

negar e *to* ie, g *to* gu¹
(*see* pensar)
nevar e *to* ie (*see* pensar)
obtener (*see* tener)
ofrecer c *to* zc (*see* conocer)
oír (18)
oponer (*see* poner)
padecer c *to* zc (*see* conocer)
pagar g *to* gu¹
parecer c *to* zc (*see* conocer)
pedir (19) e *to* i
pensar (20) e *to* ie
perder (21) e *to* ie
pertenecer c *to* zc (*see* conocer)
poder (22)
poner (23)
preferir e *to* ie, i (*see* sentir)
probar o *to* ue (*see* contar)
producir c *to* zc, j (*see* conducir)
publicar c *to* qu³
quebrar e *to* ie (*see* pensar)
querer (24)
reaparecer c *to* zc (*see* conocer)
reconocer c *to* zc (*see* conocer)
recordar o *to* ue (*see* contar)
reducir c *to* zc, j (*see* conducir)
reír (25)
renacer c *to* zc (*see* conocer)
repetir e *to* i (*see* pedir)
resolver o *to* ue (*see* volver)

rezar z *to* c²
rogar o *to* ue, g *to* gu¹
(*see* contar)
saber (26)
salir (27)
seguir e *to* i, gu *to* g⁶ (*see* pedir)
sembrar e *to* ie (*see* pensar)
sentar e *to* ie (*see* pensar)
sentir (28) e *to* ie, i
ser (29)
servir e *to* i (*see* pedir)
sonreír (*see* reír)
soñar o *to* ue (*see* contar)
sostener (*see* tener)
sugerir e *to* ie, i (*see* sentir)
tener (30)
tocar c *to* qu³
traducir c *to* zc, j (*see* conducir)
traer (31)
tropezar e *to* ie, z *to* c²
(*see* pensar)
utilizar z *to* c²
valer (32)
vencer c *to* z
venir (33)
ver (34)
vestir e *to* i (*see* pedir)
visualizar z *to* c²
volar o *to* ue (*see* contar)
volver (35) o *to* ue

[1] In verbs ending in -**gar,** the **g** is changed to **gu** before **e: jugué, llegué, negué, pagué, rogué.**

[2] In verbs ending in -**zar,** the **z** is changed to **c** before **e: almorcé, analicé, comencé, empecé, especialicé, gocé, recé.**

[3] In verbs ending in -**car,** the **c** is changed to **qu** before an **e: ataqué, busqué, critiqué, equivoqué, publiqué.**

[4] In verbs like **concluir,** a **y** is inserted before any ending that does not begin with **i: concluyo, construyo, contribuyo, destruyo, huyo.**

[5] An unstressed **i** between two vowels is changed to **y: creyó, leyó.**

[6] In verbs ending in -**guir,** the **gu** is changed to **g** before **a** and **o: sigo (siga).**

Verb conjugations...........................

Infinitive	Indicative				
	Present	Imperfect	Preterit	Future	Conditional
1. andar	ando	andaba	anduve	andaré	andaría
	andas	andabas	anduviste	andarás	andarías
	anda	andaba	anduvo	andará	andaría
	andamos	andábamos	anduvimos	andaremos	andaríamos
	andáis	andabais	anduvisteis	andaréis	andarías
	andan	andaban	anduvieron	andarán	andarían
2. caber	quepo	cabía	cupe	cabré	cabría
	cabes	cabías	cupiste	cabrás	cabrías
	cabe	cabía	cupo	cabrá	cabría
	cabemos	cabíamos	cupimos	cabremos	cabríamos
	cabéis	cabíais	cupisteis	cabréis	cabríais
	caben	cabían	cupieron	cabrán	cabrían
3. caer	caigo	caía	caí	caeré	caería
	caes	caías	caíste	caerás	caerías
	cae	caía	cayó	caerá	caería
	caemos	caíamos	caímos	caeremos	caeríamos
	caéis	caíais	caísteis	caeréis	caeríais
	caen	caían	cayeron	caerán	caerían
4. conducir	conduzco	conducía	conduje	conduciré	conduciría
	conduces	conducías	condujiste	conducirás	conducirías
	conduce	conducía	condujo	conducirá	conduciría
	conducimos	conducíamos	condujimos	conduciremos	conduciríamos
	conducís	conducíais	condujisteis	conduciréis	conduciríais
	conducen	conducían	condujeron	conducirán	conducirían
5. conocer	conozco	conocía	conocí	conoceré	conocería
	conoces	conocías	conociste	conocerás	conocerías
	conoce	conocía	conoció	conocerá	conocería
	conocemos	conocíamos	conocimos	conoceremos	conoceríamos
	conocéis	conocíais	conocisteis	conoceréis	conoceríais
	conocen	conocían	conocieron	conocerán	conocerían
6. contar	cuento	contaba	conté	contaré	contaría
	cuentas	contabas	contaste	contarás	contarías
	cuenta	contaba	contó	contará	contaría
	contamos	contábamos	contamos	contaremos	contaríamos
	contáis	contabais	contasteis	contareis	contaríais
	cuentan	contaban	contaron	contarán	contarían

Subjunctive		Commands	Participles	
Present	**Imperfect**		**Present**	**Past**
ande	anduviera (se)	—	andando	andado
andes	anduvieras (ses)	anda (no andes)		
ande	anduviera (se)	ande		
andemos	anduviéramos (semos)	andemos		
andéis	anduvierais (seis)	andad (no andéis)		
anden	anduvieran (sen)	anden		
quepa	cupiera (se)	—	cabiendo	cabido
quepas	cupieras (ses)	cabe (no quepas)		
quepa	cupiera (se)	quepa		
quepamos	cupiéramos (semos)	quepamos		
quepáis	cupierais (seis)	cabed (no quepáis)		
quepan	cupieran (sen)	quepan		
caiga	cayera (se)	—	cayendo	caído
caigas	cayeras (ses)	cae (no caigas)		
caiga	cayera (se)	caiga		
caigamos	cayéramos (semos)	caigamos		
caigáis	cayerais (seis)	caed (no caigáis)		
caigan	cayeran (sen)	caigan		
conduzca	condujera (se)	—	conduciendo	conducido
conduzcas	condujeras (ses)	conduce (no conduzcas)		
conduzca	condujera (se)	conduzca		
conduzcamos	condujéramos (semos)	conduzcamos		
conduzcáis	condujerais (seis)	conducid (no conduzcáis)		
conduzcan	condujeran (sen)	conduzcan		
conozca	conociera (se)	—	conociendo	conocido
conozcas	conocieras (ses)	conoce (no conozcas)		
conozca	conociera (se)	conozca		
conozcamos	conociéramos (semos)	conozcamos		
conozcáis	conocierais (seis)	cocnoced (no conozcáis)		
conozcan	conocieran (sen)	conozcan		
cuente	contara (se)	—	contando	contado
cuentes	contaras (ses)	cuenta (no cuentes)		
cuente	contara (se)	cuente		
contemos	contáramos (semos)	contemos		
contéis	contarais (seis)	contad (no contéis)		
cuenten	contaran (sen)	cuenten		

Infinitive	Indicative				
	Present	**Imperfect**	**Preterit**	**Future**	**Conditional**
7. creer	creo	creía	creí	creeré	creería
	crees	creías	creíste	creerás	creerías
	cree	creía	creyó	creerá	creería
	creemos	creíamos	creímos	creeremos	creeríamos
	creéis	creíais	creísteis	creeréis	creeríais
	creen	creían	creyeron	creerán	creerían
8. dar	doy	daba	di	daré	daría
	das	dabas	diste	darás	darías
	da	daba	dio	dará	daría
	damos	dábamos	dimos	daremos	daríamos
	dais	dabais	disteis	daréis	daríais
	dan	daban	dieron	darán	darían
9. decir	digo	decía	dije	diré	diría
	dices	decías	dijiste	dirás	dirías
	dice	decía	dijo	dirá	diría
	decimos	decíamos	dijimos	diremos	diríamos
	decís	decíais	dijisteis	diréis	diríais
	dicen	decían	dijeron	dirán	dirían
10. dormir	duermo	dormía	dormí	dormiré	dormiría
	duermes	dormías	dormiste	dormirás	dormirías
	duerme	dormía	durmió	dormirá	dormiría
	dormimos	dormíamos	dormimos	dormiremos	dormiríamos
	dormís	dormíais	dormisteis	dormiréis	dormiríais
	duermen	dormían	durmieron	dormirán	dormirían
11. enviar	envío	enviaba	envié	enviaré	enviaría
	envías	enviabas	enviaste	enviarás	enviarías
	envía	enviaba	envió	enviará	enviaría
	enviamos	enviábamos	enviamos	enviaremos	enviaríamos
	enviáis	enviabais	enviasteis	enviaréis	enviaríais
	envían	enviaban	enviaron	enviarán	enviarían
12. estar	estoy	estaba	estuve	estaré	estaría
	estás	estabas	estuviste	estarás	estarías
	está	estaba	estuvo	estará	estaría
	estamos	estábamos	estuvimos	estaremos	estaríamos
	estáis	estabais	estuvisteis	estaréis	estaríais
	están	estaban	estuvieron	estarán	estarían

Subjunctive		Commands	Participles	
Present	**Imperfect**		**Present**	**Past**
crea	creyera (se)	—	creyendo	creído
creas	creyeras (ses)	cree (no creas)		
crea	creyera (se)	crea		
creamos	creyéramos (semos)	creamos		
creáis	creyerais (seis)	creed (no creáis)		
crean	creyeran (sen)	crean		
dé	diera (se)	—	dando	dado
des	dieras (ses)	da (no des)		
dé	diera (se)	dé		
demos	diéramos (semos)	demos		
deis	dierais (seis)	dad (no deis)		
den	dieran (sen)	den		
diga	dijera (se)	—	diciendo	dicho
digas	dijeras (ses)	di (no digas)		
diga	dijera (se)	diga		
digamos	dijéramos (semos)	digamos		
digáis	dijerais (seis)	decid (no digáis)		
digan	dijeran (sen)	digan		
duerma	durmiera (se)	—	durmiendo	dormido
duermas	durmieras (ses)	duerme (no duermas)		
duerma	durmiera (se)	duerma		
durmamos	durmiéramos (semos)	durmamos		
durmáis	durmierais (seis)	dormid (no durmáis)		
duerman	durmieran (sen)	duerman		
envíe	enviara (se)	—	enviando	enviado
envíes	enviaras (ses)	envía (no envíes)		
envíe	enviara (se)	envíe		
enviemos	enviáramos (semos)	enviemos		
enviéis	enviarais (seis)	enviad (no enviéis)		
envíen	enviaran (sen)	envíen		
esté	estuviera (se)	—	estando	estado
estés	estuvieras (ses)	está (no estés)		
esté	estuviera (se)	esté		
estemos	estuviéramos (semos)	estemos		
estéis	estuvierais (seis)	estad (no estéis)		
estén	estuvieran (sen)	estén		

Infinitive	Indicative				
	Present	**Imperfect**	**Preterit**	**Future**	**Conditional**
13. haber	he	había	hube	habré	habría
	has	habías	hubiste	habrás	habrías
	ha	había	hubo	habrá	habría
	hemos	habíamos	hubimos	habremos	habríamos
	habéis	habíais	hubisteis	habréis	habríais
	han	habían	hubieron	habrán	habrían
14. hacer	hago	hacía	hice	haré	haría
	haces	hacías	hiciste	harás	harías
	hace	hacía	hizo	hará	haría
	hacemos	hacíamos	hicimos	haremos	haríamos
	hacéis	hacíais	hicisteis	haréis	haríais
	hacen	hacían	hicieron	harán	harían
15. huir	huyo	huía	huí	huiré	huiría
	huyes	huías	huiste	huirás	huirías
	huye	huía	huyó	huirá	huiría
	huimos	huíamos	huimos	huiremos	huiaríamos
	huís	huíais	huisteis	huiréis	huiríais
	huyen	huían	huyeron	huirán	huirían
16. ir	voy	iba	fui	iré	iría
	vas	ibas	fuiste	irás	irías
	va	iba	fue	irá	iría
	vamos	íbamos	fuimos	iremos	iríamos
	vais	ibais	fuisteis	iréis	iríais
	van	iban	fueron	irán	irían
17. jugar	juego	jugaba	jugué	jugaré	jugaría
	juegas	jugabas	jugaste	jugarás	jugarías
	juega	jugaba	jugó	jugará	jugaría
	jugamos	jugábamos	jugamos	jugaremos	jugaríamos
	jugáis	jugabais	jugasteis	jugaréis	jugaríais
	juegan	jugaban	jugaron	jugarán	jugarían
18. oír	oigo	oía	oí	oiré	oiría
	oyes	oías	oíste	oirás	oirías
	oye	oía	oyó	oirá	oiría
	oímos	oíamos	oímos	oiremos	oiríamos
	oís	oíais	oísteis	oiréis	oiríais
	oyen	oían	oyeron	oirán	oirían

Subjunctive		Commands	Participles	
Present	**Imperfect**		**Present**	**Past**
haya	hubiera (se)		habiendo	habido
hayas	hubieras (ses)			
haya	hubiera (se)			
hayamos	hubiéramos (semos)			
hayáis	hubierais (seis)			
hayan	hubieran (sen)			
haga	hiciera (se)	—	haciendo	hecho
hagas	hicieras (ses)	haz (no hagas)		
haga	hiciera (se)	haga		
hagamos	hiciéramos (semos)	hagamos		
hagáis	hicierais (seis)	haced (no hagáis)		
hagan	hicieran (sen)	hagan		
huya	huyera (se)	—	huyendo	huido
huyas	huyeras (ses)	huye (no huyas)		
huya	huyera (se)	huya		
huyamos	huyéramos (semos)	huyamos		
huyáis	huyerais (seis)	huid (no huyáis)		
huyan	huyeran (sen)	huyan		
vaya	fuera (se)	—	yendo	ido
vayas	fueras (ses)	ve (no vayas)		
vaya	fuera (se)	vaya		
vayamos	fuéramos (semos)	vayamos		
vayáis	fuerais (seis)	id (no vayáis)		
vayan	fueran (sen)	vayan		
juegue	jugara (se)	—	jugando	jugado
juegues	jugaras (ses)	juega (no juegues)		
juegue	jugara (se)	juegue		
juguemos	jugáramos (semos)	juguemos		
juguéis	jugarais (seis)	jugad (no juguéis)		
jueguen	jugaran (sen)	jueguen		
oiga	oyera (se)	—	oyendo	oído
oigas	oyeras (ses)	oye (no oigas)		
oiga	oyera (se)	oiga		
oigamos	oyéramos (semos)	oigamos		
oigáis	oyerais (seis)	oíd (no oigáis)		
oigan	oyeran (sen)	oigan		

Infinitive	Indicative				
	Present	Imperfect	Preterit	Future	Conditional
19. pedir	pido	pedía	pedí	pediré	pediría
	pides	pedías	pediste	pedirás	pedirías
	pide	pedía	pidió	pedirá	pediría
	pedimos	pedíamos	pedimos	pediremos	pediríamos
	pedís	pedíais	pedisteis	pediréis	pediríais
	piden	pedían	pidieron	pedirán	pedirían
20. pensar	pienso	pensaba	pensé	pensaré	pensaría
	piensas	pensabas	pensaste	pensarás	pensarías
	piensa	pensaba	pensó	pensará	pensaría
	pensamos	pensábamos	pensamos	pensaremos	pensaríamos
	pensáis	pensabais	pensasteis	pensaréis	pensaríais
	piensan	pensaban	pensaron	pensarán	pensarían
21. perder	pierdo	perdía	perdí	perderé	perdería
	pierdes	perdías	perdiste	perderás	perderías
	pierde	perdía	perdió	perderá	perdería
	perdemos	perdíamos	perdimos	perderemos	perderíamos
	perdéis	perdíais	perdisteis	perderéis	perderíais
	pierden	perdían	perdieron	perderán	perderían
22. poder	puedo	podía	pude	podré	podría
	puedes	podías	pudiste	podrás	podrías
	puede	podía	pudo	podrá	podría
	podemos	podíamos	pudimos	podremos	podríamos
	podéis	podíais	pudisteis	podréis	podríais
	pueden	podían	pudieron	podrán	podrían
23. poner	pongo	ponía	puse	pondré	pondría
	pones	ponías	pusiste	pondrás	pondrías
	pone	ponía	puso	pondrá	pondría
	ponemos	poníamos	pusimos	pondremos	pondríamos
	ponéis	poníais	pusisteis	pondréis	pondríais
	ponen	ponían	pusieron	pondrán	pondrían
24. querer	quiero	quería	quise	querré	querría
	quieres	querías	quisiste	querrás	querrías
	quiere	quería	quiso	querrá	querría
	queremos	queríamos	quisimos	querremos	querríamos
	queréis	queríais	quisisteis	querréis	querríais
	quieren	querían	quisieron	querrán	querrían

Subjunctive		Commands	Participles	
Present	**Imperfect**		**Present**	**Past**
pida	pidiera (se)	—	pidiendo	pedido
pidas	pidieras (ses)	pide (no pidas)		
pida	pidiera (se)	pida		
pidamos	pidiéramos (semos)	pidamos		
pidáis	pidierais (seis)	pedid (no pidáis)		
pidan	pidieran (sen)	pidan		
piense	pensara (se)	—	pensando	pensado
pienses	pensaras (ses)	piensa (no pienses)		
piense	pensara (se)	piense		
pensemos	pensáramos (semos)	pensemos		
penséis	pensarais (seis)	pensad (no penséis)		
piensen	pensaran (sen)	piensen		
pierda	perdiera (se)	—	perdiendo	perdido
pierdas	perdieras (ses)	pierde (no pierdas)		
pierda	perdiera (se)	pierda		
perdamos	perdiéramos (semos)	perdamos		
perdáis	perdierais (seis)	perded (no perdáis)		
pierdan	perdieran (sen)	pierdan		
pueda	pudiera (se)	—	pudiendo	podido
puedas	pudieras (ses)			
pueda	pudiera (se)			
podamos	pudiéramos (semos)			
podáis	pudierais (seis)			
puedan	pudieran (sen)			
ponga	pusiera (se)	—	poniendo	puesto
pongas	pusieras (ses)	pon (no pongas)		
ponga	pusiera (se)	ponga		
pongamos	pusiéramos (semos)	pongamos		
pongáis	pusierais (seis)	poned (no pongáis)		
pongan	pusieran (sen)	pongan		
quiera	quisiera (se)	—	queriendo	querido
quieras	quisieras (ses)	quiere (no quieras)		
quiera	quisiera (se)	quiera		
queramos	quisiéramos (semos)	queramos		
queráis	quisierais (seis)	quered (no queráis)		
quieran	quisieran (sen)	quieran		

Infinitive	Indicative				
	Present	**Imperfect**	**Preterit**	**Future**	**Conditional**
25. reír	río	reía	reí	reiré	reiría
	ríes	reías	reíste	reirás	reirías
	ríe	reía	rió	reirá	reiría
	reímos	reíamos	reímos	reiremos	reiríamos
	reís	reíais	reísteis	reiréis	reiríais
	ríen	reían	rieron	reirán	reirían
26. saber	sé	sabía	supe	sabré	sabría
	sabes	sabías	supiste	sabrás	sabrías
	sabe	sabía	supo	sabrá	sabría
	sabemos	sabíamos	supimos	sabremos	sabríamos
	sabéis	sabíais	supisteis	sabréis	sabríais
	saben	sabían	supieron	sabrán	sabrían
27. salir	salgo	salía	salí	saldré	saldría
	sales	salías	saliste	saldrás	saldrías
	sale	salía	salió	saldrá	saldría
	salimos	salíamos	salimos	saldremos	saldríamos
	salís	salíais	salisteis	saldréis	saldríais
	salen	salían	salieron	saldrán	saldrían
28. sentir	siento	sentía	sentí	sentiré	sentiría
	sientes	sentías	sentiste	sentirás	sentirías
	siente	sentía	sintió	sentirá	sentiría
	sentimos	sentíamos	sentimos	sentiremos	sentiríamos
	sentís	sentíais	sentisteis	sentiréis	sentiríais
	sienten	sentían	sintieron	sentirán	sentirían
29. ser	soy	era	fui	seré	sería
	eres	eras	fuiste	serás	serías
	es	era	fue	será	sería
	somos	éramos	fuimos	seremos	seríamos
	sois	erais	fuisteis	seréis	seríais
	son	eran	fueron	serán	serían
30. tener	tengo	tenía	tuve	tendré	tendría
	tienes	tenías	tuviste	tendrás	tendrías
	tiene	tenía	tuvo	tendrá	tendría
	tenemos	teníamos	tuvimos	tendremos	tendríamos
	tenéis	teníais	tuvisteis	tendréis	tendríais
	tienen	tenían	tuvieron	tendrán	tendrían

Subjunctive		Commands	Participles	
Present	**Imperfect**		**Present**	**Past**
ría	riera (se)	—	riendo	reído
rías	rieras (ses)	ríe (no rías)		
ría	riera (se)	ría		
riamos	riéramos (semos)	riamos		
riáis	rierais (seis)	reíd (no riáis)		
rían	rieran (sen)	rían		
sepa	supiera (se)	—	sabiendo	sabido
sepas	supieras (ses)	sabe (no sepas)		
sepa	supiera (se)	sepa		
sepamos	supiéramos (semos)	sepamos		
sepáis	supierais (seis)	sabed (no sepáis)		
sepan	supieran (sen)	sepan		
salga	saliera (se)	—	saliendo	salido
salgas	salieras (ses)	sal (no salgas)		
salga	saliera (se)	salga		
salgamos	saliéramos (semos)	salgamos		
salgáis	salierais (seis)	salid (no salgáis)		
salgan	salieran (sen)	salgan		
sienta	sintiera (se)	—	sintiendo	sentido
sientas	sintieras (ses)	siente (no sientas)		
sienta	sintiera (se)	sienta		
sintamos	sintiéramos (semos)	sintamos		
sintáis	sintierais (seis)	sentid (no sintáis)		
sientan	sintieran (sen)	sientan		
sea	fuera (se)	—	siendo	sido
seas	fueras (ses)	sé (no seas)		
sea	fuera (se)	sea		
seamos	fuéramos (semos)	seamos		
seáis	fuerais (seis)	sed (no seáis)		
sean	fueran (sen)	sean		
tenga	tuviera (se)	—	teniendo	tenido
tengas	tuvieras (ses)	ten (no tengas)		
tenga	tuviera (se)	tenga		
tengamos	tuviéramos (semos)	tengamos		
tengáis	tuvierais (seis)	tened (no tengáis)		
tengan	tuvieran (sen)	tengan		

Infinitive	Indicative				
	Present	Imperfect	Preterit	Future	Conditional
31. traer	traigo	traía	traje	traeré	traería
	traes	traías	trajiste	traerás	traerías
	trae	traía	trajo	traerá	traería
	traemos	traíamos	trajimos	traeremos	traeríamos
	traéis	traíais	trajisteis	traeréis	traeríais
	traen	traían	trajeron	traerán	traerían
32. valer	valgo	valía	valí	valdré	valdría
	vales	valías	valiste	valdrás	valdrías
	vale	valía	valió	valdrá	valdría
	valemos	valíamos	valimos	valdremos	valdríamos
	valéis	valíais	valisteis	valdréis	valdríais
	valen	valían	valieron	valdrán	valdrían
33. venir	vengo	venía	vine	vendré	vendría
	vienes	venías	viniste	vendrás	vendrías
	viene	venía	vino	vendrá	vendría
	venimos	veníamos	vinimos	vendremos	vendríamos
	venís	veníais	vinisteis	vendréis	vendríais
	vienen	venían	vinieron	vendrán	vendrían
34. ver	veo	veía	vi	veré	vería
	ves	veías	viste	verás	verías
	ve	veía	vio	verá	vería
	vemos	veíamos	vimos	veremos	veríamos
	veis	veíais	visteis	veréis	veríais
	ven	veían	vieron	verán	verían
35. volver	vuelvo	volvía	volví	volveré	volvería
	vuelves	volvías	volviste	volverás	volverías
	vuelve	volvía	volvió	volverá	volvería
	volvemos	volvíamos	volvimos	volveremos	volveríamos
	volvéis	volvíais	volvisteis	volveréis	volveríais
	vuelven	volvían	volvieron	volverán	volverían

Subjunctive		Commands	Participles	
Present	**Imperfect**		**Present**	**Past**
traiga	trajera (se)	—	trayendo	traído
traigas	trajeras (ses)	trae (no traigas)		
traiga	trajera (se)	traiga		
traigamos	trajéramos (semos)	traigamos		
traigáis	trajerais (seis)	traed (no traigáis)		
traigan	trajeran (sen)	traigan		
valga	valiera (se)	—	valiendo	valido
valgas	valieras (ses)	val (no valgas)		
valga	valiera (se)	valga		
valgamos	valiéramos (semos)	valgamos		
valgáis	valierais (seis)	valed (no valgáis)		
valgan	valieran (sen)	valgan		
venga	viniera (se)	—	viniendo	venido
vengas	vinieras (ses)	ven (no vengas)		
venga	viniera (se)	venga		
vengamos	viniéramos (semos)	vengamos		
vengáis	vinierais (seis)	venid (no vengáis)		
vengan	vinieran (sen)	vengan		
vea	viera (se)	—	viendo	visto
veas	vieras (ses)	ve (no veas)		
vea	viera (se)	vea		
veamos	viéramos (semos)	veamos		
veáis	vierais (seis)	ved (no veáis)		
vean	vieran (sen)	vean		
vuelva	volviera (se)	—	volviendo	vuelto
vuelvas	volvieras (ses)	vuelve (no vuelvas)		
vuelva	volviera (se)	vuelva		
volvamos	volviéramos (semos)	volvamos		
volváis	volvierais (seis)	volved (no volváis)		
vuelvan	volvieran (sen)	vuelvan		

¡Recuerdos! Photo Credits

Literary Permissions

¡Saludos! and ¡Recuerdos! ÍNDICE